図で理解する発達

新しい発達心理学への招待

川島一夫・渡辺弥生
【編著】

加藤正晴　藤岡久美子
柿沼美紀　中谷素之
大森美香　鈴木俊太郎
山名裕子　相良順子
福田由紀　芝﨑美和
伊藤順子　宮寺千恵

福村出版

[JCOPY]〈出版者著作権管理機構 委託出版物〉
本書の無断複写は著作権法上での例外を除き禁じられています．複写される場合は，そのつど事前に，出版者著作権管理機構（電話 03-5244-5088, FAX 03-5244-5089, e-mail: info@jcopy.or.jp）の許諾を得てください．

まえがき

　1歳半のわかなちゃんは、好奇心がとても強く、どこへでも出かけて何でもさわろうとする。このような子どもの好奇心は、いつから始まるのであろうか。そのような好奇心は、胎内で準備され出生の瞬間から自分の周りのものに対する興味を持ち、それを一生持ち続けてゆくと考えられる。好奇心のような心理的な事象も、遺伝によって準備され胎内で育ってくると考えられる。遺伝子の活動は胎内での受精に始まる。発達は、受精の瞬間から始まっているのである。発達についての胎内での状態から論じている教科書は、まだほとんどない。発達に関する知識の最近の進歩は目を見張るものがある。特に、胎児期および乳児期についての研究によって格段の知見が得られるようになってきた。30年前の大学での発達に関する授業は児童心理学と青年心理学が中心であった。その後、生涯発達心理学（ライフスパン心理学）が提唱され、出生児から老年に至るまでの発達を考えるようになった。しかし、発達は出生時に始まるのではない。本書では、発達を胎内から始まると考えている。

　本書の特徴は、まず、発達についての新しい知見をできるだけわかりやすく、図・表・イラスト・写真を参考に説明し、発達についての興味を引き出すことにある。術語や専門用語については、欄外で簡潔に定義する事によって学習の便をはかると同時に、関連する用語についても説明している。さらに、各章の最後に、自分で学ぶために、設問と回答のポイントあるいは考慮すべき要点をいれ、レポートなどを考える際の参考とした。また、全体の構成が、発達の各領域について、「全14章」になっている。これは、大学で「シラバスの作成」にあたって1回の授業に各章を割り当て、オリエンテーションやテストを含めて15回の授業を行うのに合わせて作られている。

　形式的な特徴以外に、内容についての特徴としては、データを基礎とした生物学的な研究や動物としての人間の発達から、最新の心理学の研究を含む内容を扱っているという点である。データを基礎とした研究については、医学の領域で

も20年ほど前からエビデンス・ベースドということが盛んにいわれるようになってきた。本書では，人間の発達を動物としての人間（ヒト）の発達を基礎として，さらに，心理学の最新の研究を取り入れていることは，大学生だけでなく教養を高める書としても適切な本であると考える。

　この本の前書となる「図でよむ心理学　発達〔改訂版〕」は，発行当時から多くの大学の教科書として採用されてきたと聞いている。また多くの大学教員から大学の教科書として図が多く盛り込まれていることで授業がやりやすいという話を聞いている。高校までの授業と異なり，大学での授業は，15時間の授業時間以外に30時間の自習（予習あるいは復習）が求められているにもかかわらず，なかなか難しい部分がある。本書は，それを補うために最適な教科書であるといえる。

　以上のように，本書は，5つの特徴によって，新しい発達についての知識を読者に与えてくれるものと信じている。最後になるが，本書の刊行の機会を与えてくださった福村出版に心からお礼を申し上げる。

平成22年3月　川島一夫・渡辺弥生

目　次

まえがき

1章　お腹のなかのことも憶えている？ ——————— 9
生命誕生の不思議（10）　着床から始まる成長（11）
胎内での発達には順序がある（12）　胎教は効果があるの？（13）
お腹のなかでも，何か見えるの？（14）
お腹のなかでも，音が聞こえるの？（15）
胎内の脳の発達（16）　お腹のなかで寿命が決まる？（17）
大人になるための設計図（18）　なぜ，ゴミを分別するの？（19）
お腹のなかの記憶は本当にあるの？（20）
赤ちゃんはどのように生まれてくるの？（21）

2章　目に映るもの，耳に聞こえるもの ——————— 23
高い所がこわい！（24）　音の違いが聞き分けられるの？（25）
サルの顔と人の顔（26）　この音はどこから？（27）
赤ちゃんはどこまで見えるの？（28）　幼い頃の経験は大切？（29）
ヘルドのゴンドラ猫（30）　見ることと触ること（31）
メルツォフのおしゃぶり（32）　赤ちゃんはまねをする？（33）
赤ちゃんは顔が好き（34）　アイコンタクトでドキドキ（35）

3章　動物としての人の発達 ——————————— 37
生まれたときからもっている反射（38）
利き手は，生まれたときから決まっているの？（39）
身長は伸びるときと伸びないときがある（40）　最近の子どもは早熟なの？（41）
手先の器用さと大きな動き（42）　運動おんちは生まれつき？（43）
発達を支えるもの（44）　チンパンジーの人工哺育から考える（45）
おいしい物を教えてくれるのは誰？（46）　飽食がもたらす影響（47）
食習慣はどうやって決まるの？（48）　好き嫌いはいけないの？（49）

4章　なみだが出るのは悲しいから？ ―――――― 51
感情とはなんだろう？（52）　泣くから悲しい？悲しいから泣く？（53）
赤ちゃんの微笑（54）　赤ちゃんの泣き（55）　楽しいと喜びは別の感情？（56）
親しい人と知らない人への反応の違い（58）　他人の感情を理解する（59）
他の人を見て自分を気づく（60）　大人になるための設計図（61）
感情の表しかたにはルールがある（62）　感情のコントロール（63）

5章　考えること・わかること ―――――――――― 65
ピアジェの発達段階（66）　隠されていてもわかる？（67）
何が変わった？変わっていない？（68）　数がわかるといろいろわかる（69）
同じように分けられる？（70）　みんなが同じイメージをもてるのは（71）
絵を描いて表現する（72）　「いま・ここ」の世界を超える（73）
子どもも理論をもっている（74）　9歳の壁（76）
知りたい！という気持ち（77）

6章　ことばが意味をもつために ――――――――― 79
何を聞いているの？（80）　何を見ているの？（81）
「バババ」って？（82）　子どもはことばを覚えるのが得意（83）
カンガルーを鉛筆が叩く？（84）　いつ頃読んだり書いたりできる？（85）
どれとどれが仲間？（86）　この次は何をするの？（87）
あれがああなったから，こうなった！（88）　答えは1つと限らない（89）
ハノイの塔（90）　自分は，今何をしているの？（91）

7章　親と子のつながりの不思議 ――――――――― 93
親子の絆はどのようにしてできるの？（94）　お母さんは安全基地？（96）
愛着の個人差（97）　安定型のお母さんの子どもは安定型？（98）
お母さんから離れていくのが赤ちゃんの成長（99）
お母さんによって違う育て方（100）　思いやりの入り口（101）
思いやりを育む（102）　「助けてしまう力」から「助けない力」（103）
思いやりは友だち関係から（104）　援助した方がいい？援助できる？（105）

8章　人と人とがつながるには ――――――――― 107
親のかかわりが友だちづくりに（108）　遊びって変わっていくの？（110）
傷つかないたくましさとは（111）　他人の痛みがわかるようになるには（112）
肩がぶつかったら怒る？それとも謝る？（114）　友だち関係がすぐわかる（115）

人づきあいにコツはあるの？（116）　いじめをなくそう（118）
なぜ仲間をつくるのか（119）

9章　頭が良いってどういうこと？ ──────── 121
「頭の良さ」は1つに集約できるのか（122）
知能を計って数値であらわす（124）　IQは変わらないか（126）
IQが高いとどんな未来が？（127）　IQの個人差を生むもの（128）
本当の「賢さ」を求めて1－使える知能（130）
本当の「賢さ」を求めて2－多様な知能（131）
本当の「賢さ」を求めて3－感情の知能（132）　知　恵（133）

10章　欲求と意欲の発達 ──────────── 135
できそうだと思えるか（136）　赤ちゃんが好むもの（137）
砂遊びが好き？それともブランコ？（138）　頭の良さってなに？（139）
自らをコントロールする学習（140）　自分のことは自分でしたい（141）
自律を育てる環境とは（142）　勉強する理由はなに？（143）
人とかかわる意欲の発達（144）　やる気を引き出す授業実践（145）
友だちとの学び（146）　やる気を育てる家庭の役割（147）

11章　「自分」はどこからどこへ ──────── 149
いつから「自分」がわかるようになるの？（150）
子どもにも，性欲があるの？（151）
自分という意識の発達は一生続くの？（152）
中学生になると，どんなところで自分を生かそうとするの？（153）
それぞれの年齢に相応の学習内容があるの？（154）
いつまで大人にならないで許されるの？（155）
青年期には，いろいろな状態があるの？（156）
日本の若者は特別なの？（157）　最近の若者は昔と違うの？（158）
青年が，どのようにして「親」らしくなるの？（159）
中年はつらいよね（160）　歳をとると迷いが無くなるの？（161）

12章　一生涯続く男と女 ─────────── 163
人の性はどのように決まるの？（164）　ジェンダーってなに？（165）
男の役割・女の役割（166）　女の子は大きくなると女の人？（167）
幼児期と児童期の遊び（168）　友だちの存在は男女で違う？（169）

急激な変化がやってくる（170）　やせているほうがかわいいの？（171）
いつからデートがしたいと思う？（172）　更年期はなぜ調子が崩れるの？（173）
夫婦関係は変化するの？（174）　男女差は一生続く？（175）

13章　何が良いこと，悪いこと？ ——————————— 177
善悪の判断は発達するの？（178）　マネをして理解する子どもたち（180）
約束を守ることをおぼえる（181）　規則がなくても悪いことがわかる（182）
悪いことはどんなことかを理解する（183）　表情は手掛かりになる？（184）
恥ずかしいと思う気持ちの発達（185）　悪いという気持ちの発達（186）
他者と同じ感情をもつようになる（187）　しつけのタイプと感情の社会化（188）
道徳性を育む学校生活（189）

14章　発達における遅れやつまずき ——————————— 191
発達の遅れや凸凹（192）　特別支援教育のいま（193）
子どもの状態を知る・理解する（194）　知的に遅れがあるということ（195）
対人関係を築くのが苦手な子って？（196）　怠けていないのに…（198）
落ち着きのない子（199）　悪循環を断ち切る（200）　学校での指導・支援（201）
社会で必要なスキルを身につけよう（202）　ほめてあげよう（203）

引用文献
人名索引／事項索引

本書の使い方：この本には，大学生が発達を学習するために5つのポイントがある。

1）各ページに豊富な図表：発達についての新しい知見をできるだけわかりやすく説明するために「図・表・イラスト・写真」が使われており，発達についての興味を持つことができる。

2）述語や専門用語の説明：本文中に出てきた，「術語（専門用語）」については，欄外で簡潔に定義する事によって，学習しやすくしてあること，また，本文中にはない重要単語についても，〔補足〕として欄外で説明している。

3）「設問」と「回答のポイント」：各章の最後には，授業時以外の学習を補助するために，「設問」と「回答のポイント」をいれ，レポートなどを考える際の参考とした。

4）生物学的な研究や動物としての人間の発達：データを基礎とした生物学的な研究や動物としての人間の発達から，最新の心理学の研究を含む内容を扱っている。

5）「章立てが14章」：全体の構成が，発達の各領域について，全14章になっている。これは，大学教員が「シラバスの作成」にあたって1回の授業に各章を割り当て，オリエンテーションやテストを含めて15回の授業を行うのに合わせて作られている。

1章　お腹のなかのことも憶えている？
■胎内からの発達

生命誕生の不思議
着床から始まる成長
胎内での発達には順序がある
胎教は効果があるの？
お腹のなかでも，何か見えるの？
お腹のなかでも，音が聞こえるの？
胎内の脳の発達
お腹のなかで寿命が決まる？
大人になるための設計図
なぜ，ゴミを分別するの？
お腹のなかの記憶は本当にあるの？
赤ちゃんはどのように生まれてくるの？

受精の模式図
(Mooreら, 2002;瀬口ら, 2007)

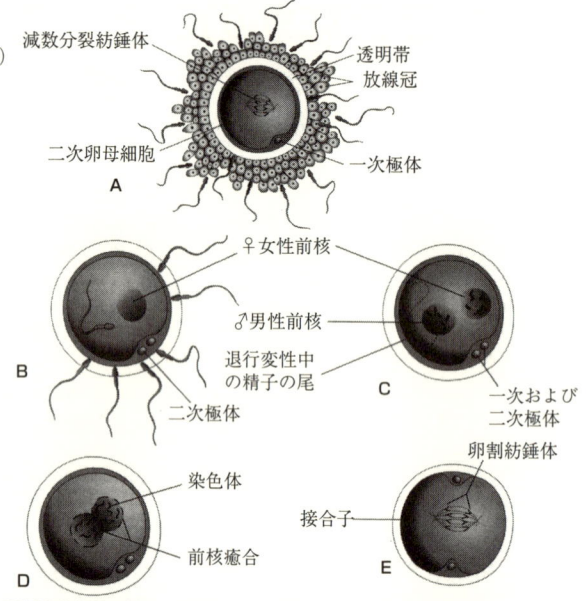

この過程は,精子が二次卵母細胞の形質膜と接触することから始まり,接合子の第1回目の有糸分裂の中期で,母方の染色体と父方の染色体が混じり合うことにより終わる。A:そのうち2個の精子が放線冠を貫通しているが,数個の精子により取り囲まれた二次卵母細胞(23個の染色体のうちの4個のみが描かれている)。B:放射冠が消失し,精子が卵細胞中に入り,第二減数分裂が起こり,成熟卵子が形成される。卵子の核は女性前核とよばれるようになる。C:精子の頭部が大きくなり,男性前核を形成する。オオチッドとよばれるこの細胞は男性前核と女性前核をもつ。D:両性の前核が癒合する。E:接合子が形成される。接合子は二倍体染色体数である46個の染色体をもつ

生命誕生の不思議 —— 受精の瞬間

　発達を考えるとき,出生することから始まると考えがちである。しかし,人間としての生命は精子と卵子の受精によって,すでに始まっているのである。そればかりでなく,胎児は母親の胎内で刻々と環境の影響を受け成長を続けるのである。

　受精は,女性の下腹部に左右に1つずつある卵巣のどちらかから1個の卵子が排卵されることから始まる。精子は腟から入り子宮を通り抜け卵管へと向かう。そこで精子が卵子と出合い受精が行われる。この間にかかる時間は5分程度である。精子が卵子のなかに入ることで受精が成立する。その時,**同一種の認識**が行われる。

　受精から着床までの過程は,①排卵,②卵管内に移動,③射精,④精子の卵管への進入,⑤卵子内への精子の進入,⑥受精卵が子宮へ,⑦着床,である。

同一種の認識:
ある種の動物の卵子はその種の精子しか受け入れない。卵子表面の糖鎖が同一種かどうかを認識している。これはどの脊椎動物でも同じである。卵黄には卵黄膜があり受精はこの膜を通してお互いの糖鎖が認識する

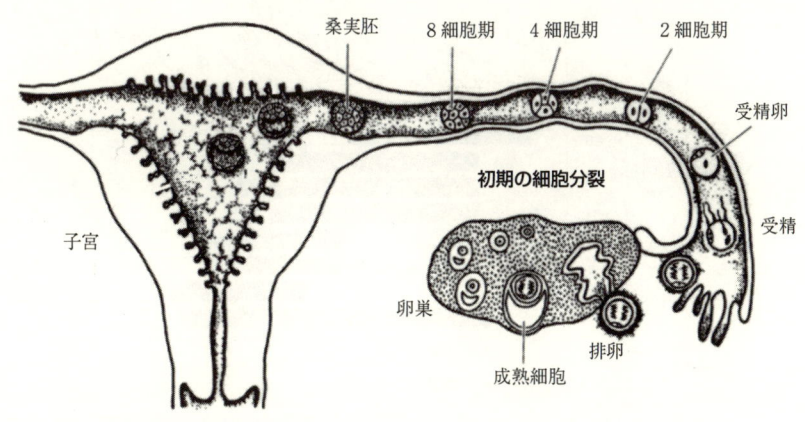

ヒトの排卵から着床まで （石原，1998 を改変）

着床から始まる成長 ── 細胞分裂と胎内の発達

　受精卵は細胞分裂を繰り返し，ゆっくりと回転運動を行いながら子宮へと向かう。受精卵がなぜこのような回転をするかは明らかではない。そこで，1個の受精卵が分裂開始後に2つの胎芽に分かれた場合を一卵性双生児という。この場合，同じ遺伝情報をもつことになる。

　受精後5～8日で，胚盤胞は子宮の子宮内膜に接着する。これを着床といい受精後およそ10日目までに行われる。細胞の一部がしだいに厚くなって胎芽となり子宮内膜に入りこんで胎盤になる。胎盤は妊娠を継続するための各種のホルモンを分泌したり，酸素と栄養素を母体から胎児へ，老廃物を胎児から母体へと運ぶ働きをもっている。胎芽は羊水のなかに浮かんだ状態で成長してゆく。この段階では，どの細胞がどの器官になるかは決定されていない。

〔補足〕
二卵性双生児：同時に複数の卵子が排卵され受精すると，多胎妊娠となる。その多くは双生児で，二卵性双生児という

Ⓐ出生前の発達（Moore, 1988；矢野ら，1991）

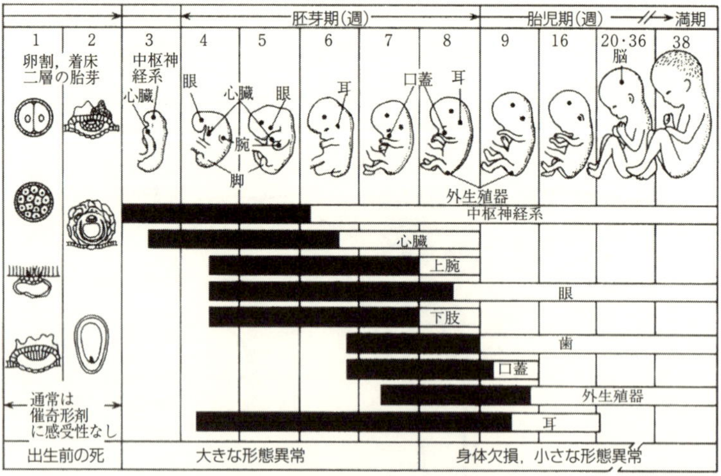

			←─── 胚芽期（週） ───→	←── 胎児期（週） ──//→ 満期
1	2	3	4　5　6　7　8	9　16　20・36　38
卵割，着床二層の胎芽		中枢神経系　心臓	眼　心臓　眼　耳　口蓋　耳　腕　脚	脳

| | 外生殖器 |
| 中枢神経系 |
| 心臓 |
| 上腕 |
| 眼 |
| 下肢 |
| 歯 |
| 口蓋 |
| 外生殖器 |
| 耳 |

通常は催奇形剤に感受性なし

| 出生前の死 | 大きな形態異常 | 身体欠損，小さな形態異常 |

影響に対して；高感受性期 ■　低感受性期 □

Ⓑ受胎後それぞれ6，7週間後のゆびの分化の状態（Hoffman ほか，1988）

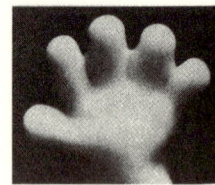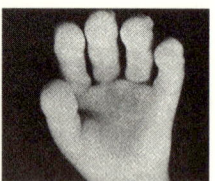

胎内での発達には順序がある ── 胎児の発達

受精卵から始まった新たな細胞は，いくつもの段階を経て成長していく。受精卵は細胞分裂を繰り返しながら胚盤胞，胎芽，そして胎児へと変化する。Ⓐは，受精後からの胎児の状態をあらわしたものである。胎児は私たちが考える以上に早くから人間としての能力をもち始める。

たとえば，赤ん坊の指しゃぶりが胎内で，すでに行われることは**超音波検査**を使用した胎内の写真によって明らかになっている。またⒷは，受胎後5週間において身体の一部として手の部分が現われて来たものであり，6週間で指が分かれ始め，7週間たつと手のひらと指とがかなりはっきりと分かれてくるのが見える。12～15週になると，器官の形成が終わり，体や手足の骨や筋肉などが発達してくる。

超音波検査（エコー検査）：ある超音波は人間の耳には聞こえない高い周波数の音波で，強い方向性と直進性という性質をもっている。これを利用して体内に超音波を発信し跳ね返ってくる反射波（エコー）をとらえ，その情報をコンピュータ処理によって画像化する診断装置である

1章 お腹のなかのことも憶えている？　13

モーツァルトの音楽は，胎教にいいとされている

胎教は効果があるの？── 胎教と発達

　母親は，妊娠中期での胎動を感じる頃になると，胎内に赤ちゃんがいるという意識をもち，より良い子どもを生もうと努力するようになる。その過程で胎教を考える。胎教の内容は，①胎内の赤ちゃんへの語りかけ，②音楽を聴く（特にモーツァルト），③父親と共にマッサージをするなどの働きかけ，④実際にお腹の赤ちゃんとコミュニケーションをとるなどである。これらは，効果があるのであろうか。

　胎内での発達を考えると，そのような胎教が，学習効果をもつかどうかは疑問である。しかし，胎教の効果として，子どもを直接に成長させるというよりも，母親の心理的な安定や出産への自信に影響することは，プラスの効果があるとも言える。一方，天才児にするために胎児の時からバイリンガルテープを聞かせたり，特別な訓練をするというのは，やりすぎということになろう。

視神経

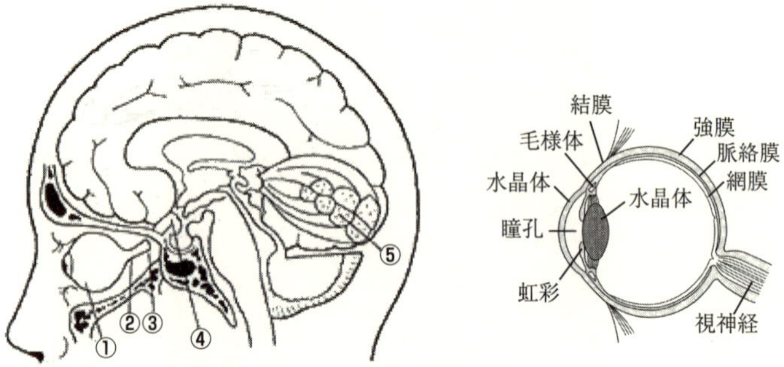

①眼球　②視神経　③視神経管　④視交叉　⑤後頭葉視中枢

お腹のなかでも，何か見えるの？ ── 胎内での視覚の発達

眼の形は受精後4～5週頃に作られる。16週になると視神経が発達して眼ができ上がる。初めは閉じられた状態で眼を動かす練習をする。20週後半，まだ網膜はないが，光を感じることができるようになる。22～23週頃には，強い光を母親のお腹に直接当てると胎児は後ずさりしたり弱い光には近寄ったりする。これは胎内でも，外界の明るさを感じている証拠である。

25～26週頃には，まばたきが見られるようになる。30週では，網膜に血管が伸び，34～35週には視力が備わり，新生児とほとんど変わらない状態になる。出生時の赤ちゃんの視力は0.1以下であり，20cmくらい先のものがぼんやり見える程度である。しかし，人の顔は判別できるといわれている。

視交叉（しこうさ）：視交叉とは視神経の約半数が同側の脳に伝えられ，その他の半数は対側の脳に伝えられている。すなわち，左側にあるものは右側の脳に伝えられる

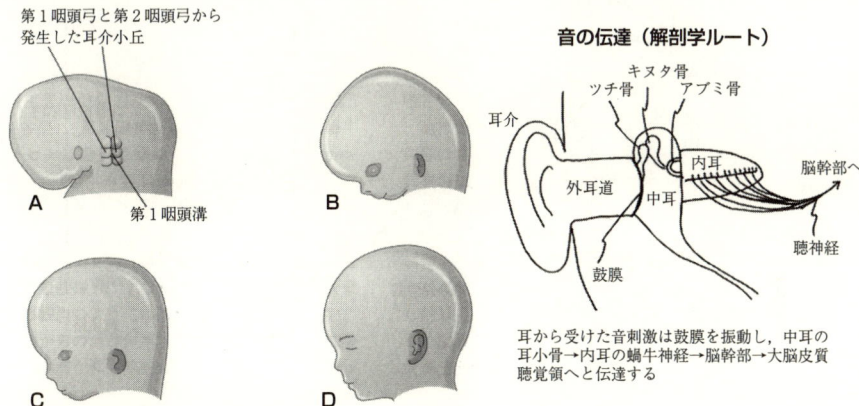

胎児の耳の発達（Mooreら，2002；瀬口ら，2007）

A：第6週。3個の耳介小丘が第1咽頭弓に位置し，他の3個の耳介小丘が第2咽頭弓に局在することに注目されたい。B：第8週。C：第10週。D：第32週。下顎と歯が発達するにつれて耳介は頸部から頭部領域に移動する

お腹のなかでも，音が聞こえるの？── 胎内での聴覚の発達

　人間のもつ五感（視覚，聴覚，味覚，触覚，嗅覚）のうち，胎内で先に発達するものは聴覚である。受精後6ヵ月頃から耳の基本となる穴が形成され，その穴を通して伝わった音が聴覚神経に解剖学的ルートによって伝達するようになるのは約7ヵ月頃である。

　胎児の聴覚経路においては，受精後5ヵ月頃から耳に一番近いところにある聴神経から中枢の方へと神経繊維に髄鞘が巻きついてくる。これは視覚経路に比較して早い発達である。聴覚が発達した胎児は外部の音が聞こえているが，羊水を隔てているため，プールに潜った時のように聞こえると考えられている。出生後に心臓の音を録音して聞かせると子守歌などを聞かせた場合よりも早く寝付き，体重も増加したという研究もある。

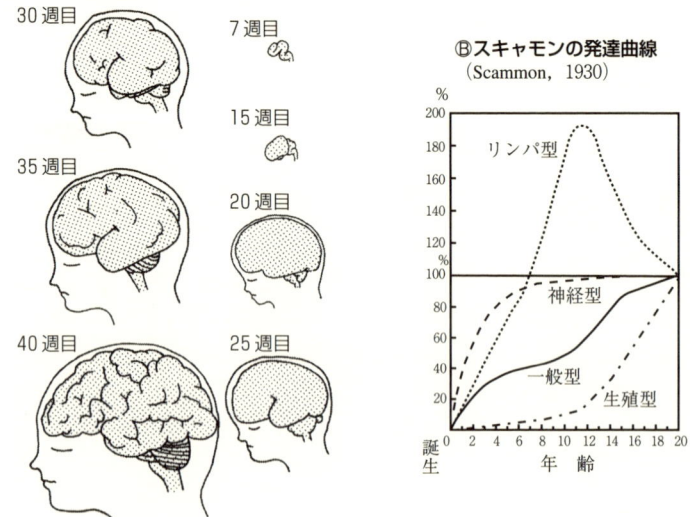

Ⓐ**胎児の脳には妊娠30週目頃にシワができる**（Verny, 1981；小林, 1987）

Ⓑ**スキャモンの発達曲線**
（Scammon, 1930）

胎児の脳は，妊娠3週目には形が現れてくる。どんどん大きくなり，30週目には，"シワ"が生じてくる。そして40週目，つまり出産直前には，ほぼ大人の脳と形が変わらなくなる。7週目，15週目は脳のみを図化

胎内の脳の発達

　胎児の脳の外観が，ほぼ成人と同じようになるのは，受精後9ヵ月過ぎである。出生後1〜2ヵ月時まで形が少しずつ変化するが，それ以降は脳細胞の数の増加はせず，神経細胞の成長と細胞間ネットワークの増加によって重量が増してゆく。新生児の脳重量は約400gで，大脳で細胞数は140億個になる。成人の脳は，重量は1200〜1400gあるが，細胞数はおよそ同数である。これは脳重量を体重と比較した時，乳児の脳がいかに大きいかがわかる。他の臓器に比較して，脳などの神経系の発達は早い。これは，その後の運動発達や精神発達をスムーズに経過させるためである。

　スキャモンの発達曲線から，この脳の発達が他の器官と比較して初期に発達することがわかる。一般型，神経型，**リンパ型**，生殖器型はそれぞれの発達を示す。

リンパ型：胸腺，リンパ節，扁桃などのサイズで示される尺度で思春期前期に成人の値を越える

テロメアの役割

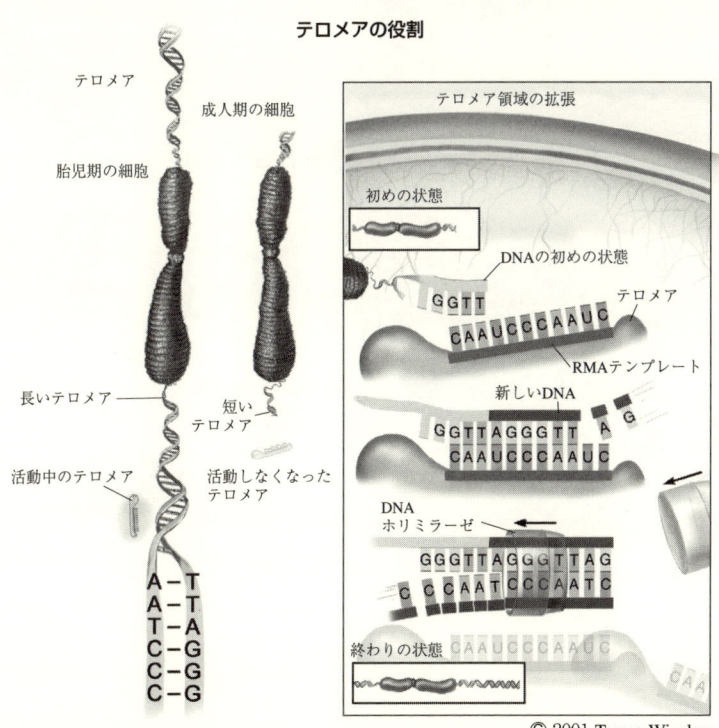

© 2001 Terese Winslow

お腹のなかで寿命が決まる？ —— テロメア細胞

　人間の細胞は胎児の段階でだけ，筋肉細胞や神経細胞が増殖する。出生後は，発達はするが増殖はしない。皮膚や消化器官上皮，血液細胞のみが，失った分だけを増殖すると考えられている。

　動物の細胞は細胞分裂回数が決まっており，この分裂停止は細胞が老化するためであると考えられていた。しかし，現在，その原因はテロメアの短縮にあると言われている。テロメアは染色体の末端にある保護構造であり，細胞分裂によりDNA複製が行われる度に短縮していく。そしてテロメアが一定の長さ以下になると細胞は分裂を停止してしまう。

　また，**クローン羊**などにおいても，テロメアの短縮のために寿命が短くなると考えられている。

クローン羊：1997年2月，英国のロスリン研究所が，乳腺細胞からの核移植によってクローン羊の作製に成功したと発表した。この羊はドリーと名づけられ，ヒトへの応用の期待から注目を浴びた

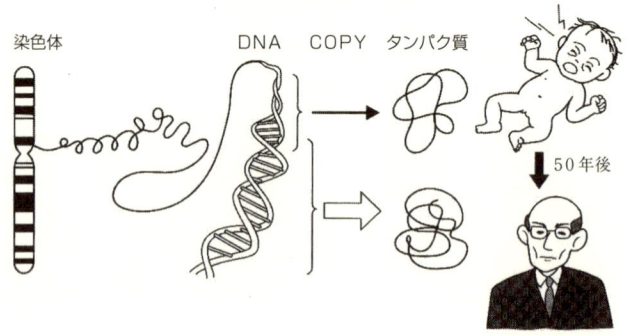

子どもと大人の遺伝子の発現の違い（榊原，2008）

大人になるための設計図 ── 遺伝子の発現時期は

遺伝子とは：
遺伝子は，デオキシリボ核酸（DNA）を媒体とする塩基配列のコードである。人間のDNAは，はしごをねじったような形の二重らせん構造をしており，はしごの各段の部分に，核酸と呼ばれる小さな分子がはめ込まれている。
DNA全体をその生物の遺伝を現した一冊の本とすると，遺伝子は，文字を並べた一文にあたる

人間は1個の細胞から約60兆個まで増加することで成長する。遺伝子は，全ての細胞に含まれる細胞の核のなかにあり，ヒトの遺伝子の数は約3万個と言われている。遺伝子は，胎児の受精時の細胞から人間へと成長させるための設計図であると言える。

大人になると遺伝的な要因の影響が全てにわたって，徐々に減ってくると考えてしまいがちであるが，それは逆の部分もある。子どもは大人と比べて，遺伝子の発現している量が少ないからである。人は一生をとおして遺伝子の基本設計は同じであるが，発達にしたがって，いろいろな遺伝子が発現するようになる。たとえば，生殖系の発達は，10歳以降にならないと遺伝子が発現しないが，ことばを学習するための音への反応は生まれる前から準備されるというようにである。

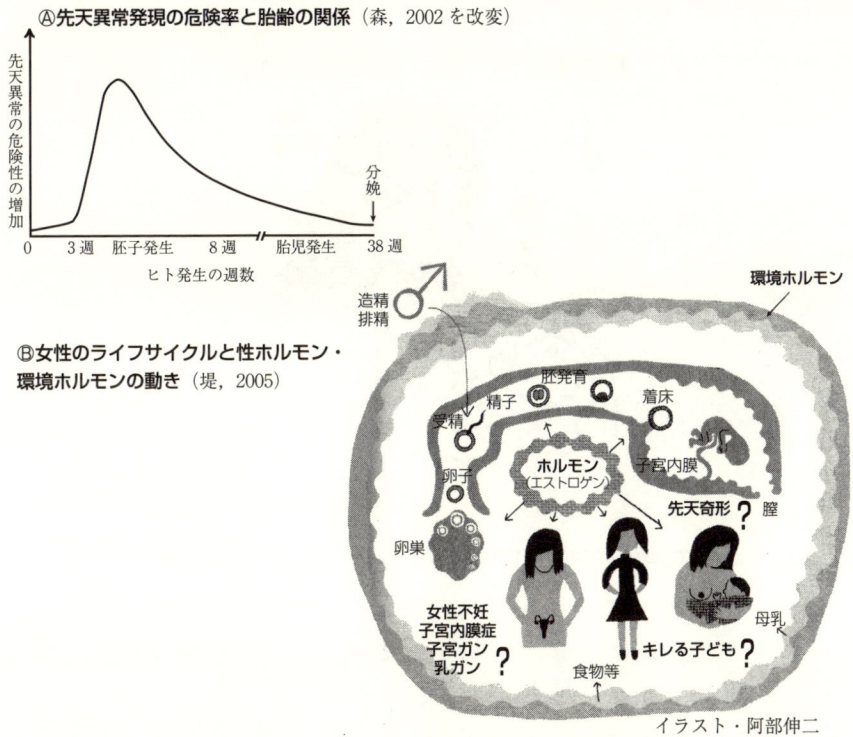

Ⓐ 先天異常発現の危険率と胎齢の関係（森，2002 を改変）

Ⓑ 女性のライフサイクルと性ホルモン・環境ホルモンの動き（堤，2005）

イラスト・阿部伸二

なぜ，ゴミを分別するの？——胎児と環境ホルモン（内分泌攪乱物質）

　環境ホルモン（内分泌攪乱物質）は，主に無分別のゴミの燃焼によって生ずる。環境ホルモンは，胎児の段階で生物に大きな影響を与える。Ⓐは，胎児の異常発生の生じやすい時期を示している。環境ホルモンや薬の影響は，受精後4週から7週まで（妊娠2ヵ月）頃が最も敏感に現れやすい時期である。

　環境ホルモンの影響は，不確定な部分はあるが，精子の数の減少，生殖器の異常，甲状腺機能障害，女性の思春期の早期化などがあげられている。また，アレルギー，アトピーなどの免疫系や神経系への影響も疑われている。

　環境ホルモンは，特に，女性をとおして胎児期に大きな影響を与えるものであり，未来の社会を考えた時，人類の大きな課題である。

〔補足〕
暮らしのなかで接する化学物質に関連するもの：
●住宅建材，衣服，家具／ホルムアルデヒド
●タバコの副流煙／コチニン
●プラスチックのおもちゃ／プラスチック樹脂から出るBPA
●クルマ・道路／排ガス
●食品／ダイオキシン，水銀，食品添加物，残留農薬
●電磁波／携帯電話，携帯タワー，パソコン，家電製品

胎内記憶があるとしたら，音楽も憶えている？

お腹のなかの記憶は本当にあるの？──胎内記憶

　胎内記憶や誕生記憶なんて，そんなバカなと思われている。しかし，小西は，多くの子どもたちの胎内での記憶について母親の妊娠期の状況と一致していると述べている。

　胎内記憶の存在を否定する立場に対して，チェンバレンは，以下のように反論している。

１）赤ん坊の記憶は，母親からの話を聞いて，それを元に話をしているのだ。

　それに対する反論：しかし，母親の知らない事を知っている事がある。

２）出生後に断片的な情報を集めて編集された空想物語である。

　それに対する反論：空想されたものならば，もっと常識的で類型的なものである。

３）出生時に退行し印象として外傷体験を受けとっている。

　それに対する反論：赤ちゃん自身が退行して過去を見るということは現実的ではない。

　しかし，まだ胎内記憶の研究ははじまったばかりである。

脳以外の胎内記憶：胎内記憶が脳以外のどこかに存在する可能性を考える説もある。出生時の記憶が心拍数の変化や筋緊張，特殊な動作などの身体反応，さらには，副腎皮質刺激ホルモンの分泌状態として記憶されるという

1章 お腹のなかのことも憶えている？　21

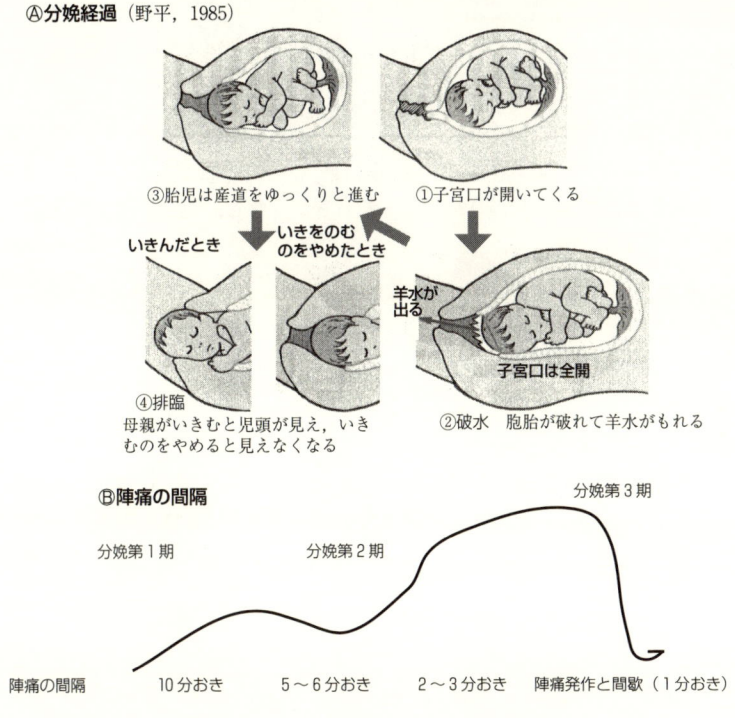

Ⓐ分娩経過（野平，1985）

③胎児は産道をゆっくりと進む
①子宮口が開いてくる

いきんだとき　いきをのむのをやめたとき
羊水が出る
子宮口は全開

④排臨　母親がいきむと児頭が見え，いきむのをやめると見えなくなる
②破水　胎胞が破れて羊水がもれる

Ⓑ陣痛の間隔

分娩第3期
分娩第1期　分娩第2期

陣痛の間隔　10分おき　5〜6分おき　2〜3分おき　陣痛発作と間歇（1分おき）

赤ちゃんはどのように生まれてくるの？ ── 出産の過程

　出産が可能な時期になると母体の下垂体からオキシトシン（子宮収縮ホルモン）というホルモンが分泌され，子宮の筋肉を収縮させ陣痛をうながす。

　人間の出産は妊娠37週から42週で始まる。胎児は，子宮のなかを出口へと向かう。胎児は第一回旋を行いながら，あごを引き，子宮の外へ向けゆっくり体をすすませる。次に子宮口が開くと第二回旋がおこる。この時，胎胞の卵膜が破れ破水となる。胎児はさらにすすみ，頭が見える状態になる。やがて，あごを上げるようにして第三回旋を行う。頭が見えると第四回旋がおこる。肩の部分がでると出産の完了である。

　出産は，胎児にとっても母体にとっても危険を伴うものである。胎児は，まず肺呼吸を始め，産声をあげる。ここで，出生となる。

■設問
1. 胎児期のホルモンがいつ頃から作り出され，どのように働き，出生前後でどのような変化をもたらすのだろうか。考えてみよう。
2. あなたは胎児期の記憶をもっていますか。また，胎児期の記憶についての研究は，何を意味しているのだろうか。
3. 遺伝子組み換え技術が，批判の的となっているが，なぜ，遺伝子組み換えが，問題なのか調べてみよう。

■回答のポイント
1. 胎児の変化は，基本的にホルモンの分泌がきっかけとなって行われる。特に黄体ホルモンと卵胞ホルモンの分泌は重要な役割をもつ。
2. 胎内記憶があると主張する研究者もいるが，まだ胎内記憶の研究ははじまったばかりである。
3. 遺伝子組み換えは，同品種をかけ合わせる品種改良と異なり，自然界では起こり得ない生物を作ることから，危険性が予測できない。そのため健康や環境への影響が予測不可能である。

参考文献

T. バーニー（著）小林登（訳）(1987). 胎児は見ている―最新医学が証した神秘の胎内生活　祥伝社

池川明 (2003). おなかの中から始める子育て―胎内記憶からわかるこれだけのこと　サンマーク出版

T. コルボーン他（著）長尾力, 堀千恵子（訳）(2001). 奪われし未来　"Our Stolen Future"　翔泳社

三木成夫 (1983). 胎児の世界―人類の生命記憶　中公新書

石原勝敏 (1998). 図解　発生生物学　裳華房

2章　目に映るもの，耳に聞こえるもの
■感覚・知覚の発達

高い所がこわい！
音の違いが聞き分けられるの？
サルの顔と人の顔
この音はどこから？
赤ちゃんはどこまで見えるの？
幼い頃の経験は大切？
ヘルドのゴンドラ猫
見ることと触ること
メルツォフのおしゃぶり
赤ちゃんはまねをする？
赤ちゃんは顔が好き
アイコンタクトでドキドキ

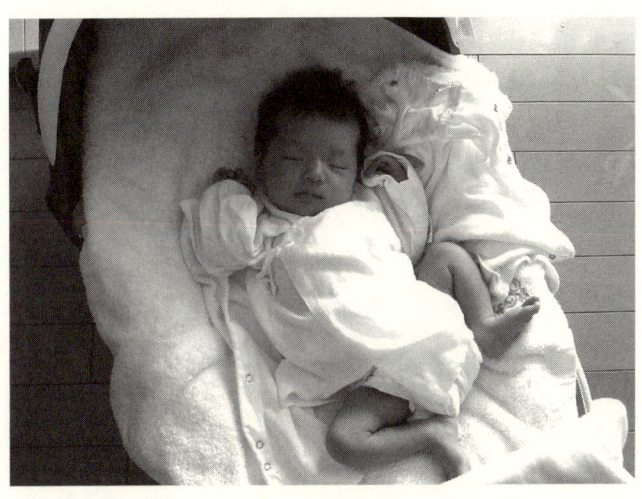

視覚的断崖（Gibson & Walk, 1960）

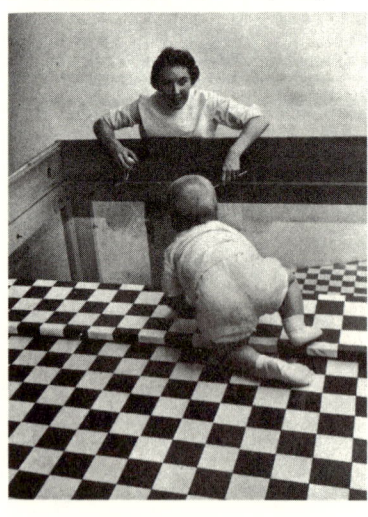

目の前に深い段差と浅い段差を用意し，その上に強化ガラスを敷き乗っても落ちないようにした装置

高い所がこわい！ ── 奥行き知覚の発達

視覚的断崖：
E. J. Gibson 以来様々な動物の奥行き知覚を調べる道具として使われている。また，社会的参照の発達を調べるためにも使われることがある（p. 55 参照）

視覚的断崖を目にしたとき乳児は深さに気づくだろうか？　1つの方法は，深い段差側から母親が呼びかけたときに渡るかどうかを見ればよい。もう1つの方法は心拍数を測ることである。深い段差と浅い段差のそれぞれに乳児を座らせたときの心拍数を比較したところ，生後9ヵ月の乳児は深い段差で心拍数が増加した。心拍数の増加は恐怖と密接な関係があることから9ヵ月児は深さ（奥行き）を知覚し，危険を認識しているようである。興味深いことに，より幼い生後2ヵ月や4ヵ月の乳児でもすでに深さを知覚していることが，深い段差におかれると逆に心拍数が減少したことから知られている（Campos, Langen & Krowitz, 1970）。心拍数の低下は注意が喚起されていることを意味する。つまり彼らにとって深さは恐怖ではなく興味の対象と考えられる。生後2ヵ月の乳児はまだ自由に移動することができないが，9ヵ月にもなると積極的に移動できるようになる。この経験により"断崖から落ちると痛い"という，深さの「意味」に気づくと考えられる。

2章 目に映るもの，耳に聞こえるもの　25

大人よりも耳のいい赤ちゃん

大人になると聞き分けられない音素であっても，赤ちゃんは聞き分けることができる

音の違いが聞き分けられるの？ ── 音素の聞き分け

　どんな**音素**であれ音素は毎回少しずつ異なって発音されている。私たちはその揺らぎを許容する形でカテゴリー化し1つの音素として知覚する。その結果，同一カテゴリー内の音響的な違いに鈍感になるとともに，カテゴリーをまたぐ違いには敏感になる。これをカテゴリカル知覚とよぶ。

　日本人の場合，英語のLとRを聞き分けることは不得意である。なぜならどちらもおなじ「る」というカテゴリーのなかに入るからである。ところが乳児はそうでもない。

　たとえば生後10〜12ヵ月の乳児は大人と同様，母語以外の言語に含まれる音の違いを聞き分けることができなかったが，4〜6ヵ月の乳児は聞き分けることができたと報告されている（Werker & Tees, 1984）。すなわち，生後4〜6ヵ月の乳児のほうが10〜12ヵ月の乳児や大人よりも聞き分けに関して高い能力をもっているといえる。

音素：発話される言葉の音の最小単位（たとえば，あ，く，しゅ，は3つの音素から成り立っている）。用いられる音素は言語によって異なり，音素同士の境界線は言語によって異なる

サルの顔，人の顔 〔Pascalis et al., 2002〕

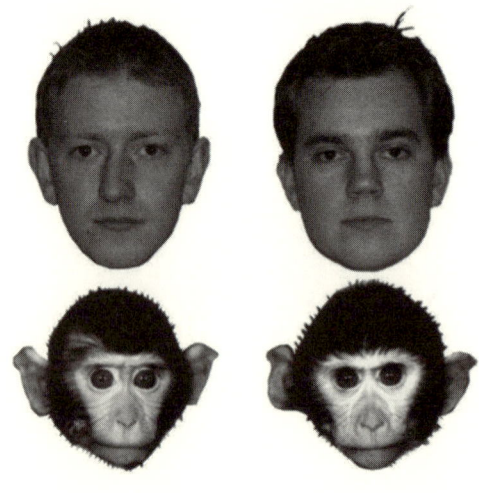

左の顔を見せ，しばらく後に右の顔を見せて，違う顔であることに気づくかどうか調べたところ，大人は人の顔の時だけしか違いに気づかないのに対し，6ヵ月児はサルの顔でも違いに気づく

サルの顔と人の顔 —— 顔の識別

　母語に含まれない音素の聞き分けは，乳児期は可能であり，大人になるとできなくなった。ではほかにも同じような現象はあるのだろうか？

　実は見分けることも，より幼い乳児のほうが成績が良いのである。生後9ヵ月の乳児に2枚の写真（1枚はあらかじめ何度も見せて慣れさせたもの，もう1枚は全く新しいもの）を見せ，どちらを好んで長く見るかを計測したところ，その2枚の写真が人の顔を写したものである場合は，新しい写真を長く見た。つまり2枚の写真を区別したといえる。しかし同様のことを2枚のサルの顔写真を使った場合，写真を見る長さに違いが生じなかった。にもかかわらず，より幼い生後6ヵ月の乳児は新しい写真を長く見た（2枚のサルの顔写真を区別できた）のである。

　この一見，不必要なまでの区別する能力は，恐らく後の環境に備えて生存の可能性を広げるためであり，その後能力が失われるのは，むしろ選択した環境へ適応した結果と考えることができる。

〔補足〕
新奇性の効果：繰り返し同じ刺激を見せられると，それを注視する時間が減っていくが，新しい刺激に変えると注視時間が回復する効果のこと。この理由は違いに気づいたためと解釈されている

音の鳴ってるところはどこかな？

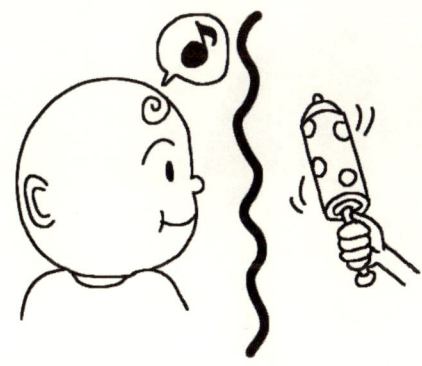

たとえばカーテンの向こうのガラガラのほうを向くなど、聴覚だけで音の鳴る方向を判断することは新生児でもできる。しかし生後2～5ヵ月頃に音源定位が一旦できなくなってしまうことが知られている

この音はどこから？ ── 音源定位（U字型の発達）

　人を含む多くの動物では耳が左右に2つあり，両耳に伝わる音の大きさの違いや時間差から音源の方向を推定することができる。この推定能力は，眼球や頭部を音源の方向に動かす定位反応が現れるかどうかで判断される。人は生後2, 3日ですでに，真横から提示される音に対して2.5秒から5.5秒程度遅れはするが定位反応を示す。しかし生後2～5ヵ月頃になると，それまでできていた定位反応を示さなくなる。そしてその時期を過ぎる頃になると再び音の方向に首を振るようになる（Muir & Field, 1979）。できたことが一旦できなくなり，再びできるようになる発達変化はU字型の発達といわれる。

　乳児期初期に見られるこの特徴的な発達変化は，他の現象においてもしばしば見られるもので，その原因は行動の制御が皮質下から大脳皮質へと移行するためによって生じると考えられている。

〔補足〕
発達曲線：発達の仕方にはいくつかのパターンがある。体重の増加や視力の向上のように単純な右肩上がりの発達が多いが，場合によっては一旦できなくなってから再びできるようになるU字を描く発達もある。音源定位以外にはたとえば歩行がそうである

アイパッチ

片目の視力が悪い場合，良い方の目をアイパッチで覆うことで，視力を回復させる治療法がある

赤ちゃんはどこまで見えるの？ —— 視力，弱視とその治療

　乳児の**視力**はどれくらいなのだろうか。新生児で成人の視力のおよそ1／60，6ヵ月児はおよそ1／10程度であり，その後ゆっくりと大人の視力に近づいていく。しかし視力が向上せず弱視といわれる状態になることがある。弱視に対する代表的な治療法は眼鏡をかけることであるが，特に一方の目だけが著しく視力が低い場合，アイパッチ（眼帯）をつけることがある。

　目からの信号を受ける脳の場所である視覚野は，右目からの信号と左目からの信号をそれぞれ優位に受け取る領域に分かれている。ここでもし，一方の目からの信号が無くなると対応する脳の領域が減少し，反対の目からの信号を処理する領域が増大する。アイパッチが有効な理由は，視力が良い目からの信号を一時的に遮断することで，弱視の目からの信号を処理する脳の領域が増加するからであろうと考えられている。

視力：視力は網膜にある視細胞の密度，水晶体の厚みの調整能力，そして視細胞以降の神経回路による信号処理系の発達によって決まる。信号処理系の発達には質の良い信号の入力が必要であり，何らかの理由で水晶体の調整が不十分の場合は眼鏡によって補う必要がある

先天盲開眼者の絵（小川未歌作：鳥居・望月，2000 より）

『クリスマスツリー』
ツリーの葉が緑，幹が茶，電飾が赤，黄，青，紫と色彩豊かに描かれている

幼い頃の経験は大切？ ── 開眼手術

　角膜や水晶体といった本来透明な部分が先天性あるいは生後早期の眼疾患により混濁することがある。そういった人は，明暗や少数の色の区別ぐらいしかできない。では成人してからの手術により混濁を除いた場合，晴眼者と同じぐらいよく見えるのだろうか？　それとも混濁による低質な視覚経験は，その人の視覚能力に不可逆的な影響を残すのだろうか。

　開眼手術を受けた人は，色の区別に関しては，手術直後からある程度可能になり，その成績が比較的早く向上した。一方で形や3次元形状の区別は，たとえ目が見える前から触覚的になじみのある物体であっても非常に困難であった。また人の顔の識別もそもそも顔として見ることが困難であった。さらに視野もかなり狭かった。発達初期の視覚経験がその後の視覚の発達にとって重要であることを示す一例といえる。

〔補足〕
臨界期（あるいは感受期）：ある能力を獲得するにあたって発達のある時期が他の時期よりも重要な場合があり，その時期を臨界期，あるいは感受期とよぶ。ただし，感受期をすぎると一切能力を獲得できないのではない。先天盲開眼者も訓練により徐々に能力を獲得していくことが可能である

ゴンドラ猫 (Held & Hein, 1963)

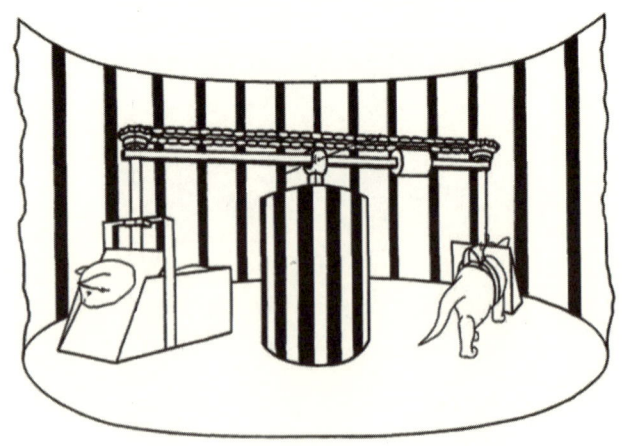

一方の猫はゴンドラに入れられ受動的に動かされ，もう一方の猫はつながれた範囲内で自由に動くことができた

ヘルドのゴンドラ猫 —— 能動的経験の大切さ

　開眼手術の例にあるように，健全な視覚の発達に発達初期の経験は重要であるが，視覚情報に基づいて行われる様々な行動もまた経験によって形成されるらしい。しかもそれは能動的経験である必要がある。

　これを示した動物実験では実験者はまず2群（能動群，受動群）の子猫を用意し，それぞれを装置に取り付けた（上図参照）。能動群は円周方向には自由に動くことができたが，受動群は自分では動くことができなかった。そして，子猫たちが，①抱き降ろされるとき，床を予測して四肢を踏ん張る動作ができるか，②視覚的断崖で大きな段差の経路を忌避するかをテストした。すると同じ視覚経験をしているにも関わらず受動群の子猫だけがテストにパスできなかった。すなわち，受動群の子猫は，視覚情報を正しく解釈し行動に結びつけることができなかったのである。

2章 目に映るもの，耳に聞こえるもの　31

点字を触って視覚野が活動する

先天的視覚障害者は，あたかも晴眼者が文字を目で読む際と同様に点字を指で読む際に視覚野が活動する。同じことを晴眼者が行っても，触覚に関係する脳の領野が活動するだけで視覚野は活動しない

見ることと触ること —— 視覚障害者の触覚

　人間の後頭部の脳の一部は視覚野とよばれ，目からの信号を処理する部分である。そのため，事故や病気により視覚野の一部に損傷が生じた場合，視覚機能の一部が失われる。では反対に，視覚野に運ばれるべき目からの信号が生まれつきあるいは生後初期の疾患により入ってこない場合，視覚野はどうなるのだろうか。

　先天的視覚障害者が指先で点字を読んでいるときの脳活動を fMRI により計測した研究によると，通常は触覚刺激では活動しないはずの視覚野が活発に活動する (Sadato, et al., 1996)。つまり使われなくなった視覚野が触覚刺激の処理に回されているのである。同様の現象として，先天的聴覚障害者は話者の手話の動きを見ることによって聴覚野が活動することが知られている (Nishimura, et al., 1999)。われわれの脳は思った以上に柔軟に環境に対処するのである。

〔補足〕
fMRI による脳活動の計測：脳細胞の活動によって消費された酸素は，赤血球により再び補給される。赤血球は酸素が結合する場合としない場合で構造が異なるため，赤血球の分布を調べれば，脳活動が起きた場所を見つけ出すことができる。fMRI (functional magnetic resonance imaging；機能的核磁気共鳴画像法) は磁気の力により2種類の赤血球の違いを検出し，上記のことを可能にしている

おしゃぶり実験（Melzoff & Borton, 1979）

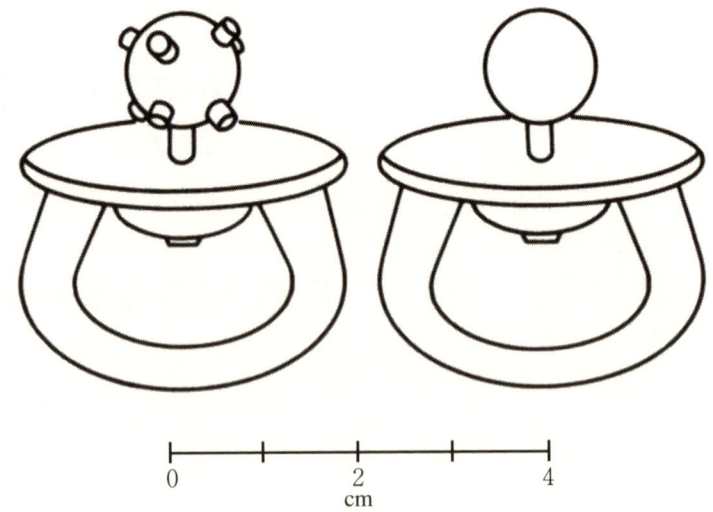

実験で新生児の赤ちゃんにしゃぶってもらったおしゃぶり。一方はイボイボした出っぱりがついており，もう一方は普通のつるつるした形

メルツォフのおしゃぶり —— 感覚統合

　私たちは五感を通じて世界を知る。その情報は目や耳，舌や指先といった別々のルートを通じて脳に到達するが，最終的に感じる世界は五感が統合されている。どうやって統合されるのだろうか。

　大きく2つの説が考えられる。1つは統合は経験によって獲得されるという説であり，もう1つは統合は生得的であるという説である。本章の今までのトピックスでは経験の重要性を説いたが，ここでは生得説を支持する研究を紹介する。その研究において，生後1ヵ月の乳児はイボイボかつるつるのおしゃぶりのどちらか一方を口に入れられた。次におしゃぶりを外され，目の前に先ほどまで口に入っていたものと同じ形状のおしゃぶり，異なる形状のおしゃぶりの2つの映像を見せられた。するとその乳児は同じ形状のおしゃぶりの方を長くみたのである。つまりこの実験の結果は，感覚間の結びつき（この場合，視覚と触覚）はわずか生後1ヵ月ですでに成立していることを示している。

〔補足〕
新生児共感覚：音を聞くと色が見えるような特殊な刺激－知覚間の結びつきをもつ現象を共感覚と呼び，成人では500～2500人に1人程度が共感覚をもつと考えられている。それに対し新生児や乳児はみな共感覚をもつと考える研究者もいる

原始模倣 (Melzoff & Moore, 1977)

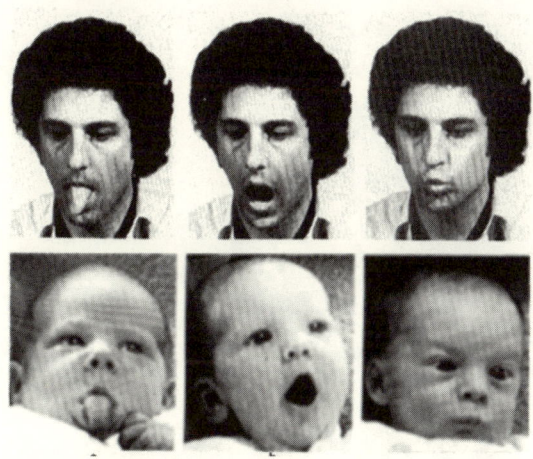

生後2, 3週の新生児が大人の実験者の顔を見て, (左から順に) 下を突きだす, 口を開ける, 唇をとがらす行為を行った図

赤ちゃんはまねをする？ ── 原始模倣

　さらに, 生まれてすぐの新生児でも, 感覚間の統合あるいは感覚と運動間の協応ができることが示されている。

　実験では生後すぐの新生児に対して, 口を突き出す動作, 口を大きく開ける動作, 舌だし, 指を順番に開いたり閉じたりの動作をしてみせ, 彼らがどんな動作をしたかをビデオに記録しておいた。そしてなにも知らない第三者がそれをみて, 上記4つのどの動作をしていたかを回答してもらったところ, それぞれに対応する動作が多かった。その後の追試により確かに舌だしを行うことが確認された。この実験の結果は①新生児はまだ自分の口を見たことがないのにもかかわらず, すでに自分の身体イメージを (口や舌近辺に) もっており, ②そのイメージを他者の身体イメージと対応づけることができることを示唆している。メルツォフのおしゃぶり実験と同様に原始模倣もまた人の生まれつきの能力の高さを示している。

顔をみつめる赤ちゃん

赤ちゃんは顔が好き ── 顔認知

　私たちは，家族，友人，学校や職場の仲間，その他多くの人間とともに，社会生活を営んでいる。そのため他者を認識したり，他者の表情や意図を読み取ることを正確に素早く行うことはとても重要である。そのときの一番の判断材料が顔である。顔の認識には皮質下の回路と大脳皮質の回路の両方が関与していると考えられている。すでに新生児の段階で乳児は顔や顔に類似した映像を好んで見ることが示されている。皮質下の脳は大脳皮質よりもずっと初期の段階から発達しているため，おそらく新生児期の顔認知に関与する脳は主に皮質下であろう。

　一方で顔の細かな違いなどを見分けるのには皮質が関与している可能性が高く，相貌失認という病気は他人の顔を見分けることができなくなる病気であるが，この病気は大脳皮質の一部に損傷が生じたときに起こることがわかっている。

〔補足〕
倒立効果：顔を認識する際に，ひっくり返した状態では（目の上に鼻，口がくる）認識率が低下したり判断にかかる時間が増加するという効果。顔以外の物体では倒立効果が生じにくいことから，顔の認識は他の物体の認識とは異なる処理系が関与していると考えられている

アイコンタクトを好む（Farroni et al., 2002）

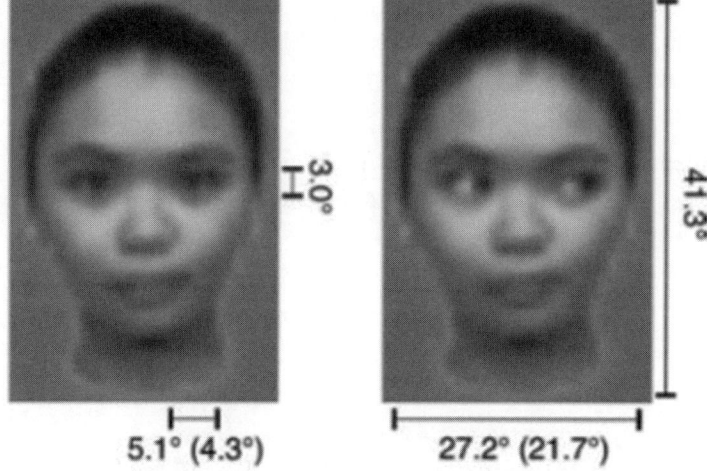

新生児に上の2つの画像を見せたところ、左側の顔画像を好んで長く見つめた。画像がぼやけているのは新生児の視力を表現するため

アイコンタクトでドキドキ ── 目を合わすことの意味

　気になる人と、視線が合ったとき思わずドキドキした経験はないだろうか？　相手がどこを見ているか（特に自分のことを見ているかどうか）についても私たちはとても敏感である。たとえば、たくさんの顔のなかから1枚だけこちらを見つめている写真を見つけるのは容易にできるし、相手が目を向けた方向に自動的に注意が向いてしまう。この相手の視線の先を見る行為は共同注意とよばれ、非言語的なコミュニケーション手段の1つである。そのため言葉をまだしゃべらない乳児にとって、おそらく特に重要であろう。しかしこの相手の視線の先を見る行為は、直前にアイコンタクトを行わないと生じないことが生後4ヵ月の乳児を対象とした調査からわかっている。そしてアイコンタクトに対する選好性は生後すぐからあり、新生児でも自分を見つめる顔画像のほうを、目をそらしている顔画像よりも好むのである。

〔補足〕
視線方向の検出：相手が何を見ているかを判断するためには、黒目が目のなかでどちらに向いているかを検出することが重要である。人は黒目以外の部分が白いため、向きの検出は容易である。しかし他の動物の場合、白目部分は着色されており、検出が難しい。動物にとって自分が何を見ているかを敵に知られることは生存上不利になるからだと考えられる

■設問

1. 乳児の頃の知覚の発達について，遺伝と経験がそれぞれどんな役目を果たしているか考えてみよう。
2. 本節に出てきた例以外にはどんなカテゴリカル知覚があるだろうか。
3. 原始模倣は新生児が意図をもって行っているのだろうか，それとも反射的にでてしまうのだろうか。

■回答のポイント

1. 遺伝により礎が築かれ経験により精緻化する。しかし経験すべき時期に経験をしないと十分な能力を獲得できない能力もある。
2. 色の知覚はカテゴリカル知覚の良い例である。
3. 原始模倣は生後しばらく経つと行わないようになり，再び行うようになる。他の動物でもする動物（チンパンジー）としない動物（ニホンザルやリスザル）がいる。

参考文献

下條信輔（1988）．まなざしの誕生—赤ちゃん学革命　新曜社
P. ロシャ（著）　板倉昭二・開一夫（訳）（2004）．乳児の世界　ミネルヴァ書房
産経新聞「新赤ちゃん学」取材班（2006）．赤ちゃん学を知っていますか？—ここまできた新常識　新潮文庫
汐見稔幸・榊原洋一・小西行郎（編）（2007）．乳幼児保育の基本　フレーベル館

3章　動物としての人の発達
■身体発達・食育・栄養

　　　　　　　　　　　生まれたときからもっている反射
　　　　　　　　利き手は，生まれたときから決まっているの？
　　　　　　　　　　身長は伸びるときと伸びないときがある
　　　　　　　　　　　　　　　最近の子どもは早熟なの？
　　　　　　　　　　　　　　　手先の器用さと大きな動き
　　　　　　　　　　　　　　　　運動おんちは生まれつき？
　　　　　　　　　　　　　　　　　　　　発達を支えるもの
　　　　　　　　　　　チンパンジーの人工哺育から考える
　　　　　　　　　　おいしい物を教えてくれるのは誰？
　　　　　　　　　　　　　　　　　　　飽食がもたらす影響
　　　　　　　　　　　　　　　食習慣はどうやって決まるの？
　　　　　　　　　　　　　　　　　　好き嫌いはいけないの？

新生児微笑：ヒトとチンパンジー

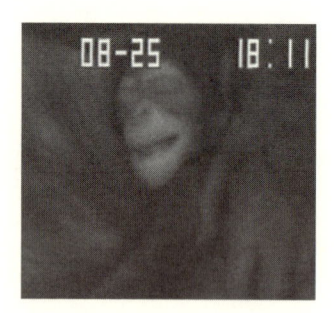

生まれたときからもっている反射 —— 原始反射それぞれ

原始反射：生後一定期間だけ見られる一連の反射。中枢神経の成熟と関連している

　大脳がまだ未熟な新生児は自発的運動が可能になるまでは，**原始反射**に依存する部分が大きい。たとえば授乳のためには，口の周りに物が触れると乳首を探す動きをする「口唇探索反射」や唇に物が触れるとそれに吸い付く「吸啜反射」などがある。すでに胎児の段階で吸啜反射の出現はエコーで確認されている。

　栄養源の確保とは直接関連しない反射もある。表情（舌出し等）を真似する「新生児模倣」や，寝ているあいだに見られるニッと笑ったような「新生児微笑」である。これは後の自発的なコミュニケーション技術の発達と関連している。

　チンパンジーの場合も，乳首を探す，乳首を吸う，しがみつくといった反射がみられる。さらに京都大学霊長類研究所のチンパンジーを対象とした子育てに関する研究から，新生児微笑や社会的模倣がみられることが明らかになっている（友永他, 2003）。集団生活を営む動物にとっての社会的コミュニケーションの重要性を示唆するものである。

専用の棒を左手で握ってナッツ割りをする多摩動物公園のチンパンジー

利き手は，生まれたときから決まっているの？
利き手の進化と発達

　人の場合，右利きと左利きの比率は9：1である。チンパンジーの場合はおおよそ6：4と考えられている。他の動物の場合は，一般的に5：5と言われている。

　人に右利きが増えたのは，道具使用と関連しており，さらには脳の左右の機能の特化や言語野の進化につながったと考えられている。

　利き手は道具使用と深く関連している。たとえば体を掻くのはどちらの手でもさほど不自由ではないが，箸や鉛筆は利き手でないと使いにくい。しかし，道具の多くは右利きを念頭にデザインされており，左利きにとっては，使いにくい物も少なくない。

　子どもの利き手がはっきりするのは，一般的に2歳から4歳の間である。生後間もなくは，物をとるのに近い方の手を用いるし，道具の使用はおぼつかないが，徐々に特定の手を使うようになる。

　最近の研究では，胎内でしゃぶっていた指が後の利き手になる場合が多いことが判明している。利き手を上手に使うようになるまでには数年かかるが，脳はすでに利き手に対応した機能を備えている可能性がある。

利き手：一方の手を他の手よりうまく使う傾向。大脳半球の優位性と関係ある

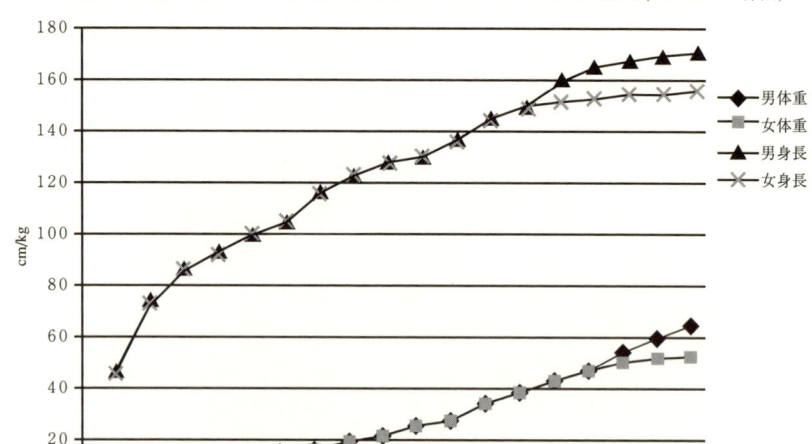

身長・体重の変化（厚生省国民栄養調査及び文部省学校保健統計調査，2000から作図）

身長は伸びるときと伸びないときがある —— 身体発達のスパート

スパート：身長，体重の増加に急激な伸びが見られること

　人の身体発達においては**スパート**がかかる時期が2回ある。第1回は生後12ヵ月間である。その間に体重は約3倍，身長は1.5倍，脳の重さは2倍になる。飼育されているチンパンジーの場合も体重は約3倍（約1.5kgから5 kg）になる。

　第2回は思春期にみられる。女児は11歳頃，男児は13歳頃に急激に身長が伸びていく。チンパンジーの場合，体重は増加するが，身長の伸びはみられない。人の場合，同時期に初潮年齢を迎える（p. 41参照）。チンパンジーの場合も体重増加と性成熟は同時期に起きている。

　最近の研究では思春期には，脳の（特に前頭葉と頭頂葉で）シナプスの組み替えが行われており，乳児期のシナプスの形成期と似ているとの指摘もある。また，思春期前に比べ，この時期の子どもたちは，人の気持ちの理解に時間がかかるとの報告もある。

　このように，2つのスパートは，体格だけでなく，体の内面で起きている様々な変化と連動しているといえる。

平均初潮年齢の推移 （日野林, 2007 から作成）

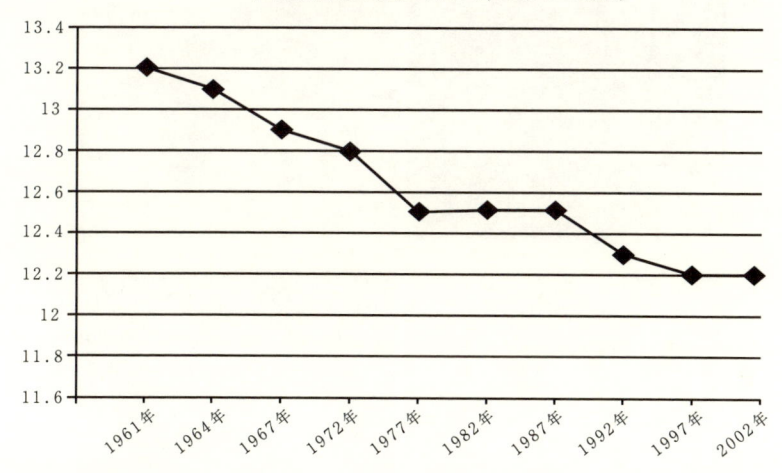

最近の子どもは早熟なの？ ── 身体発達と環境

　20世紀以降，欧米諸国及び日本では，体格が良くなり，性成熟の時期が低年齢化している。原因として，都市化や栄養摂取の変化などが指摘されているが，詳細は明らかではない。一方で，21世紀に入り，加速傾向は減少している。

　日本人の場合は，特に戦後に大きな変化がみられる。17歳の平均身長は，60年の間に男子で10 cm，女子で6 cm伸びている。女児の**初潮**年齢も低年齢化している（上図参照）。初潮データからは国内地域差も報告されている。以前は，大都市で早い傾向がみられたが，最近はない。大枠では，東北・沖縄が早く，九州などが遅い傾向があるなど，理由は明らかではないが環境に影響される。

初潮：最初の月経。性的成熟を表す明確な兆候。無排卵の場合が多い。

　チンパンジーの場合，野生と飼育下で違いがある。飼育下の方が初潮年齢が早く，出産間隔も短くなっている。ちなみに，体重も重い傾向があるため，動物園にとっては成体のダイエットなども大きな課題となっている（p. 47参照）。

　このように，私たちの身体発達は環境との相互作用によって促されており，それは他の霊長類とも共通している部分が少なくない。

食と道具使用：ニホンザルからヒトまで

餌を拾って食べるニホンザル 　　棒を使ってジュースなめをするオランウータン

棒を使ってジュースなめをするボノボ 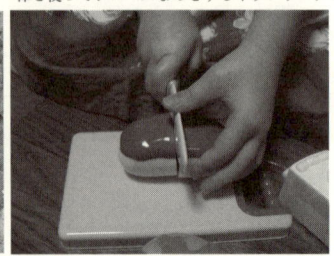　　おままごとの包丁で物を切るヒト

手先の器用さと大きな動き ── 手先の器用さと身体の発達

　運動機能は大きく粗大運動と微細運動と、協調運動に分けられる。乳幼児期の微細運動には、ガラガラを握る、干しぶどうをつかむなど手先を用いたものなどがある。粗大運動には、つかまり立ち、片足で立つ、階段の昇降など足を使ったものが多く含まれる。この時期の運動発達には個人差や地域差が時としてみられる。生活環境によって、どのような**運動発達**が促されるかが異なるためである。このような差は、学童期になると減る。

　運動協応は、複数の動きを協調させながら行うものである。衣服の着脱がスムーズにできるなどが含まれる。学童期になると、とび箱を跳ぶ、ノートをきちんととるなど、学習に直結したものが含まれる。運動協応の発達に遅れや偏りがある場合、体育が苦手、整理整頓ができない、など学校生活に支障を来す場合がある。

　幼少期の経験はその後の運動発達のあり方に影響を及ぼす場合も少なくない。幼い頃に様々な形で経験を積むことが大切である（p. 43 参照）。

運動発達：歩き始め、階段の上り下りなどは、子どもの発達の確認の目安として重要

ワイヤーを渡る多摩動物公園のオランウータン，ポピー（ジプシーの孫）

(財)東京動物園協会提供

その後ワイヤーの本数を増やし，手足を使って移動できるようになり，ジャングル経験のない個体も移動している

運動おんちは生まれつき？ ── 経験と運動技能

　野生のオランウータンは一生のほとんどをジャングルの樹上で過ごす。その握力は280kg以上あり，**ブラキュエーション**で高所を移動する。多摩動物公園のオラウータンのジプシーは幼い頃に日本に来てから約50年間，低いロープはあったが，ジャングルのような高所を移動する環境はない所で育ってきた。

　施設の改築後，地上12mのポールに150mのワイヤーが渡され，放飼場の行き来が可能になった。ジプシーは50年ぶりながら，ブラキュエーションで高所を移動できた。

　長年のブランクに加え，かなり高齢になっての移動であった。それを可能にしたのは，幼い頃のジャングルでの経験が手続き記憶として長期記憶に保存されていたからである。

　人の場合も，水泳，跳び箱，自転車などの技能習得は，幼い頃には比較的容易であり，一旦習得したものは，精度は落ちたとしても忘れない。一方で，成人になってからの技術取得は困難をきたす。生活環境で必要な技術は，幼い頃に効率よく習得するメカニズムを備えているためと考えられる。

ブラキュエーション：手で摑んでいる枝を揺らして，隣の枝を摑んで移動すること

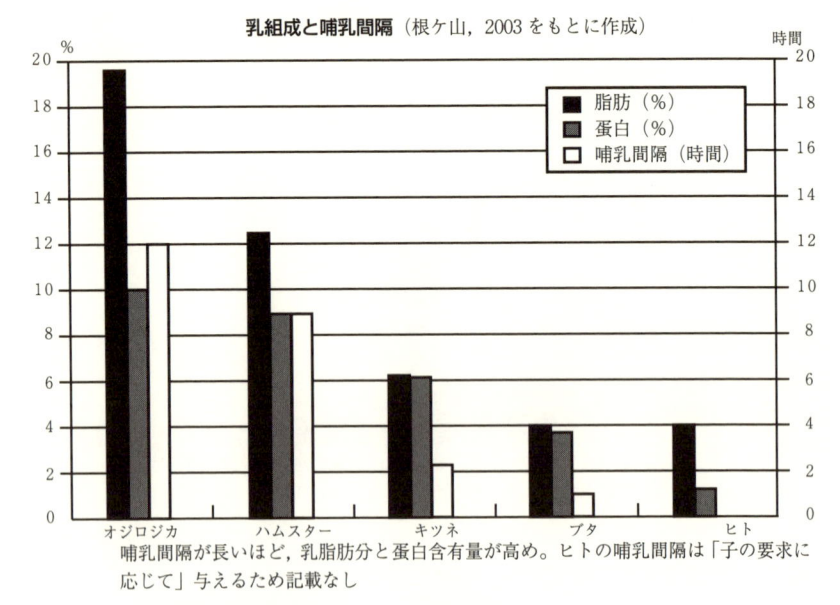

乳組成と哺乳間隔（根ケ山，2003 をもとに作成）

凡例：脂肪（%）／蛋白（%）／哺乳間隔（時間）

動物	脂肪（%）	蛋白（%）	哺乳間隔（時間）
オジロジカ	19.5	10	12
ハムスター	12.5	9	0
キツネ	6.3	6.2	2.4
ブタ	4	3.8	1
ヒト	4	1.4	ー

哺乳間隔が長いほど，乳脂肪分と蛋白含有量が高め。ヒトの哺乳間隔は「子の要求に応じて」与えるため記載なし。

発達を支えるもの ── 母乳の力

　ラットの実験からは，妊娠中，授乳中の母親に偏った栄養を与えると，仔の発育に影響がみられ，その後の脳機能や行動に支障がでることが明らかになっている。ほ乳類の場合，授乳は発育に必要な栄養分を効率よく母乳から摂取するために不可欠である。人の場合は生後12ヵ月，チンパンジーは4年間，ラットは最低3週間の授乳期間が前提となっている。この期間の母の栄養摂取に偏りがあれば，脳を含め，身体の発育に影響が及ぶことも考えられる。

　母乳の組成は授乳時期によって異なる。人の場合，初乳は成乳に比べ，タンパク質，ビタミン，ミネラルが多く，乳糖と脂質は少ない。文化によっても比率が異なることが報告されており，日本の場合，欧米に比べ DHA の成分が高い。

　ラットの研究からは，味覚の発達は母乳の内容に影響されることも報告されている。このように，子どもは生後間もなくから自分が生活する環境について多種多様な媒介をとおして学習していることが窺える（p.45 参照）。

DHA：ドコサヘキサエン酸の略。不飽和脂肪酸の1つで，魚油に多く含まれる

母乳で育てられる

異なった種の大人に育てられることによるハンディは大きい

人工哺育で育てられる

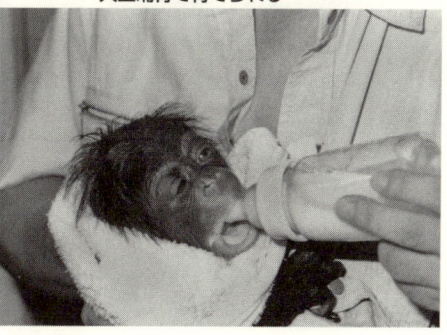

いしかわ動物園提供

チンパンジーの人工哺育から考える ── 授乳の恩恵

　チンパンジーは生後3ヵ月前後の間，母親に抱かれた状態で生活する。その後も4年ほどの授乳期間を母親とともに過ごし，自分をとりまく環境について学習している。挨拶のしかた，遊び方，食物の選び方など，多くのことを母親を介して学習している。

　飼育されているチンパンジーのなかには，母親が子育てをしないため，人工哺育で育てるケースが少なくない。しかし，人に育てられたチンパンジーが群れに戻るのは容易ではない。隔離飼育のため，母親について社会性を身につける機会を失うためと考えられている。結果として，調教されてショーに出て，大人になると単独で飼育される場合が少なくない。飼育下の平均寿命が40～50歳であることを考えると，最初の数年のつけはあまりにも大きすぎる。

　母親や養育者が，**乳児用調整粉乳**を母乳がわりに用いる人をのぞいては，母乳以外に子どもを育てる手段は存在しない。母乳と社会的学習は切っても切れない関係になっている。

乳児用調整粉乳：粉ミルク。20世紀後半ばから一般に普及し，育児のスタイルを大きく変えた

母親が食べている物に興味をもち,欲しがる子ども(左)と分けてもらい口にする子どものチンパンジー(右)

おいしい物を教えてくれるのは誰? ── 食の学習

　子どもはすでに1歳前から,母親が食べているものに興味をもつことがわかっている。母親と知らない人が手にしていた食べ物のどちらに興味をもつかという実験で,子どもは母親が手にしていた物を好むことがわかっている。

　チンパンジーの子どもは,母親が食べている物をねだり,分けてもらう。人とは異なり,チンパンジーが食べ物を共有する場面は限られているが,子どもが幼いときには分けあたえが見られる。

　子どもは自分が慣れ親しみ,信頼のおける人物を介して環境について学ぶ傾向がある。また,母親や養育者は適切な時期に子どもに積極的に情報を提供する。これを社会的伝達という。

　もう1つ子どもに積極的に情報を提供する存在がある。テレビコマーシャルである。米国では,子どもの**ジャンクフード**への関心がテレビコマーシャルによって強化されているという研究もある。

　食育の必要性が増しているなか,子どもにより良い情報を効率よく提供することが重要になっている。

ジャンクフード:「クズ」のような食べ物の意。過剰摂取は肥満の原因と考えられている

餌付けされたアカゲザル

腕で体を支えながらも食べ続ける。樹上の生活は困難でも生き延びられる環境がもたらした結果

AFP／時事

飽食がもたらす影響 ── 食の安定供給がもたらすもの

　食糧の供給が安定し，食の調達が短時間で簡単にできるようになると，肥満が増加する。進化の過程で，動物は食べ物が豊富なときになるべく多く高カロリーの物を摂取し，体内に貯蓄するようになったと考えられている。

　先進国では，デスクワークや機械の導入で，カロリー消費の少ない作業が増えている。また，食糧調達に要するエネルギーも減っている。一方で，高カロリーの食事が容易に入手可能となっている。

　日本では，戦後の飢えからの解放への努力の結果，**メタボリックシンドローム**と戦うことになった。同様の傾向は先進国の多くだけでなく，動物園や餌付けされた野生動物にも当てはまる。

　野生チンパンジーは1日の大半を，食糧確保のために費やす。しかし，動物園では飢えを経験することはなく，食糧確保のために長時間移動したり，戦う必要も機会もない。

　体重管理はつらい作業である。ダイエットの失敗が多いのは，進化の過程で大食を好む身体を作ってきたからである。

メタボリックシンドローム：内臓脂肪症候群。環境要因（食べすぎ，運動不足）によるものが多い

人特有の社会的行動の1つ：食べ物を囲んで友情を深める

食習慣はどうやって決まるの？ ── 文化による食習慣の違い

　日本では朝，昼，晩と1日3食が一般的で，食事は一家団欒の場として重視されている。一方で，近年子どもの朝食の欠食や孤食の増加，食事リズムの乱れが発達や学力との関連で問題視されている。

　戦後の食習慣の変化は**肥満**や子どもの成人病の発症率と関連している可能性は高い。しかし，1日3食を維持することが不可欠という考え方の根拠は明確ではない。たとえば，イスラム教ではラマダンの期間の約1ヵ月は日の出から日の入りまで何も口にしない。モンゴルの牧民の朝食はミルクティーのみで，個々に済ませ，バンコクの子どもたちは登校前に屋台で朝食をとるなどである。

　宗教や文化によって食のありかたは異なる。つまり，人の体は様々な食のスケジュールに対応可能であることを示唆する。共通しているのは，人が集うときにしばしばその中心に食べ物があることだろう。人のように食べ物をホスピタリティーの手段として共有する動物はいない。

肥満：肥満度（BMI）の基準も地域によって異なる。日本は25以上，WHOは30以上である

夕食を食べるモンゴルの牧民の家族

メニューは肉うどん。中央にあるのは食後のキャンディ。
母親はベッドに腰掛けて食している

那沁撮影

好き嫌いはいけないの？——偏食は誰の基準で考えるのか

　日本では，1日30品目というスローガンのもと，食生活の改善の指導や食育が行われている。緑黄野菜や魚は食べない，肉はヒツジのみと言えば，それは「**偏食**」と言われ，指導の対象となりうる。しかし，これはモンゴルの特定の地域では標準的な内容である。このように，生活環境が異なれば「偏食」の内容もちがってくる。

　食材が豊富な場合，人は同じ物を続けて食べることを好まない。「飽きた」という表現のもと，一定の枠組みのなかで別の物を求める。一方で，なじみのない食材に対しては抵抗感，警戒心を持つ。たとえば納豆は日本国内でも普及している地域としていない地域がある。幼い頃から食していればそれは日常的な食材となり，成人になってから食する場合，その「独特」な味に拒否反応を示すこともある。

　食の嗜好はその人の育った環境や経験を反映している部分が多い。だからこそ，他人と食を共有することは，相手の存在を受けいれることにもなる。

偏食：肉，野菜，穀類などをバランスよく食べることを前提とした考え方

■設問
1. ほ乳類としての人が他の動物と共通している部分と異なる部分をリストアップして，人の特性について考えてみよう。
2. 産業革命以降，私達の身体にどのような変化が起きたか考えてみよう。
3. 日本の食習慣の根拠となっている考え方にはどのようなものがあるか考えてみよう。

■回答のポイント
1. 授乳を必要とするが，粉ミルクの開発などで，人は母親以外の者が子育てをすることを可能とした。また，食物の共有は人に特徴的といえる。一方で食の好みや運動発達と経験の関係は霊長類としての特性で，肥満の問題はペットにも共通していることから，ほ乳類に特徴的な可能性も考えられる。
2. 都市化により，発達加速現象が起きている。様々な環境要因が身体発達に影響を及ぼしている。また，機械化が進み，運動量は減った。さらに食の供給も安定し，好きな時に食事ができるようになり，肥満が問題となってきた。メディアによる情報伝達量が増え，子どもの食習慣は親だけでなく，テレビ等に影響されるようになった。
3. 食生活の形成には，その土地の歴史や地理的条件が大きく影響している。たとえば，農作業を行う場合，家族全員で食事をすることが効率的であった。グローバル化が進むなか，こういった背景の違いを理解し，お互いの食習慣を受け入れることも重要である。

参考文献

友永雅巳・田中正之・松沢哲郎（2003）．チンパンジーの認知と行動の発達　京都大学出版協会

中村徳子(2004)．赤ちゃんがヒトになるとき—ヒトとチンパンジーの比較発達心理学　昭和堂

日野林俊彦（著）青年と発達加速　南徹弘（編）（2007）．発達心理学　朝倉書店

上田礼子（1998）．発達のダイナミックスと地域性　ミネルヴァ書房

黒鳥英俊（2008）．オラウータンのジプシー　ポプラ社

根ケ山光一（2002）．発達行動学の視座　金子書房

吉原耕一郎（1999）．ボス交代—多摩チンパンジー村の30年　NHK出版

田中伊知郎（1999）．「知恵」はどう伝わるか—ニホンザルの親から子へ渡るもの　京都大学学術出版会

ピネル（2005）．バイオサイコロジー　脳—心と行動の神経科学　西村書店

農山漁村文化協会（2003 – 2008）．世界の食文化（全21巻）

ピーター メンツェル・フェイス ダルージオ（2006）．地球の食卓—世界24カ国の家族のごはん　TOTO出版

4章　なみだが出るのは悲しいから？
■感情の発達

感情とはなんだろう？
泣くから悲しい？悲しいから泣く？
赤ちゃんの微笑
赤ちゃんの泣き
楽しいと喜びは別の感情？
親しい人と知らない人への反応の違い
他人の感情を理解する
他の人を見て自分を気づく
大人になるための設計図
感情の表しかたにはルールがある
感情のコントロール

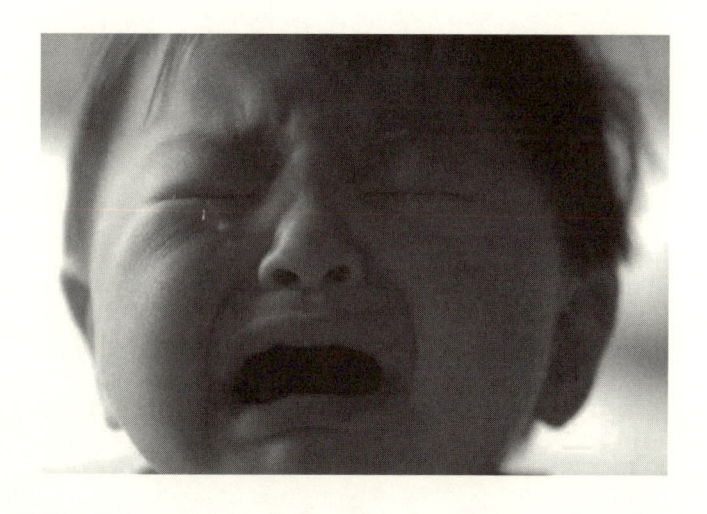

感情を表す用語

主観的感情（feeling）	気持ち，主観的に感じる心の動きの総称
感情（emotion）	喜び，怒り，悲しみ，恐れ，嫌悪，驚きなど；表情や行動に表出される気持ちの動き，コントロールの側面をもつ
気分（mood）	イライラ，憂鬱；より長期にわたる感情
アフェクト（affect）	快，不快

感情とはなんだろう？── 感情の定義

　われわれは日常のなかで様々な気持ちや心の動きを体験している。試験のため準備を重ねてきたのに，強い'不安'のため実力が発揮できず，'悔しい'思いをした，'気もちを切り替える'ため見た映画はとても'怖い'映画だった，というように1日のなかでも複数の感情を体験する。感情がやる気や試験の出来など他の心の働きに影響を及ぼすことを経験することも多いだろう。
　本章では，感情がどのような現象をさすのか明らかにしておきたい。一般的に，「感情」には，悲しい，うれしい，幸せ，楽しい，思いやりの気もちなど，様々な心の働きがあり，日常的にはこれらを総称して「感情」とよんでいる。感情に似た言葉に，気持ち，気分，アフェクトがあり，心理学においてはこれらを区別して扱うことが多い。また，「感情」の同義として「情動」を用いることも多いが，本章では一貫して「感情」という用語を用いることとする。

感情のメカニズムに関する説明

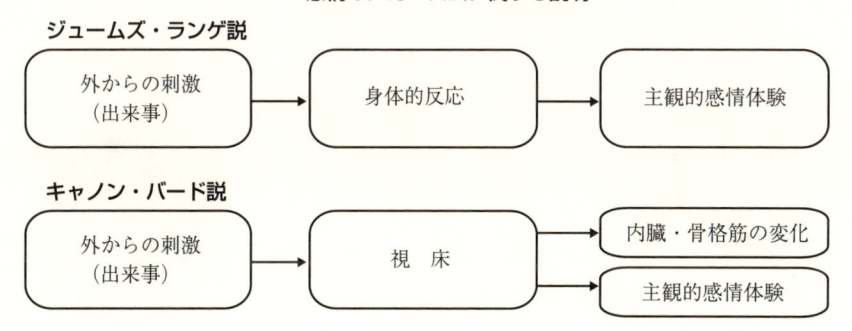

ジェームズ・ランゲ説

外からの刺激（出来事） → 身体的反応 → 主観的感情体験

キャノン・バード説

外からの刺激（出来事） → 視床 → 内臓・骨格筋の変化／主観的感情体験

泣くから悲しい？悲しいから泣く？ ── 感情のメカニズム

　楽器の演奏やスピーチで，緊張のあまり心臓がドキドキしたり冷や汗をかくなどの身体的な反応を経験した方も多いのではないかと思う。このことは，感情が精神だけではなく生理的な側面をももつことを意味している。われわれが体験する感情は，どのようなメカニズムで起こるのだろうか。

　ジェームズは，出来事を知覚すると，身体的な変化が起こり，その結果として主観的な感情体験が生じるとした（**ジェームズ・ランゲ説**）。ジェームズによれば，危険な出来事に遭遇すると，まず心臓がドキドキしたり血圧が上がり，その結果恐怖を感じる。キャノンは，感情の生起についてのジェームズの理論について疑問をなげかけ，視床や大脳皮質の動きを重視する**キャノン・バード説**を提唱した。

ジェームズ・ランゲ説：ジェームズとランゲによる感情生起に関する説明。末梢起源説ともいわれる。ジェームズ・ランゲ説では，外からの刺激は，大脳皮質において知覚され，その反応として大脳皮質が内臓，骨格筋，循環器を賦活させる。その結果，主観的感情体験が生起すると説明している

キャノン・バード説：キャノンとバードによる説明。キャノンらは，外からの刺激は，視床を通って皮質に伝達される。その結果，内臓や骨格筋の賦活を含む身体変化と，出来事の主観的体験が同時に経験されると考えた

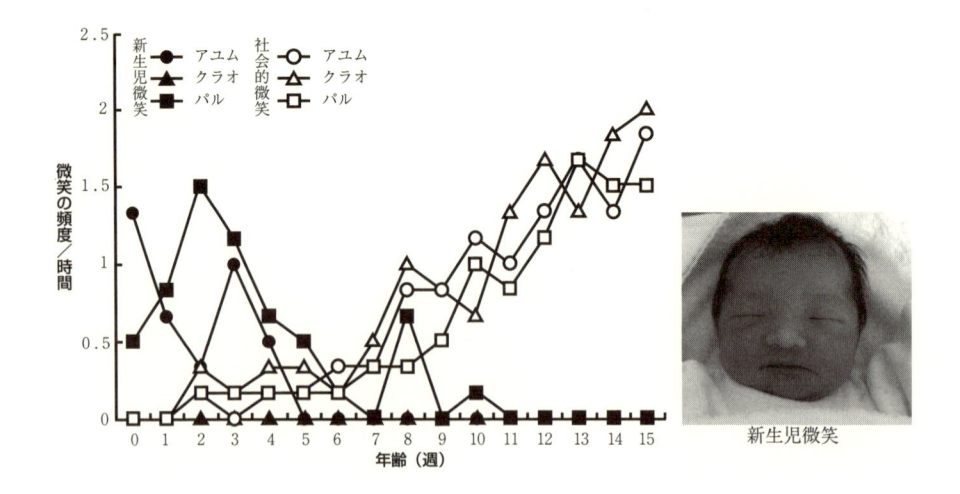

チンパンジーの社会的微笑の発達 (Mizuno, Takeshita & Matsuzawa, 2006)

[グラフ：縦軸「微笑の頻度／時間」0〜2.5、横軸「年齢（週）」0〜15。新生児微笑（●アユム、▲クラオ、■パル）と社会的微笑（○アユム、△クラオ、□パル）の推移を示す。]

新生児微笑

赤ちゃんの微笑 ── 社会的微笑

　かわいらしい赤ちゃんの微笑には，大人もつい微笑みかけてしまうものである。誕生直後の乳児の微笑は，生物学的反応として知られており，**新生児微笑**（自発的微笑）とよばれている。一方，他者の表情など外的な刺激に対する反応として起こる微笑は，**社会的微笑**（外発的微笑）とされ，自発的微笑とは区別されている。生後3〜8週間になると，新生児微笑にとってかわり，人の顔や声に反応する社会的微笑が始まるようになる。生後6ヵ月頃までは，比較的高い人間の声，声と動きのある顔が，社会的微笑を起こしやすいことが明らかになっている。

　自発的微笑がチンパンジーの新生児にもみられることが，チンパンジーの新生児の観察から明らかになっている。ミズノらは，生後2ヵ月頃には消失し，社会的な微笑にとってかわることを発見した（Mizuno, Takeshita, Matsuzawa, 2006）。乳児の微笑の発達が，進化心理学的にも検証されていることがわかる。

新生児微笑：生後直後の乳児が示す微笑。養育者など周囲の大人の働きかけによって起こる社会的微笑とは異なり，生物学的な反応としてレム睡眠時に起こるとされている

社会的微笑：養育者の話しかけや表情によって引き起こされる微笑。乳児の社会的微笑は，養育者の乳児への関心や愛情を引き出し，乳児と養育者の関係を高める役割を果たすと考えられている

年齢別にみた（a）視覚的断崖，（b）イヌ，ノイズ，びっくり箱に恐怖を示す子どもの
パーセンテージ（Scarr & Salapatek, 1970）

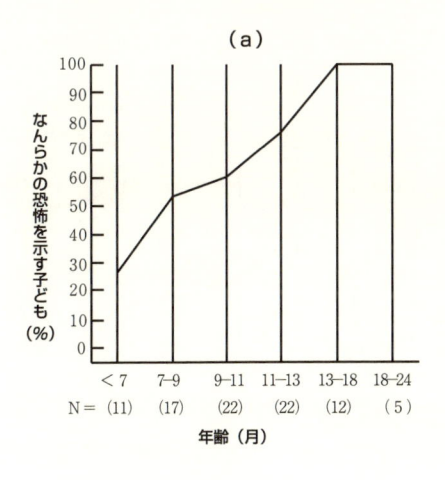

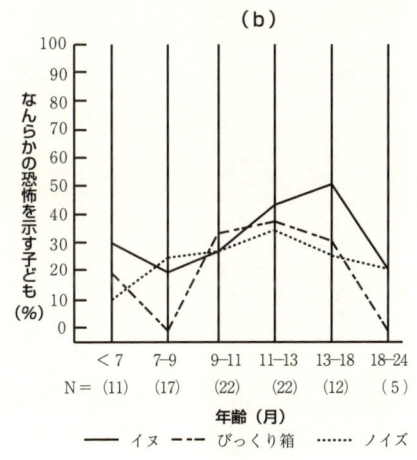

赤ちゃんの泣き ── 出来事への反応

　赤ちゃんの泣きは，はじめのうちは，空腹，痛み，眠気など生理的不快を意味するものとして表れ，次第に恐怖の表出としての泣きが表れるようになる。誰に対しても微笑みかけていた赤ちゃんが，見知らぬ大人が来ると泣き出すなど，しだいに人見知りを示すようになる。赤ちゃんの泣きは，内的な生理的反応から外的な出来事の反応として起こるようになるのである。
　恐怖などのネガティブな感情は，微笑の背景にあるポジティブな感情につづいて発達することが明らかになっている。スカーとサラバテックは，乳幼児（2ヵ月〜2歳）に，**視覚的断崖**，未知の人物，びっくり箱，動くおもちゃのイヌ，大きな音，仮面をつけた人物を見せた。7ヵ月未満の乳児はほとんど恐怖を示さなかったが，2歳に近づくにつれてイヌ，びっくり箱，大きな音についての恐怖が増大していくことがわかった。

視覚的断崖：ギブソンとウォークによって開発された，乳児の奥行き知覚の検証のため用いられた装置。台全体は格子模様であるが，半分がガラス張りになっており段差がついているように見える。奥行き知覚が可能になった乳児は，恐怖のため段差と見えるところをわたることができない。乳幼児の恐怖感情の発達や社会的参照の実験にも応用されている
（p.24参照）

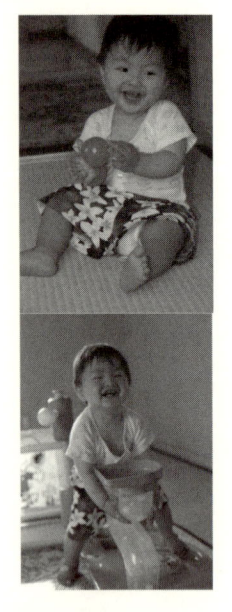

出生から約2年の間に現れる情緒の分化 （Bridges, 1932；濱ら，2001）

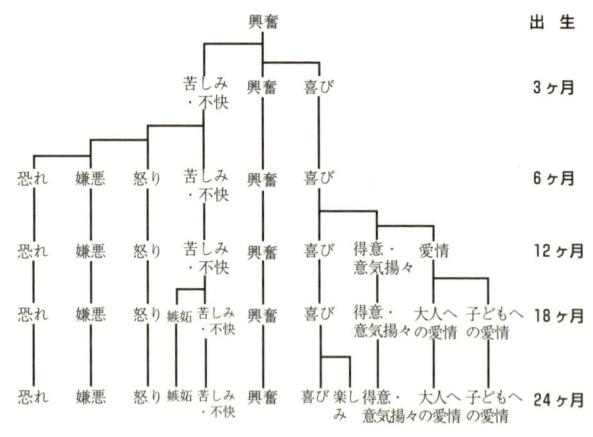

								出生
			興奮					
		苦しみ・不快	興奮	喜び				3ヶ月
恐れ	嫌悪	怒り	苦しみ・不快	興奮	喜び			6ヶ月
恐れ	嫌悪	怒り	苦しみ・不快	興奮	喜び	得意・意気揚々	愛情	12ヶ月
恐れ	嫌悪	怒り	嫉妬	苦しみ・不快	興奮	喜び	得意・意気揚々	大人への愛情	子どもへの愛情	18ヶ月
恐れ	嫌悪	怒り	嫉妬	苦しみ・不快	興奮	喜び	楽しみ	得意・意気揚々	大人への愛情	子どもへの愛情	24ヶ月

大人への愛情（Affection for adults），子どもへの愛情（Affection for children），怒り（Anger），喜び（Delight），嫌悪（Disgust），苦しみ・不快（Distress），得意・意気揚々（Elation），興奮（Excelitment），恐れ（Fear），嫉妬（Jealousy），楽しみ（Joy）

感情分化未発達説：様々な感情はもともと未分化なものであり，経験の結果として別個の感情が出現するとの考え方。この考え方によれば，生後直後の乳児は一般的興奮しか経験せず，生後3ヵ月頃には，興奮，苦痛，喜びが，以降，徐々に個別の感情が経験されていくようになると考えられている

感情の不連続発達説：興味，喜び，驚きなど9つの感情が，それぞれが別個で特徴的な身体的反応と表情でなりたっており，生得的に組み込まれているとする考え方

楽しいと喜びは別の感情？── 感情の分化

　乳児の泣きが示すように，発達初期においてはそれほど明確でなかった感情は，成長の過程でしだいに相互に異なる感情として現れるようになる。大人は日常のなかで実に様々な感情を経験するが，これらは別個の感情として別々に発達するのだろうか。

　ブリッジスは，誕生初期には未分化な一般的興奮である感情反応が，次第に分化していくとの**感情分化未発達説**を提唱した。ブリッジスは，モントリオールの孤児院の子ども達の観察から，一般的興奮が生後3ヵ月頃から様々な感情に分化していく様子を記述した。一方，イザードは，基本感情は生得的に9つ（興味，喜び，驚き，苦痛，怒り，嫌悪，軽蔑，恥，恐れ）に分化した状態で組み込まれているとする**感情の不連続発達説**を唱えた（Izard & Malatesta, 1987）。

4章 なみだが出るのは悲しいから？　57

イザードのいろいろな基本感情（Izard et al., 1980）
純粋な基本的情緒と基本感情の混合例。基本感情を表現する顔面筋の動きは人類に共通である

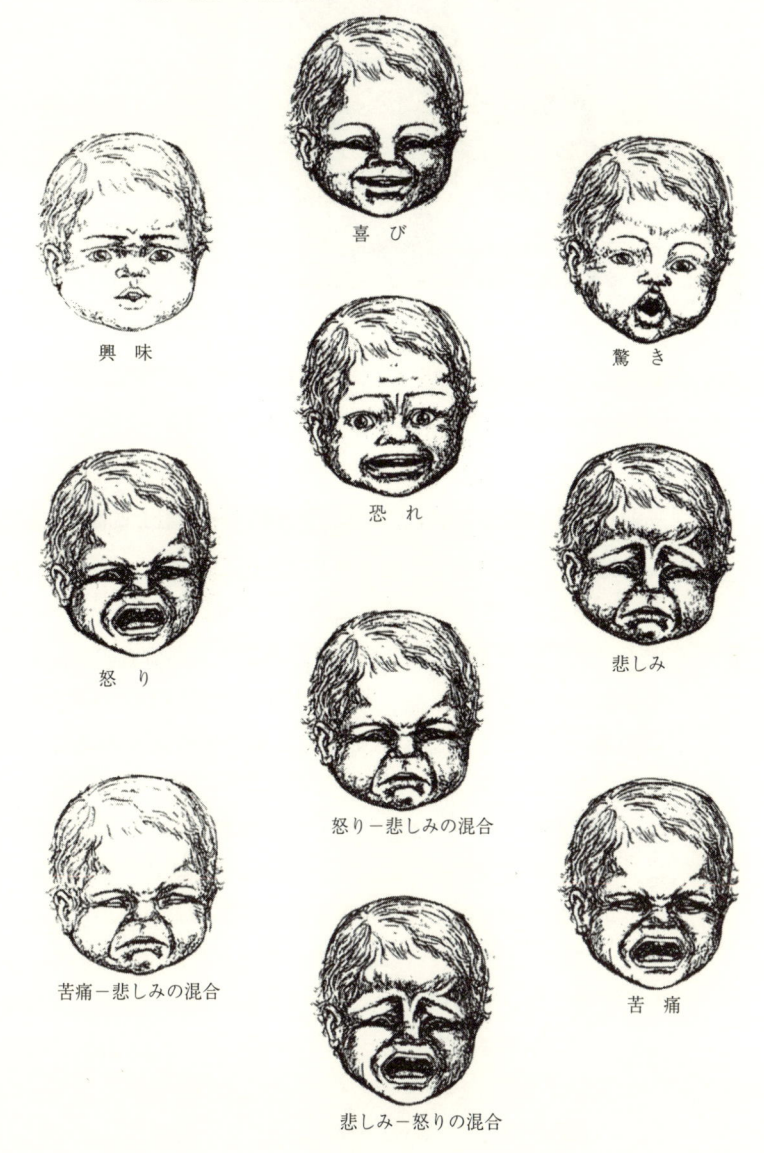

喜　び

興　味　　　　　　　　　　　　　驚　き

恐　れ

怒　り　　　　　　　　　　　　　悲しみ

怒り－悲しみの混合

苦痛－悲しみの混合　　　　　　　　苦　痛

悲しみ－怒りの混合

親しい父親とは楽しく遊ぶ

親しい人と知らない人への反応の違い —— 社会的機能をもつ感情

　幼児の社会的微笑は生後3～8週間頃に始まり，顔や声に反応するようになる。生後8ヵ月頃になると人見知りが始まり，見知らぬ他人に泣き出すようになる。また，母親など養育者の姿が見えなくなると，不安になって泣き出すことが始まるのもこの頃である。幼児の笑いや泣きは，信頼する他者とその他の他者の識別が可能になったことを反映している。

　乳児の微笑，笑い，泣きに対して養育者が常に応答していることは，子どもと養育者の情緒的つながりに強く関連しているといわれる。エインズワースらは，子どもの泣き声への母親の反応が，母子間の情緒的絆の形成につながることを見出した。すなわち，子どもと養育者の間の愛着の形成において，感情表出が重要な意味合いをもつことが示唆されたといえる (p.97 参照)。近年においても，子どもの笑いは養育者とのポジティブな相互作用を維持していくのに重要との報告がなされている（Messinger, Fogel & Dickson, 2001）。

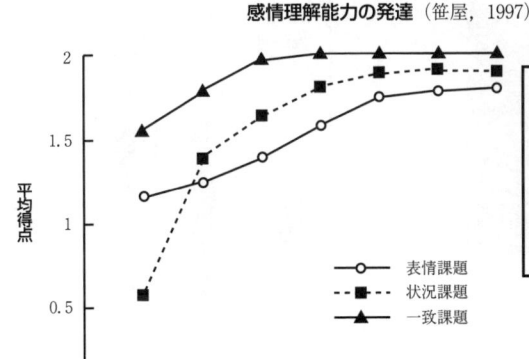

感情理解能力の発達 (笹屋，1997)

年齢別にみた表情認知能力と状況把握力の変化。表情課題は，写真の表情が表す感情理解，状況課題は，VTRで示される物語の状況下での登場人物の気持ちの理解，一致課題は，状況に合致した表情が提示された場合の感情理解が得点化された。いずれも年齢とともに高くなっている。また，小1を境に，状況手がかりによる理解の得点が表情による理解よりも高いことが示された。

他人の感情を理解する —— 感情推測

　他人の感情を理解することは，友人関係など様々な社会的やりとりの場面で，他人に共感し協力するなどの愛他的行動の実行のためには重要な役割を果たす。他人の感情の理解はいつごろから可能になり，どのような発達の道筋をとるのだろうか。

　他人の感情推測の手がかりには，表情と状況がある。他人の表情の区別は，かなり早期に発達していることが明らかになっている。フィールドらは，**馴化**の手続きにより，生後36時間の新生児が驚き，幸せ，悲しみの表情を区別でき，目にした表情を模倣することができることを明らかにした。生後1年頃になると，あいまいな事象に対して行動選択する際に，周囲の大人の表情などの情報を参照する社会的参照を行うようになる。また，デンハムは，2～3歳の幼児が，表情に感情をラベルづけられるようになることを見出した。一方，状況手がかりによる他人の感情の理解について，笹屋は，5歳を境に状況把握能力が急激に進展することを報告している。

馴化（じゅんか）：乳児が，他者の表情を区別できるかどうかを明らかにするために用いられる実験手続き。乳児が慣れ親しんだもの（馴化）よりも新奇なパターンをもつものを長く注視する傾向（脱馴化）を利用する。たとえば，はじめに喜びの表情に馴化させ，次に異なる表情を見せたときに注視時間が長ければ，喜びと他の表情が区別できたものと判断する

Ⓐ鏡に興味をもつようになった子ども (Lewis et al., 1989)　　Ⓑ感情推測課題の平均値 (菊池, 2006)

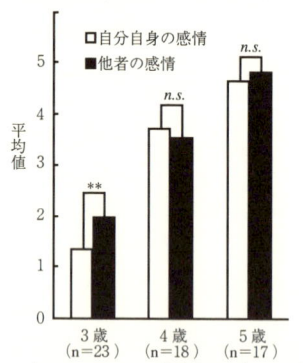

自己の感覚が発達してきた子どもは、鏡に映っているのが自分自身の像であることを知っている。そして、自分自身の体の一部に実際にみることはではなくとも、自分たちの鼻またはひたいに軽くつけられた赤の印にふれる

(**p<.01, n.s.: 統計的に有意でない)
3歳から5歳までの幼児を対象に、状況の手がかりから感情を推測することが、自己と他者の感情について異なるかどうかの検証を行った

他の人を見て自分を気づく —— 社会的参照と自己認知

　　自分の感情の理解は、幼児期に自己と他者を区別し、客体としての自己の理解が確立されることと関連すると考えられている。乳幼児は何らかの感情状態をもっているが、そのことに意識的に気づいていない。ルイスらは、子どもが自分の感情に気づくようになるためには、主体としての自己と客体としての自己の理解の確立が必要であると考えた (Sanni, 2005)。

　　自己認知と感情理解の関連について、ルイスらは、Ⓐのような口紅課題実験を行い、鏡に映る像が自分であると認知できた子どもは、気恥ずかしさを示す傾向が高いことを見出した。すなわち、気恥ずかしさの表れと自己認知の確立の関連を見出したのである (Lewis, Sullivan, Stranger & Weiss, 1989)。

　　自分と他人の感情を推測する能力は、どちらが早く発達するのだろう。乳児があいまいな状況における**社会的参照**を学ぶことは、他人の感情の推測が自分の感情の気づきに先行して発達することを示唆している。菊池は、実験研究から状況手がかりから感情を推測する能力が3歳以降徐々に発達すること、3歳においては自己よりも他者の感情を推測しやすいことを明らかにした (→Ⓑ)。

社会的参照：他者の心の動きを推測したり、他者が自分とは異なる信念をもっていることを理解したりする知的機能

ダーウィンの挙げた動物によく見られる感情表出の実例の一部 （Darwin, 1872/1965 より）

左上：うなるイヌ。ウッド氏による写生
左下：イヌを恐れるネコ。ウッド氏による写生
右上：サイコピシカス・ナイジャーの平静なとき。ウルフ氏による写生
右下：サイコピシカス・ナイジャーの愛撫されて喜んでいるとき。ウルフ氏による写生

大人になるための設計図 —— 遺伝子の発現時期は

　進化論で知られるダーウィンは，感情研究にも多大な功績を残している。その関心の高さは，自分の子どもの誕生直後から感情表出について詳細なメモをとっていたというエピソードからもうかがい知ることができる。ダーウィンは，感情表出は感情を伝えるために進化したというよりは，感情や欲求などの心的状態と連合して習慣的になったものと考えていた（濱・鈴木・濱，2001）。

　感情に関する進化論的な考え方は後世に引き継がれ，新ダーウィン主義の研究者らは，感情は進化の過程において個体の生存のために機能してきたと考えるようになった。エクマンとフリーセンは，感情表出の文化間の普遍性を主張し，文化間に普遍な6つの基本感情（喜び，驚き，怒り，恐れ，嫌悪，悲しみ）があると仮定した。

〔補足〕
ダーウィンの進化論：1859年にチャールズ・ダーウィンによって提唱された。自然選択説によって進化を説明しようとする理論。自然環境が突然変異の結果を選別し進化に方向性を与えるという説

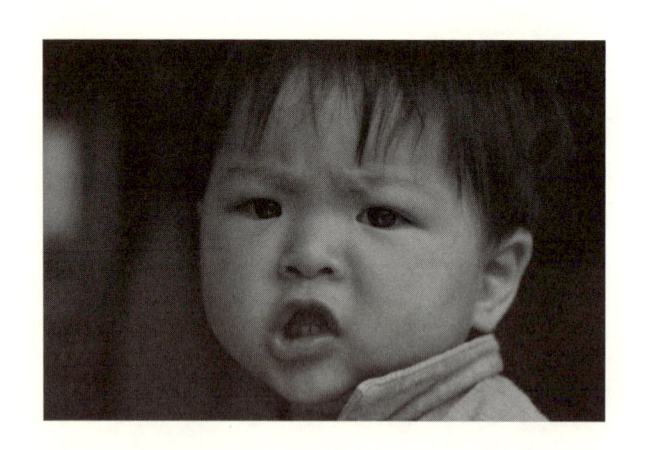

感情の表しかたにはルールがある ── ディスプレイルール

　言語能力や認知的発達にともなって，自己や他者の感情を推測できるようになると，自己の感情をより正確に表出できるようになる。大人は，感情をどのように表出するか，どのような状況でどの感情を示すべきなのか，ほぼ自動的に判断している。それぞれの状況に応じて，感情を適切に提示するルールは文化的に規定されるとの立場があり，そのルールを**ディスプレイルール**（表示規則）という。ディスプレイルールは，感情の表し方や感情の表れの順序を規定すると考えられている。

　ディスプレイルールの理解は，2歳頃から可能になり，3歳までにはポーカーフェイスを提示できるようになる。実際の表示ルールの使用は，年齢とともに増加することが明らかになっている。3～4歳ころには，表示ルールに気づき否定的な表出を統制する現象がみられるようになる。これらのルールを言葉で説明できるようになるずっと以前に，社会的に統制された表示ルールの影響を受けることが明らかになっている。

ディスプレイルール：エクマンとフリーセンは，感情が文化間に普遍であると主張する一方，それぞれの文化によって適切な表示のしかたが規定されていると考えた。エクマンらは，その文化に所属する個人は，発達する過程のなかで習慣的にその文化のディスプレイルールを学習していくと説明している

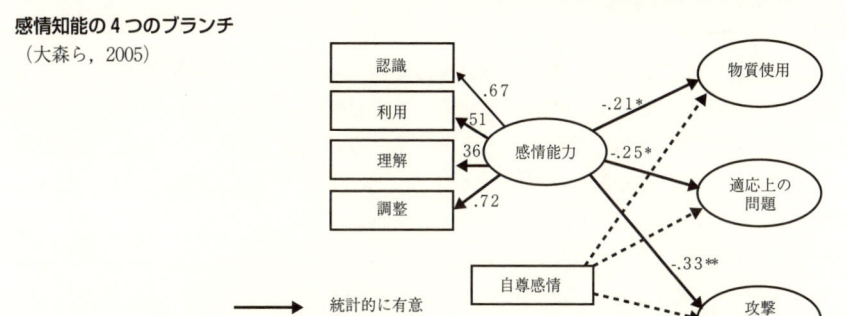

感情知能の4つのブランチ
(大森ら，2005)

```
           認識
           利用      .67
                    .51
           理解    .36  感情能力 ─── -.21*  → 物質使用
                    .72        -.25*
           調整                        → 適応上の
                                         問題
                   自尊感情      -.33**
                                        → 攻撃
                                         行動

    ───→  統計的に有意
    ---→  統計的に有意でない
```

感情のコントロール ── 感情知能

　「キレる行動」が問題になるように，状況に不適切な感情表出は，人間関係を壊したり社会的制裁を受けるなど否定的な結果をもたらしかねない。適応的にふるまうには，自分や他人の感情をモニターし感情をうまく扱う能力やスキル（調整・制御・コントロールする能力）が求められる。これら感情調整に関する関心は高く，近年，**感情知能**などの新たな概念が提唱されている（Salovey & Mayor, 1990）。

　感情知能は，対人関係の質や学校や会社での成果，ネガティブ行動と強く関連することが明らかになっている。上図は，感情知能，自尊感情，ネガティブな行動の関連を示している。これまで，喫煙や飲酒などの行動は，自尊感情の高さが関連しているとされてきた。しかし，大森らがアメリカ人大学生234名を対象とした研究では，ネガティブな行動は感情知能によって予測されたものの，自尊感情との間には有意な関連が見られなかった。感情知能を高めることが，ネガティブな行動の予防につながることが示唆されている。

　感情能力を高めることについて，ブラケットらは，感情知能の理論をもとにした子どもの感情リタラシープログラムを展開している。プログラムに参加した子ども達が教師と良好な関係を構築できるようになり，学業成績が向上した事例を報告している（Brackettら，2008）。これらのプログラムが子どもの感情コントロールにどの程度貢献するのか，エビデンスの蓄積が待たれている。

感情知能：サロベイとメイヤーは，感情知能は，感情の知覚，感情の利用，感情語の理解，感情の調整から成り立つと考えた。感情知能は，対人関係の質や学校や会社での成果に強く関連することが明らかになっている。感情知能は，Emotional Quotient（EQ）とも称されることもある。本書9章も参照していただきたい

■設問
1 あなたが経験したことのある感情や気分を，できるだけ多くあげてみよう。いくつあげられただろうか。これらの感情をまとめることはできるだろうか。
2 赤ちゃんや小さな子どもと接しているとき，子どもが笑ったり泣いたりした経験があるか。子どもが笑ったとき，あなたはどのように感じるだろう。また泣いたりむずかったりするとき，あなたはどのように感じるだろう。
3 子どもの感情発達（特に感情表出や感情コントロール）において，文化はどのような影響を及ぼすのだろうか。具体的な例をあげて説明しなさい。

■回答のポイント
1 "感情"と思ってあげたものが，思考であったりすることが多い。本章での感情の定義を再度見直し，あなたがあげた"感情"が定義にそっているものかどうか考えてみよう。
2 乳幼児の社会的微笑は，養育者の関心やポジティブな感情を引き出し，子どもと養育者の良好な関係性の構築に重要な役割を果たすと考えられている。
3 感情表出がどの程度許容されるか，感情コントロールに対する期待の度合いは，文化によって異なるとされている。たとえば，日本では，人前で大声で泣いたり笑ったりすること，自分の感情をストレートに表現することは好ましく思われないことが多い。

参考文献
濱治世・鈴木直人・濱保久 (2001). 感情心理学への招待——感情・情緒へのアプローチ　サイエンス社
板倉昭二 (2007).「乳幼児における感情の発達」藤田和生（編）感情科学　京都大学出版会　p.113-141
笹屋里絵 (1997). 表情および状況手がかりからの他者感情推測　教育心理学研究　**45**, 312-319
Saani, C. (1999). The development of emotional competence. The Guilford Press.（佐藤　香（監訳）(2005). 感情コンピテンスの発達　ナカニシヤ出版）
ランドルフ・R・コーネリアス（著）齊藤　勇（監訳）(2000). 感情の科学——心理学は感情をどこまで理解できたか（第2刷）　誠信書房
Buck, R. (1988). Human motivation and emotion. NY : John Wiley & Sons.（畠山俊輝（監訳）(2002). 感情の社会生理心理学　金子書房）
上淵寿 (2008). 感情と動機づけの発達心理学　ナカニシヤ出版
Ciarrochi, J., Forgas, J. P., & Mayer, J. D. (2001). Emotional intelligence in everyday life: A scientific inquiry. NY : Taylor & Francis.（中里浩明・島井哲志・大竹恵子・池見陽 (2005). エモーショナル・インテリジェンス——日常生活における情動知能の科学的研究——）ナカニシヤ出版

5章　考えること・わかること
■幼児期・児童期の認知発達

ピアジェの発達段階
隠されていてもわかる？
何が変わった？変わっていない？
数がわかるといろいろわかる
同じように分けられる？
みんなが同じイメージをもてるのは
絵を描いて表現する
「いま・ここ」の世界を超える
子どもも理論をもっている
9歳の壁
知りたい！という気持ち

ピアジェの認知発達段階 （郷式, 2003 を改編）

段階	下位段階	およその年齢	特徴
感覚運動期	第1段階（生得的なシェマの同化と調節）	0〜1ヵ月	たとえば、赤ちゃんが胎内にいるときから、唇に触れるものをくわえ、吸おうとする行動様式（シェマ）をもっている。生まれ出ると、このシェマを用いて外界にあるもの（乳）を取り入れる（同化）が、乳房またはほ乳びんの形状に合わせて自分のシェマを変化させること（調節）も必要である。認知発達は、まずこの同化と調節が可能になることから始まる。
	第2段階（第1次循環反応）	1〜4ヵ月	手や足をバタバタさせるといった自分の身体に関して経験した反応を繰り返す段階であり、すでにもっているシェマ同士を組み合わせようとし始める。
	第3段階（第2次循環反応）	4〜8ヵ月	ベッドの柵を蹴って棚につけてあるモビールを揺らそうとするなど自分の外部に興味ある事柄を見つけ、それを再現しようとする。
	第4段階（2次的シェマの協応）	8〜12ヵ月	1つの結果を得るために、2つの別個のシェマを組み合わせることができる。
	第5段階（第3次循環反応）	12〜18ヵ月	外界に対し、いろいろはたらきかけて、その結果を見ようとする行為がみられる。
	第6段階（洞察のはじまり）	18ヵ月〜2歳	活動に移る前に状況を考える。
前操作期	前概念的思考段階（表象的思考段階）	2〜4歳	この段階ではバナナを電話の受話器に見たてるといったふりあそびや目の前にいない人の真似（延滞模倣）などが活発にみられる。また、ことばの使用が始まるが、この時期の思考には（大人の概念にみられるような）抽象性や一般性がない。
	直観的思考段階	4〜7歳	前概念的思考段階に比べると、この段階の思考では大人のものに近い概念を用いることができるようになる。しかし、その思考はものの外観によって影響を受けやすく、一貫性を欠くため「直観的」であるとみなされる。
具体的操作期		7〜11歳	具体的な事物の助けがあれば、見た目に左右されず論理的に思考できる。脱中心化や保存概念が成立する。
形式的操作期		11, 12歳〜	現実の具体的な対象だけでなく、頭の中で抽象的かつ論理的な思考ができる。

ピアジェの発達段階 —— 同化と調節, シェマ

同化：ピアジェは子どもが物を理解するときの枠組みを「シェマ」と呼び、外界からの刺激をそのシェマに合わせて認識することを「同化」と呼んだ

調節：ピアジェは、シェマを変化させないと理解できない対象に接したときにシェマを変化させることを「調節」と呼んだ。幼児は同化と調節を繰り返し次の段階への安定した認識に発達させる（均衡化）と考えている

ピアジェは、人間の認識の起源を系統発生と個体発生の両面から明らかにしようとする発生的認識論の立場から、**同化**と**調節**という概念をもちいて、子どもの認識の発達を4つの段階にわけた。その4つの段階とは、感覚運動期、前操作期、具体的操作期、形式的操作期である。

このような発達段階の考え方には、発達の順序性、普遍性、またどの領域においても同じような質的な変化がおこるという領域一般性という考え方が反映されている。しかしこのような考え方に対して、領域固有性を主張する研究も多くみられる（p.74参照）。また「段階」というと階段モデルのように、1つひとつ昇っていくというようなイメージがあるが、「舞台」ということばの方が、もしかするとしっくりくるかもしれない。年齢とともに「舞台」も変化しながら様々なことを繰り広げられるという理解も可能である。

「対象の永続性」についての主要な課題状況（木下，1995から作成）

a．隠されたものの探索

おもちゃに布をかけて見えなくする。

b．見えるところで移動されたものの探索

布Aにおもちゃが隠された後で，それを見つけ出す経験を繰り返す。

子どもの見ている前で，おもちゃを布Bに移動する。

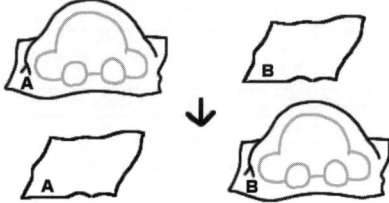

c．見えないところで移動されたものの探索

容器の中におもちゃを入れるのを見せ，さらにその容器に布をかける。

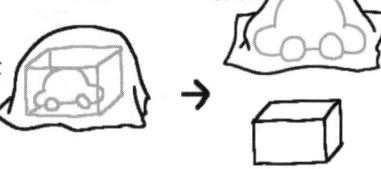

子どもには見えないように布の下におもちゃを残し，容器だけを布から出す。

隠されていてもわかる？——対象の永続性

　表象機能の発達のあらわれでもある**対象の永続性**の理解は，感覚運動の時期に徐々に行われる。第4段階以前の子どもは，図aのようにオモチャを隠されると，あたかも存在しないかのようにふるまう。第4段階以降では，おおわれた布を取り除くことはできるが，いくつかの制約がある。図bのように最初隠しておいた場所とは違うところに，子どもが見ている前でオモチャを動かしても，最初の場所を探そうとする（A not B error とよばれる）。さらに図cのように子どもが見ていないところで，オモチャを移動させても，そのものを探すことができるのは，第6段階以降になってからである。

　私たちは「リンゴ」と言われれば，目の前にリンゴがなかったとしても，リンゴの形態，におい，あるいはリンゴから連想される様々なことがらを思い描くことができるようになる。これは表象機能が発達することによって可能になり，「リンゴ」ということばで象徴されているにすぎない。

対象の永続性：目の前に対象物がある場合，それが隠されたりして，対象そのものが見えなかったとしても，取り除かない，あるいは持ち去らないかぎり，対象が存在し続けることが理解できること

様々な保存テスト（野呂，1983を一部引用）

	相等性の確定	変形操作	保存の判断
液量	容器の形や大きさの変化によっても，その中の液量は変わらない。		
	どちらも同じ入れ物の中に色水が同じだけ入っていますね。	こちらの色水を別の入れ物に全部移し替えます。	さあ，色水はどちらも同じだけ入っていますか。それともどちらが多いかな。
数	集合内要素の配置の変化によっても，その集合の大きさは変わらない。		
	白色の石と黒色の石とでは，どちらも数が同じだけありますね。	いま，黒色の方を並べ替えてみます。	さあ，白石と黒石とでは，その数は同じですか。それともどちらが多いかな。
長さ	物の形や位置の変化によっても，その物の長さは変わらない。		
	2本の糸は，どちらも長さが同じですね。	いま，こちらの糸を，ヘビのような形に変えてみます。	さあ，こんども2本の糸の長さは同じですか。それとも，どちらが長いかな。

何が変わった？変わっていない？ ── 保存概念

　ピアジェは数量の基本的な概念として保存という概念を説明している。課題としては，まず図のように「同じ」2つの系列を子どもにみせる。子どもが見ている目の前で，どちらか一方の系列を変化させ，知覚的撹乱を生じさせる。そして，再度，2つの系列が変化したかどうかを子どもに問うものである。この課題に正しく答えることができるのは，具体的操作期にはいってからである。また数，長さの保存概念は具体的操作期の初期に獲得されるが，その後に液量や，物質量，面積の保存概念が獲得されるというように，課題によって成立の時期が異なる。

　このように，心的な表象が十分に獲得されていない場合は保存の理解が難しく，具体的操作期にはいらないと獲得されない。ピアジェは対象を数えることより，むしろこのような1対1対応が，数概念の発達には重要であると示唆している。

保育室にあるホワイトボードには，今日が何月何日何曜日かを示しており，その横には出席帳に貼るシールの場所が示されている

事例　今日は何の日？（山名，2008）

朝，幼稚園にくると，お着替えをした後，出席帳にシールを貼る。シールが置いてある台の前には，出席帳を大きくしたものが壁に貼られていて，"今日"のシールを貼る場所がわかりやすいように，マグネットになっている（その他のところは，シールが貼られている）。

ももえ「ねえ，どこに貼るの？」
著者　「ここだよ（と，今日貼るところをさす）」
ももえ「ここは？　ここ？　ここ？　ここ？（と，その横の空欄のところを順々に指さしていく）」
ももえ「ねえ，ここだけ来るの？」
著者　「うん，後はおやすみだって。全部，おやすみがいい？」
ももえ「うん？」
著者　「ずっとずっと，おやすみがいい？」
ももえ「おやすみのときだけ，おやすみがいい」

数がわかるといろいろわかる ── 子どもの数量理解

　私たちの生活に数量の理解はかかせない。今日が何月何日であるか，財布にお金がいくら入っているか，料理をするときに必要な材料はどれぐらいか，すべて数量の理解が必要になってくる。たとえば，多くの幼稚園や保育園では，子どもたちが朝，登園したときに，出席帳にシールを貼る。それは今日が「何月何日」という完全な理解でないが，1ヵ月のカレンダーのなかで「今日はどこなのか」ということを意識する1つの活動になっている。

　このような日常をとおして獲得される**インフォーマル算数の知識**は，断片的で非体系であり，フォーマルな知識と矛盾することもある。しかし，その後の学習において邪魔になるようなものではなく，むしろ，このような豊かな経験が大人になってからの数量の理解のもとになることが指摘されている。

インフォーマル算数の知識：具体的な経験や活動をとおして獲得する数量に関する知識。学校で習うような体系だったフォーマル算数の知識と区別して使われる

分離量の配分方略と配分例（山名, 2002）

方略		配分例
空皿(方略)	<誤答を導いた方略> (a) チップが入っていない空の皿が1枚以上ある (b) チップが入っていない空の皿が1枚以上あり、手元に残りがある	(a) 〔1234 5678〕〔9 10 11 12〕〔 〕 (b) 〔1234 567〕〔8 9'10〕〔 〕 残
数巡方略	配分先の皿に手元のチップがなくなるまで配分していく <正答を導いた方略> (a) チップを同数ずつ、手元になくなるまで入れていく (b) 異数ずつ入れていくが修正を行う	(a) 〔1 2 7 8〕〔3 4 9 10〕〔5 6 11 12〕 (b) 〔1 2 3 9〕〔4 5 10 11〕〔6 7 8 12〕
	<誤答を導いた方略> (a) チップを異数ずつ、手元になくなるまで入れていく、あるいは手元にチップが残っている (b) チップを同数ずつ入れていくが手元に残りがある	(a) 〔1 2 10〕〔3 4 5 11 12〕〔6 7 8〕 (b) 〔1 2 7〕〔3 4 8〕〔5 6 9〕 残
一巡方略	配分先の皿に手元を一巡のみで入れる <正答を導いた方略> (a) 同数ずつ一巡で入れる（ユニット方略） (b) 修正を行い同数ずつにする	(a) ユニット方略 〔1234〕〔5678〕〔9 10 11 12〕 (b) 〔1 2〕〔3④5 6 ⑦⑧9〕〔10 11 12〕
	<誤答を導いた方略> (a) 1枚当たりのチップの数は違うが一巡で入れる、あるいは使用しないチップが残っている (b) チップを同数ずつ入れていくが手元に残りがある	(a) 〔1234 5 6〕〔7 8 9〕〔10 11 12〕 (b) 〔1 2〕〔3 4〕〔5 6〕 残

フライパンに入っている「ココア」を同じように分けようとしているところ

○は皿を示す。その中の数字はチップを置いた順序を示す。○の外の「残」は配分するチップが残っていることを示す。また一巡方略の正方略(b)では、〇で囲まれた軌跡を→で示している。

同じように分けられる？── 均等配分の発達

「同じように分ける」という均等配分行動については、道徳性の発達と認知発達のどちらの研究もみられる。道徳性の発達としては、分配行動は規範意識と関係があるといわれている。たとえば自分により多く分ける「利己的分配」、みんな同じように分ける「平等分配（均等分配）」など、「どうしてそのように分けたのか」という理由づけから分配する人の道徳観を明らかにするような研究である

もう1つの研究の流れとして、わり算のインフォーマル算数としての均等配分の理解がある。たとえば、12枚のクッキーを3体の人形に分けていくときに、「12枚のクッキーがなくなるまで分ける」、「1つずつではなく2つずつでも分けられる」、あるいは「4枚ずつ分けていくと同じ」など「数」に着目した研究もある。さらに結果的に同じように分けられたとしても、配分方略が違う場合がある。また分離量であるオハジキを分ける場合と、連続量である砂を分ける場合でも、配分方略は異なることが示されている。

〔補足〕
均等配分とわり算：子どもたちは分けることの経験やそこから得られた知識をもとにして、わり算の初歩的な問題を理解しているが、除数、被序数、商の関係は、それより後に学習される

ままごとで茶碗に入った砂をご飯と見立てているときの事物・象徴・表象の関係

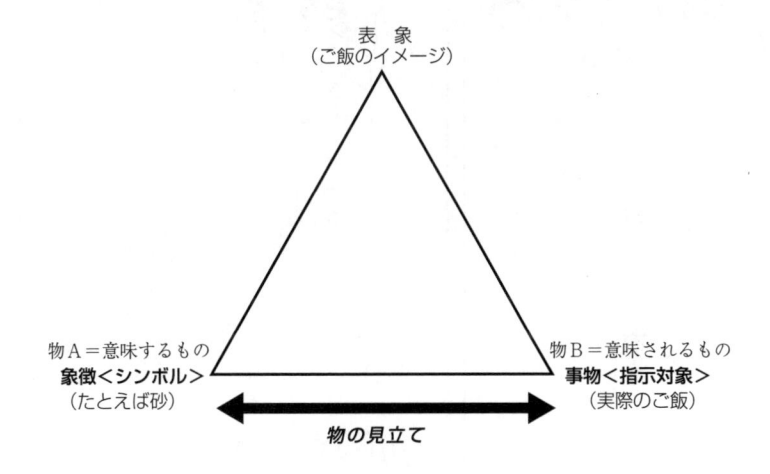

```
                表　象
             (ご飯のイメージ)

                  △

物A＝意味するもの            物B＝意味されるもの
象徴＜シンボル＞              事物＜指示対象＞
 (たとえば砂)                 (実際のご飯)
            ←―― 物の見立て ――→
```

みんなが同じイメージをもてるのは ── イメージの共有

　それぞれの人のなかにある，他の人にはみえない「イメージ」を共有することができるだろうか？　前操作期に入った前概念的思考段階の子どもたちは，表象機能が発達することにより（p.67 参照），ごっこ遊びなどの象徴遊びが増えてくる。最初は1人で遊んでいたり，平行遊びであることが多いが，直観的思考段階になる頃には，友だちとそれぞれが役割を演じたり，場を共有したり，何らかのレベルでイメージを共有させているような遊びが増えてくる。たとえば，おままごとでも，厳密にいえば，同じ家庭で同じ台所で同じ人と，という共通の生活はしていなくても，子どもたちは，つながりながら，つまりイメージを共有しながらおままごとをしている。あるいは大人からみると不自然な設定であっても，子どもたちはイメージを共有しながら遊んでいることもある。
　ときにはお互いのイメージが違うことによるいざこざも起こることもあるが，そのような経験をとおして，イメージが共有され，お互いの気持ちを理解するようになるのかも知れない。

頭足（おたまじゃくし）人

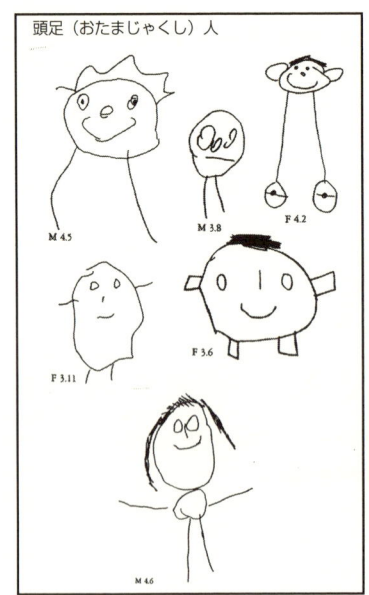

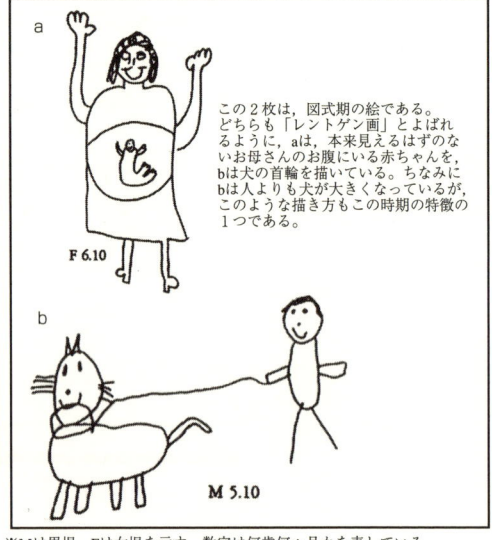

M 4.5
M 3.8
F 4.2
F 3.11
F 3.6
M 4.6

a
この2枚は，図式期の絵である。どちらも「レントゲン画」とよばれるように，aは，本来見えるはずのないお母さんのお腹にいる赤ちゃんを，bは犬の首輪を描いている。ちなみにbは人よりも犬が大きくなっているが，このような描き方もこの時期の特徴の1つである。

F 6.10

b
M 5.10

※Mは男児，Fは女児を示す。数字は何歳何ヵ月かを表している。
（トーマス・シルク，1990；中川，1996より作成）

絵を描いて表現する —— 描画の発達

絵を描くということは，ことばを話すことと同じ，人間に固有の行為である。みなさんは上左図のような「頭足人（おたまじゃくし人間）」を見たことがあるだろうか？ あるいは昔，描いていなかっただろうか？ このような「人間」を日本だけではなく，他の文化的背景をもった国の子どもも同じように描く。

子どもの絵は，なぐりがき期（1歳頃から），象徴期（2～3歳頃），前図式期（5歳頃まで），図式期（5歳頃から学童期前半）という発達過程があるといわれている。描画スキルが伴わないので大人からすると，未熟で未完成な絵にうつるかもしれないが，子どもが表現したいことが，伝わってはこないだろうか？ 描かれた絵だけをみても子どもの思いは伝わってくるが，絵を描いている過程の子どもの多くは，1人で何かを話しながら描いていることが多い。絵にいろいろな思いを投影させながら，物語をつくりながら，絵という表現方法を用いていると考えられる。

〔補足〕
描画の発達段階：描画の発達段階では，リュケの説が有名である。リュケの描画の発達5段階説とは，なぐり描きの段階，偶然の写実性，出来損ないの写実性，知的写実性，視覚的写実性である

黒い箱の中にいるのはモンスター？ (麻生，2002 より改変)

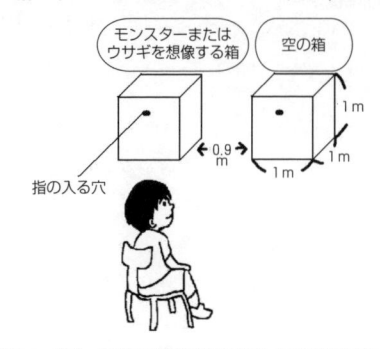

想像物の種類，箱のタイプ，年齢と箱に触れるまでの平均秒数 (ハリスら，1991；麻生，2002)

年　齢	想像物の種類	箱のタイプ 想　像	現　実
年少児	ウサギ	88.8	105.0
	モンスター	74.9	101.3
年長児	ウサギ	78.4	91.7
	モンスター	86.8	107.8

「いま・ここ」の世界を超える ── 空想と現実

　象徴機能が発達するにつれ，現実の世界だけではなく，様々な想像の世界に子どもは触れていく。ことばによる理解だけではなく，そのことばの背景にある事象についても理解しようとするとき，想像することは非常に重要な役割をもつ。また現実の世界を超えて，空想という自分の世界を十分にもつことができて，他者も同じように，他者自身の世界をもつことを理解することができるようになる。

　ところでみなさんは，小さいころサンタクロースの存在を信じていただろうか。12月が近づくと，サンタクロースにふん装した大人がいろいろなところに現れるので，子どもの多くはその存在を信じている。このような想像の存在について，上図ではモンスターとウサギが箱に入っている，と想像させて，実験者がいない間の子どもの箱に対する反応をみている。

　結果の表からは，モンスターでもウサギでも，想像した箱の方に早く触れていることがわかる。これは想像した物が実際に箱に入っているかどうかを確かめるためだと考えられる。

Ⓐ 曲がったチューブの課題と回答例
（Kaiser et al., 1986；ゴスワミ，2003 を改変）

"C"の形に曲がったチューブからある速度で飛び出したボールはどのような軌跡を描くだろうか。正答は3であるが，5や6のような誤答が大人でも子どもでも多くみられる

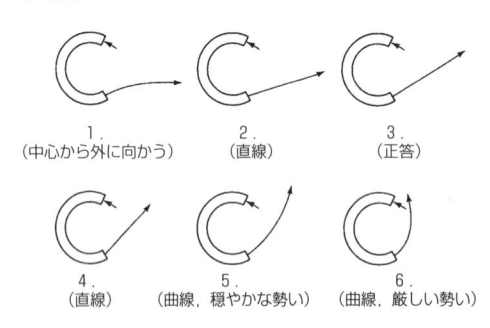

1．（中心から外に向かう）
2．（直線）
3．（正答）
4．（直線）
5．（曲線，穏やかな勢い）
6．（曲線，厳しい勢い）

Ⓑ 連続性・固形性原理の実験
（Spelke，1991；落合，1999 を改変）

ボール（黒丸）が落下するところを4ヵ月児に見せるのだが，ボールの軌跡は破線のような板で隠しておく。実験事態の一致事態では，ボールが落下した後，2段になっている上段の上に落ちているが，不一致事態では上段を「突き抜けて」下段に落ちているという，通常の物理的事象では，起こり得ない状況をつくる。4ヵ月児でも，不一致の事態を長く見ることから，知覚的におかしいということを理解している，という結論になる

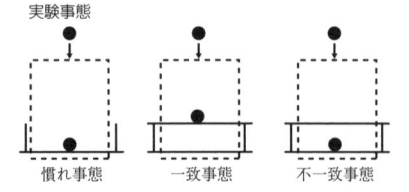

実験事態　慣れ事態　一致事態　不一致事態

子どもも理論をもっている —— 素朴理論の発達と心の理論

　素朴理論とは，日常的な経験をとおして獲得されるひとまとまりの知識のことであり，次の3つの特徴があげられる。まず「理論」をもつということは，バラバラに知識をもっているのではなく，生物学，物理学，数学，など領域ごとに関連づけられた知識を構築しているという「知識の首尾一貫性」，次にたとえば，「生きているもの」と「生きていないもの」を区別することができるような「存在論的区別」，そして「因果的説明の枠組み」をもつことである。素朴理論は幼児でも，特に「素朴物理学」「素朴生物学」「素朴心理学」の3つについては獲得されていると言われている。

　ただし「素朴」とあるとおり，子どもがもっている「理論」は間違っている場合もあり，科学的に正しいものばかりではない。直感的に正しいと感じられたり，理解されやすいものもあるため，誤ったまま保持されやすく，科学的に正しいとされる「理論」に結びつきにくいということも指摘されている。

ⓒサリーとアンの誤信念課題
(Frith, Morton & Leslie, 1991 より作成)

これはサリーです。 これはアンです。
サリーは、カゴをもっています。 アンは、箱をもっています。
サリーは、ビー玉をもっています。サリーは、ビー玉を自分のカゴに入れました。
サリーは、外に散歩へ出かけました。
アンは、サリーのビー玉をカゴから取り出すと、自分の箱に入れました。
さて、サリーが帰ってきました。 サリーは自分のビー玉で遊びたいと思いました。
サリーがビー玉を探すのは、どこでしょう？

ⓓ3歳児の心的状況 (瀬野, 2008 より作成)
〔過去〕 〔現在〕

ⓔ4歳児の心的状況 (一次的信念)
(瀬野, 2008 より作成)
〔あなた〕

ⓕその後の心的状況 (二次的信念)
(瀬野, 2008 より作成)
〔あなた〕

　素朴理論のなかでも、特に「素朴心理学」として着目されている研究が**心の理論**研究である。心の理論とは、相手の心的な状態を理解することであり、ⓒのような誤信念課題をもちいて「心の理論」を獲得しているかどうかを測っている。この課題に対して、3, 4歳児は正しく答えることがむずかしいが、4歳から7歳にかけて正答率が上昇するという結果が得られている。

　さらにⓔで示されているような「サリーは○○と思っている」という一次的信念に対して、ある人が考えていることを他の人がどう考えているか「ジョンは『メアリーが△△と考えている』と考えている」という二次的信念の理解（→ⓕ）が小学生でどのように変化するのかという研究へとひろがっている。

心の理論(Theory of Mind)：他者の心の動きを推測したり、他者が自分とは異なる信念をもっていることを理解したりする知的機能である。心の理論という用語は1978年にD.プレマックとG.ウッドラフによる論文で初めて使用された

各学年における算数の学習遅滞児の割合〈天野・黒須，1992〉

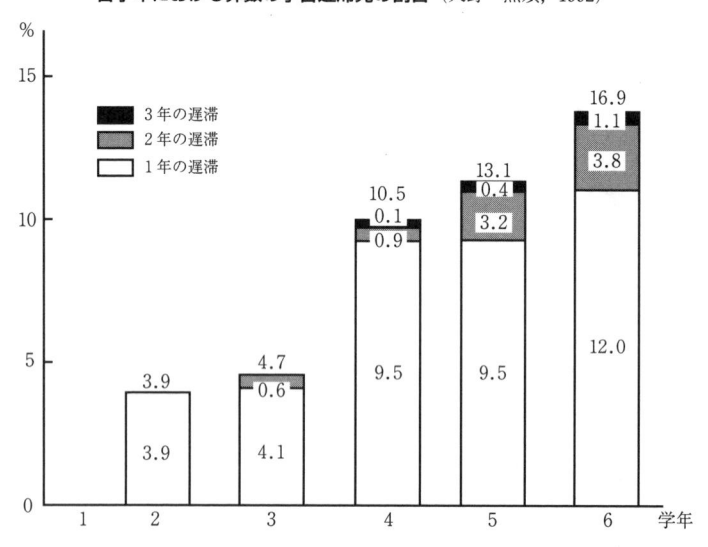

学年	1年の遅滞	2年の遅滞	3年の遅滞	合計
2	3.9			3.9
3	4.1	0.6		4.7
4	9.5	0.9	0.1	10.5
5	9.5	3.2	0.4	13.1
6	12.0	3.8	1.1	16.9

9歳の壁 ── 抽象概念の難しさ

　小学校へ入学すると，具体的な事柄にかんして，論理的な思考をすることがはじまり，様々な教科の学習を行うようになる。そして論理的な思考が抽象的なことがらにもひろがりをみせ，中学年になると，「9歳の壁」とよばれる現象であらわされるように，学習につまずく子どもが増えてくる。抽象的な世界に入るときに，特にことばを媒介とした学びとなるが，ことば自体も抽象的なために，より難しさが増すことが考えられる。

　素朴理論（p.74参照）に関しても，児童期後期の教授学習場面においては，素朴理論がじゃまをして，抽象的な思考への移行が難しくなるという議論もある。具体的な思考と抽象的な思考のかかわりや，子どもの思考過程を考えた教授学習との関連についても，さらに研究がなされている。

> **9歳の壁**：もともとは，聾教育で使用されていたことばである。聴覚に障害のある子どもに対して，いわゆる健常の子どもより早期に，書きことばや抽象的なことばの概念を教育していたときがあった。その子どもたちは小学校入学時には比較的，読み書き能力があるのだが，3年生ぐらいになると，あまり伸びなくなるという現象がみられたことから，このように言われる

大学生が考える遊びのなかの学び (山名, 2007)

( ) 内は%

カテゴリ	記述例	幼児期	児童期(前期)	児童期(後期)
人間関係		23 (24)	33 (38)	35 (46)
道徳性(向社会性)	人を思いやること／年下の子にはやさしくすること／道具の貸し借りなど譲り合う心	6	4	3
協調性	協調性／まわりにあわせる／妥協が必要だということ	7	11	6
人とのかかわり	友達とのコミュニケーションの仕方／人と接することの大切さ	8	16	24
性差	女の子は優しい／男は女より力が強い／女の子らしく…	2	2	2
規範意識		13 (14)	10 (12)	3 (4)
ルール	順番を守るなどのルールができる集団で遊ぶことで遊びの中にもルールがあること	11	7	2
規範	あいさつなど生活に必要な基本的なこと／やっていいことだめなこと／今は〜する時間だと理解すること	2	3	1
役割取得(ごっこ遊び)		7 (8)	1 (1)	4 (6)
ごっこ遊び	おままごとでの役割／役になりきることの難しさ	6	0	0
役割	役割分担して協力	1	1	1
他者の視点	自分のしたいようにでは友達とのかかわりがうまくいかないということ	0	0	3
想像/空想		11 (12)	2 (2)	8 (11)
想像・空想	想像力／自分ができないことを人形にやらせることの楽しさ	8	2	1
世界の広がり	外の世界っていろんなものがあるということ	3	0	7
自然		9 (10)	7 (8)	0
動植物	カエルの卵の感触／たくさんの草花の違い	2	1	0
自然一般	自然の工夫／風が気持ち良い	5	3	0
科学	磁石の不思議	2	1	0
生命	命の大切さ／生きているものはいつか死ぬということ	0	2	0
思考		9 (10)	10 (12)	8 (11)
考える力	新しい知識を得たり、新しいことをすることの楽しさ	2	6	5
試行錯誤	試行錯誤すること／いろんな工夫が遊びの中でできるということ	5	0	2
創造性	創造性／いろいろな遊びを考え出すこと／いろんな絵本を読んで登場人物の気持ちがどんな風に動くのかということ	2	4	1
表現	自由に表現すること，できること／何かを作ったり書いたりする面白さ	6 (7)	2 (2)	1 (1)
運動/器用さ	外でボールを使って遊ぶこと(体を動かして遊ぶこと)の楽しさ／手先の器用さ	5 (5)	12 (14)	7 (10)
楽しさ	楽しかった／おもしろかったとしか、漠然と記憶に残っていない	6 (7)	4 (5)	4 (6)
その他	その他／大人に対する観察力	3 (3)	3 (4)	2 (3)
合計		92	84	72

知りたい！という気持ち —— 知的好奇心の発達

　幼児教育では「遊びのなかの学び」ということばがよく使われる。幼児期の子どもが主体的に環境とかかわろうとするとき，その活動のなかにある経験から様々なことを学んでいるという意味である。一見，無秩序に遊んでいるようにみえる子どもでも，保育者の意図や願い，発達観が反映されている環境のなかで，自らが主体的にかかわっている。そしてそこから学ぶことは，インフォーマルな知識ではあるけれども，それがそれ以降の発達において意味のあることなのである。

　学びとは，教師によって一斉に同じ内容を，あるいは教師の知識を教授されることではない。子ども自らが環境に主体的にかかわり，そのなかから感じたり考えたりする過程を示す。そういう意味では，「遊びから学びへ」ではなく「遊びのなかの学び」である。

知的好奇心：行動主義心理学に対抗して，知的な動物の動機づけは好奇心によって知的探索を行うことが基本であるという内発的動機づけの立場から提唱された概念。好奇心には，拡散的好奇心と特殊的好奇心があるとされている

■設問
1. あなたが子どもだった頃を振り返ってみよう。今，当たり前に認識していることが，"不思議だな""変だな""どうしてかな"と思っていたときがないだろうか。
2. どうしてそんな風に思ったのか。その時の気持ちは，どんな感じだったか。
3. 一生涯における幼児期，児童期の意味とは，どのようなものか考えてみよう。

■回答のポイント
1. 大人と子どもでは世界の認識のされ方が違う。その点について自分が子どもだったときのことを具体的に思い出しながら，理論的に考える。
2. 認知としての問題と感情としての問題のどちらも考える。またその周りにいた大人との関係など様々な視点から子どもの思考について考える。
3. 生涯発達という視点から捉えるとき，幼児期や児童期が人の一生においてどのような重みがあるかについて考える。また，子どもらしさについて考えてもよい。

参考文献
ピアジェ，J.（著）・中垣啓（訳）（2007）．ピアジェに学ぶ認知発達の科学　北大路書房
菊池　聡・谷口高士・宮本博章（編）（1995）．不思議現象　北大路書房
杉村伸一郎・坂田陽子（編）（2004）．実験で学ぶ発達心理学　ナカニシヤ出版
加藤義信（編）（2008）．資料でわかる認知発達心理学入門　ひとなる書房
都筑　学（編）（2008）．やさしい発達心理学　ナカニシヤ出版
高橋たまき・中沢和子・森上史郎（編）（1996）．遊びの発達学――基礎編　倍風館
ワロン F.（著）・加藤義信・井川真由美（訳）（2002）．子どもの絵の心理学入門　白水社
麻生　武（2002）．乳幼児の心理―コミュニケーションと自我の発達　サイエンス社
ロッシャ，P.（著）・板倉昭二・開一夫（監訳）（2004）．乳児の世界　ミネルヴァ書房
木下孝司（2008）．乳幼児期における自己と「心の理解」の発達　ナカニシヤ出版
子安増生（編）（2005）．よくわかる認知発達とその支援　ミネルヴァ書房
佐伯　胖（2001）．幼児教育へのいざない　東京大学出版会

6章　ことばが意味をもつために
■言葉と思考の発達

何を聞いているの？
何を見ているの？
「バババ」って？
子どもはことばを覚えるのが得意
カンガルーを鉛筆が叩く？
いつ頃読んだり書いたりできる？
どれとどれが仲間？
この次は何をするの？
あれがああなったから，こうなった！
答えは1つと限らない
ハノイの塔
自分は，今何をしているの？

新生児は母親の声を聞き分けている（正高, 1993 を改変）

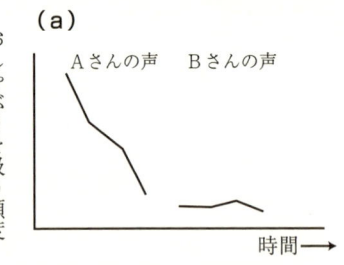

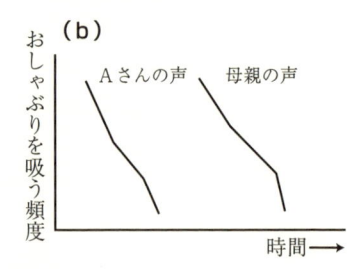

(a) おしゃぶりを吸う頻度／時間→　Aさんの声　Bさんの声

(b) おしゃぶりを吸う頻度／時間→　Aさんの声　母親の声

注：
- **(a)** 最初に女性Aにお話をしてもらう。何も聞こえない状態から声が聞こえるので，乳児のおしゃぶりを吸う回数は増えるが，その後馴れるので頻度は減少する。その後，女性Bに替わってお話をしてもらう。しかし，吸う回数に変化はない。つまり，乳児は女性Aと女性Bの声の違いを区別していない。
- **(b)** **(a)** と同じ手続きだが，女性Bの替わりに乳児の母親がお話をする。すると，**(a)** とは異なり，吸う回数が増える。つまり，乳児は女性Aと母親の声を区別している。

何を聞いているの？ —— 言語獲得の準備状況

子どもは胎児の頃から母親の声の**韻律**を聞きながら育っている。乳児は，緊張するとおしゃぶりを吸う回数が増え，だんだんと馴れてくるとその回数は減る。このような乳児の行動の特徴を生かして，様々なことを検討する方法を馴化法とよぶ。正高はそれを利用して，新生児が母親とそれ以外の人の声を区別していることを示した。

また，乳児は母親の声に対して注意を払い，好むことも知られている。このことは2つの意味をもっている。1つは，子どもは生まれた時から母国語を話す母親に注意を向けているので，母国語を獲得するのに有利な状況にある。もう1つは，主な養育者である母親の声にうまく応答することにより，母親からの言語的・非言語的な刺激，つまり養育行動を引き出すことができる。

韻律：プロソディのこと。発話におけるリズム，イントネーション，アクセントなどの音声的・音韻的特徴

共同注意行動の発達（常田，2007 を改変）

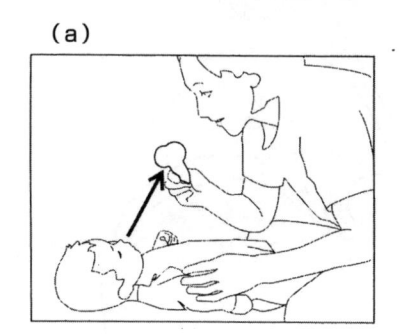

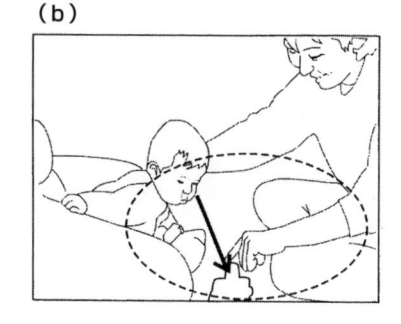

(a) (b)

注：
(a) 乳児は，0歳から目と目を合わせるだけでなく，その視線中にある対象もいっしょに見る経験を積む
(b) 10ヵ月から1歳になる頃，子どもは対象が自分の視野にあれば，大人が見ているものを見ることができる

何を見ているの？── 共同注意と三項関係

子どもは，**初語**を話す生後1年前後までの間，ことば以外のコミュニケーションをとっている。

子どもはかなり早い段階から大人と見つめ合う（大藪，2004）。**共同注意行動**は「私」「あなた」「もの・こと」という三項関係の理解にもとづいている。この頃，何かを取って欲しいという要求行動以外に，単にものを指さす**指さし行動**が出てくる。

また，共同注意行動は，コミュニケーションの成立に重要である。たとえば，「かわいい〜」という相手の発話に対して，相手が指している対象がわからなければ的確に返事をすることができない。相手が何を見ているのか，何を意図して発話しているのかを捉えることがコミュニケーションの前提である。

初語：特定の言語体系で認められている音を生後1年前後に初めて子どもは発声する。そのことばを初語とよぶ。たとえば，/manma/（まんま）や /mama/（ママ）

共同注意行動：対象に対する注意を他者と共有する行動

指さし行動：質問や要求以外のために対象を指さし，大人の注意をその対象に引きつける行動。指さし行動により，対象を大人といっしょに見るといった共感的共有が体験できる

発音器官（窪薗, 1999）

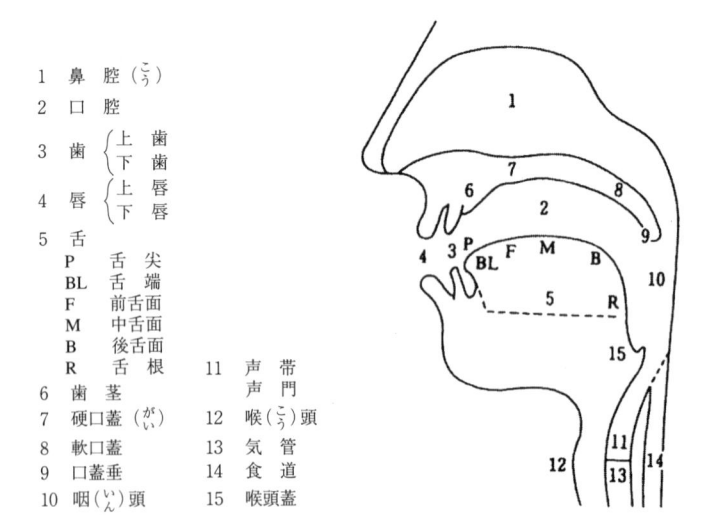

1 鼻腔（こう）
2 口腔
3 歯 ｛上歯／下歯
4 唇 ｛上唇／下唇
5 舌
 P 舌尖
 BL 舌端
 F 前舌面
 M 中舌面
 B 後舌面
 R 舌根
6 歯茎
7 硬口蓋（がい）
8 軟口蓋
9 口蓋垂
10 咽（いん）頭
11 声帯／声門
12 喉（こう）頭
13 気管
14 食道
15 喉頭蓋

「ババババ」って？── 音によるコミュニケーション

　言語音の発声は，肺から吐かれた空気が咽頭（10）・喉頭（12）を通り，口腔（2）や鼻腔（1）が適切な形を作ることにより初めて構音される複雑な過程である。そのため，新生児の発する音は，ゲップや咳などの植物的な音や**叫喚**が主である。2〜4ヵ月くらいになると，快適な時や養育者との社会的な相互作用がある際，クーイングとよばれる「アーアー」といったのどの奥から発声をする。

　そして，6ヵ月頃から「バババ」などの**喃語**が生じる。喃語の働きとして，複雑な構音の練習という側面と，発声自体を楽しむ娯楽的側面と，他者が存在する際に喃語の発生率が高くなることから社会的側面がある。8ヵ月から1歳頃になると，特定の発声が母親など特定の対象を指すようになり，子どもはより効率的に伝達できるようになる。それが，初語につながっていく。

叫喚（きょうかん）：主に自分が不快な状態であることを養育者に伝える規則的な発声。泣き声

喃語（なんご）：①「子音＋母音」といった音声言語の基本単位を兼ね備え，②複数の音節からなるという特徴をもっている

Ⓐ **語彙の爆発的増加の1事例**（荻野・小林,1999）

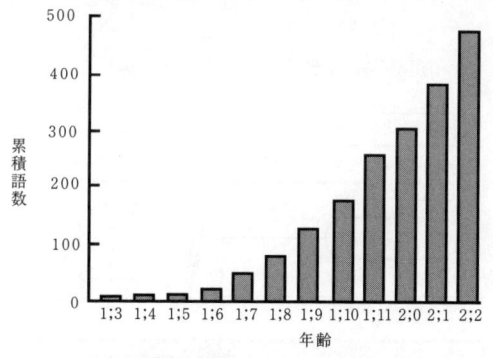

[棒グラフ: 累積語数 対 年齢 (1;3〜2;2)]

Ⓑ **主な制約の種類**（Markman, 1989 をもとに作成）

種類	概略	例
対象全体ルール	新しい語彙は、その部分やその性質その特性ではなく、全体を指している。	養育者がポチを指して「ワンワン」と発話した際、子どもはポチの毛の茶色さに注目するのではなく、ポチ全体を呼ぶラベルであると理解する。
カテゴリールール	新しい語彙は主題的に関連をもつ対象ではなく、同じカテゴリーに属する対象につけられる。	/wanwan/という新しいラベルは、ポチの固有名詞ではなく、犬というカテゴリーに対する語彙だと子どもは理解する。
相互排他ルール	対象はただ1つのラベルをもつ。	/ringo/だけを知っている子どもの前にリンゴとマンゴーを置いて「マンゴーを取って」と頼む。子どもは目の前の赤い果物は/ringo/と呼ばれていることは知っているので、これが同時に/mango/とは呼ばれないと推測する。そして、黄色い果物を手渡し（正解！ですね）、黄色い果物＝/mango/という新しい語彙を獲得する。

子どもはことばを覚えるのが得意 —— 語彙の爆発的増加

　子どもの語彙は、二語発話を話し始める1歳半頃からⒶのように急激に増える。この語彙の爆発的増加の説明にマークマンはⒷのような生得的な制約があると考えた。

　しかしながら、マークマンは子どもが語彙を獲得する際に環境の要因を軽視している。たとえば、子どもにとって新規な物を見せ、「ムタ（子どもにとって新規語彙）」と言いながら、転がしたり（形に注目させる動作）、握りつぶしたり（材質に注目させる動作）する。その後、いくつかの対象から「ムタはどれですか？」と尋ねると、各動作に対応したものを子どもはムタとして選ぶ（小林, 1998）。つまり、子どもは大人がどのような動作をするかという環境からの情報も語彙獲得の際に利用している。

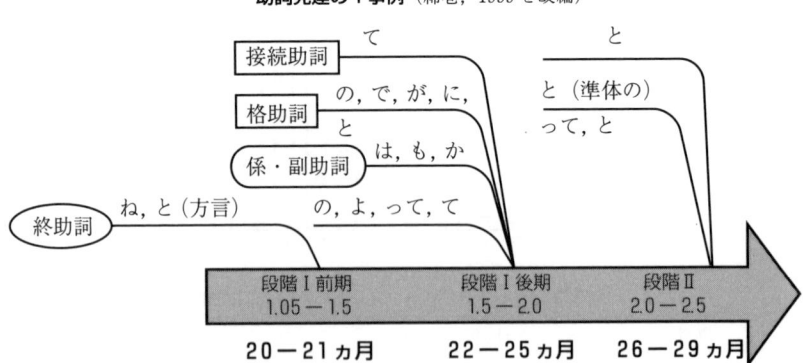

助詞発達の１事例（綿巻，1999 を改編）

	段階Ⅰ前期 1.05 — 1.5	段階Ⅰ後期 1.5 — 2.0	段階Ⅱ 2.0 — 2.5
接続助詞		て	と
格助詞		の，で，が，に，と	と（準体の）、って，と
係・副助詞		は，も，か	
終助詞	ね，と（方言）	の，よ，って，て	
	20 — 21ヵ月	22 — 25ヵ月	26 — 29ヵ月

注：
月平均観察頻度が２以上のものを出現した助詞とした。図中の終助詞「と」は，標準語の「の」に相当する。また，1.05 — 1.5 などの数字は平均発話長を示す。標本サイズは１時間である。

カンガルーを鉛筆が叩く？── 文法の発達

　ことばは，単語と単語のつながり，すなわち文法も獲得しないとうまく使用できない。子どものことばは，初語・一語発話（１歳頃）から，二語発話（１歳半頃），そして多語発話（２歳以後），複文の発生（２歳半頃），文章構成期の始まり（３歳頃）とだんだんと長くなっていく（大久保，1993）。文が長くなると必要となる助詞は，終助詞から獲得が始まる。

　格助詞の獲得は２歳以降であるが，その定着には時間がかかる。子どもは，文中の語の関係を決定する際に語順，名詞の有生性（生物か無生物か），格助詞の３つの手がかりを利用する。たとえば，手がかりが矛盾した「カンガルーを鉛筆叩いた（わざと格助詞のガを除いている）」という文を読ませると，「鉛筆が叩いた」と助詞にもとづいて理解できるのは小学校３年生以降になる（伊藤・田原・朴，1991）。

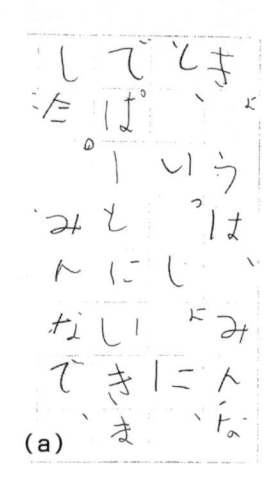

書字発達の1事例

(a)

(b)

(c-1)

(c-2)

注：(a) 筆者の小学校1年生夏休みの日記から。字の大きさがまちまちで，「デパート」を「でぱーと」と書いている。
(b) 筆者の小学校5年生2学期の理科のノートから。字の大きさが揃ってきているが，漢字と平仮名の大きさが同じくらいのため，読みづらい。
(c) 現在の筆者（45歳）の手紙から（c-1），メモ書きから（c-2）。手紙は相手が読みやすいように，漢字を大きく平仮名を小さくし，丁寧に書いてある。一方，メモは自分自身が理解できればよいため，走り書きになっている。このように，大人になると目的にあわせて書き分けることができる。

いつ頃読んだり書いたりできる？ ── 読み書きの発達

　小さい頃から日常の生活のなかで文字に興味を示し（章扉の写真），5歳児の約8割は65文字以上の読みができる（東・繁多・内田・無藤・佐々木，1995）。

　文字を読むためには**音韻意識**が必要である。幼児期から多くの文字を読めるようになるが，長音（ゴール），拗音（オチャ），拗長音（チョーク），促音（ハッパ），撥音（パン）といった特殊音節や，助詞の「は /wa/」や「へ /e/」の習得が完全にできるようになるのは小学校1年生後半くらいである。なぜなら，音韻意識の他に，日本語に関する**形態素意識**が必要なためである（小島（久原）・秋田・波多野，2003）。

　また，文字を書くためには**運動スキーマ**が形成されることが重要である（小野瀬，1995）。運動スキーマ形成には，多種多様な図形を書く経験や**視写**を行うことが役に立つ。

音韻意識：言葉の音の側面に注意を向け，その音を操作する能力。たとえば，「つくえ」を「ツ・ク・エ」と音節に分解する能力と，「つくえ」から「エ」という音韻抽出する能力から構成されている。「しりとり」など日常生活のなかのことば遊びで養われる（高橋，1997）

形態素意識：意味の最小単位である形態素（語幹，接辞など）の構造に関わる規則性への自覚

運動スキーマ：個々の動作に関する1対1対応ではない，抽象的な運動プログラムのこと

視写：文字のモデルを見ながら，それを真似て書くこと

Ⓐ リンゴの仲間は？　バナナの仲間は？（桜井，1998）

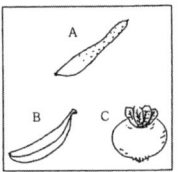

Ⓑ どれが動物？

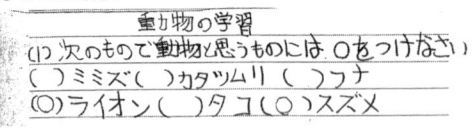

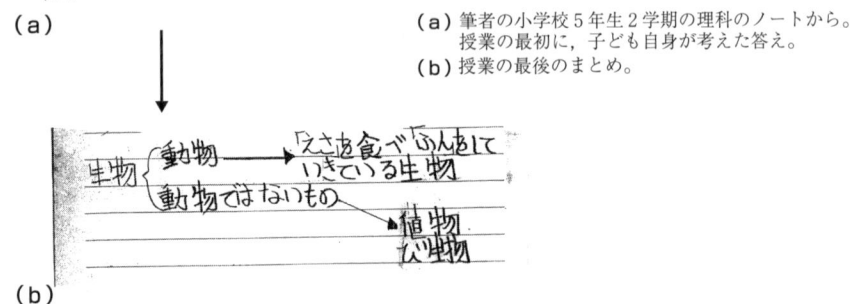

(a)

(a) 筆者の小学校5年生2学期の理科のノートから。授業の最初に，子ども自身が考えた答え。
(b) 授業の最後のまとめ。

(b)

どれとどれが仲間？ ── 類概念の発達

　情報を効率よく処理するためには，概念を使用し分類することが重要である。たとえば，今まで見たことのないチンチラに出会っても，ネコという**概念**があり，それにもとづいて考えればネコと判断できる。

　子どもにⒶのような絵カードを見せ，Aの仲間はBとCのどちらかを選ばせると，年長児はリンゴの仲間としてカブ，キュウリの仲間としてバナナを選ぶ。つまり，子どもは見た目が似ているという知覚的属性で分類している。

　また，子どもは日常生活のなかで自然発生的に獲得した素朴概念をもっている。たとえば，何が動物で何が動物ではないかに関する素朴概念は，Ⓑのように小学校5年生の段階でも科学的に判断することは難しい。これらの**素朴概念**は，学校教育の場で徐々に科学的概念に修正されていく（松村，2002）。

概念：個々の事物・事象に共通する性質を何らかの基準にもとづいてカテゴリー化し，抽象化された内的表現

素朴概念：体系的な教授－学習をとおしてではなく，日常の経験を通じて自然発生的に獲得される概念

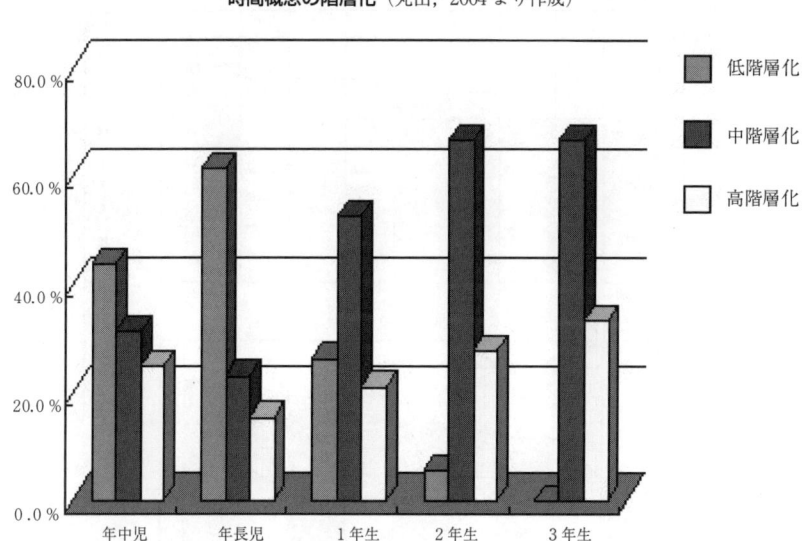

時間概念の階層化（丸山，2004 より作成）

凡例：低階層化／中階層化／高階層化

（年中児・年長児・1年生・2年生・3年生の棒グラフ）

この次は何をするの？ —— 時間概念

　私たちは，様々な事柄を時間軸上に沿って整理している。つまり，時間について構造化された知識が頭のなかに入っている。この時間概念を使用して，たとえば，9時に大学に行くためは7時に起き，7時35分には家を出るといった日常生活の行動を計画している。丸山は，子どもに朝起きてから夜寝るまでの間にいつもしていることを順番に話してもらった。「ごちそうさまして，口ふきタオルで口ふいて，…」など個々の行為を羅列しているだけのものを「低階層化」，個々の行為が「給食食べて，掃除して，…」などの活動に包括されているものを「中階層化」，活動が「学校で過ごす」などの出来事に包括されているものを「高階層化」として分類した。時間概念は，小学校にはいると徐々に階層化が進んでいく。

因果関係的推論の発達（向井・丸野，2005）

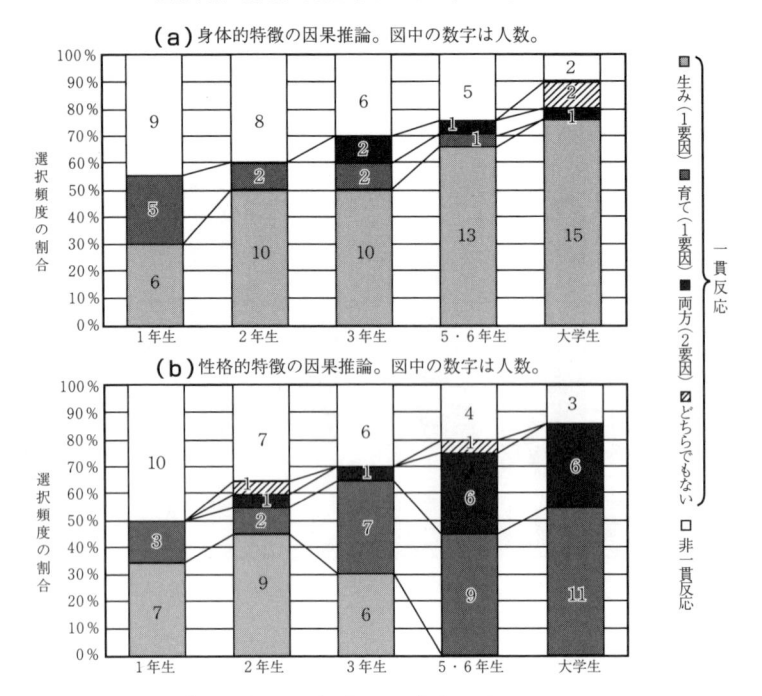

(a) 身体的特徴の因果推論。図中の数字は人数。

学年	生み(1要因)	育て(1要因)	両方(2要因)	どちらでもない	非一貫反応
1年生	9	5	—	—	6
2年生	8	—	2	—	10
3年生	6	—	2	2	10
5・6年生	5	1	1	—	13
大学生	2	1	2	1	15

(b) 性格的特徴の因果推論。図中の数字は人数。

学年	生み(1要因)	育て(1要因)	両方(2要因)	どちらでもない	非一貫反応
1年生	10	3	—	—	7
2年生	7	—	2	1	9
3年生	6	1	7	—	6
5・6年生	4	—	6	—	9
大学生	3	—	6	—	11

あれがああなったから，こうなった！── 因果関係的推論

おもちゃの自動車がボールに当たり，ボールが動き出すところを1歳の子どもに見せる。その後に，自動車がボールに当たって，少したってからボールが動く時間的近接性が逸脱した場面や，自動車が当たる前にボールが動く空間的近接性が逸脱した場面を見せると，注視時間が長くなる。つまり，1歳児でも時間的・空間的近接性にもとづく**因果関係的推論**をしている（Leslie, 1982）。

また，人の身体的・心理的特徴が何によって決まるのかに関する因果関係推論も発達にともなって変化する（向井・丸野，2005）。身体的特徴については，子どもも大学生も遺伝の要因によると推論する（図のa）。一方，性格的特徴については，低学年では一貫せず，高学年になると大学生と同じように遺伝と環境の両方の要因を原因と推論している（図のb）。

因果関係的推論：2つの事柄の間に原因と結果の関係を見いだすこと

Ⓐ不定推論における後件肯定と前件否定の例

	推理	材料例（大宮・内田，2002）
後件肯定	PならばQである。 QであるからPとは限らない。 例）もし，この生き物が金魚なら，水の中に住んでいる。今，この生き物は水の中に住んでいる。ならば，それは金魚か？　答えは，金魚とは限らない。	金魚は水の中に住んでいるね。水の中に住んでいる生き物知ってる？　それ，金魚？
前件否定	PならばQである。 PでなければQとは限らない。 例）もし，この生き物が金魚なら，水の中に住んでいる。今，この生き物は金魚ではない。ならば，それは水の中に住んでいるか？　答えは，水の中に住んでいるとは限らない。	金魚は水の中に住んでいるね。金魚じゃない生き物知ってる？　それ，水の中に住んでる？

Ⓑ**不定推論の発達**（大宮・内田，2002）

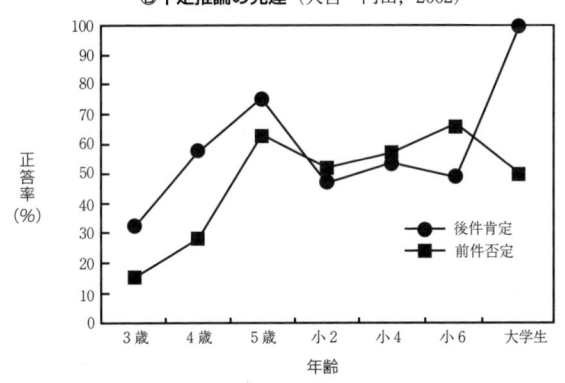

答えは1つと限らない —— 不定推論

　日常生活においては，算数の問題のように答えが1つだけあるものは少ない（→Ⓐ）。5歳くらいになると，後件肯定条件と前件否定条件とも**不定推論**ができるようになる（大宮・内田，2002）（→Ⓑ）。その際，幼児は大人と同じように，金魚に対するゾウといったカテゴリーの包含関係にもとづいた事例を自発的に探しだし，それを理由として正しく不定推論をしている。このような答えが1つとは限らないという推論は，後の**批判的思考**の基盤の1つとなる。

　しかしながら，幼児に比べて小学生では，正答率が落ち，理由付けとして事例を自発的に探すことが少なかった。この理由として，正答が1つである学校という文脈に小学生が慣らされている可能性がある（金野，1990）。

不定推理：答えが1つとは限らないことの推理

批判的思考：適切な基準や根拠にもとづく，論理的で偏りのない思考

ハノイの塔

中央に穴のあいた大・中・小の3つの円盤と，3本の棒がある。円盤は必ずどれかの棒の位置に置かなければならない。今3つの円盤は（a）のように棒1に置かれている。これを（b）のようにすべてを棒3に移動したい。ただし，以下の規則を守って移動しなければならない。
・1回には1つの円盤しか移動できない。
・棒の一番上にある円盤しか移動できない。
・すでにある円盤の上に，それより大きい円盤を置くことはできない。
どのようにすれば一番少ない手数で移動できるだろうか？

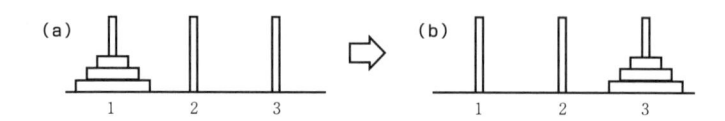

ハノイの塔 ── 問題解決

ハノイの塔の解き方として，最初の状態から全ての可能性をあげる方法がある。これはアルゴリズムとよばれ，必ず問題を解決できる（別府, 2005）。しかしながら，この方法を使用するためには莫大な時間を要する。そのため，人は**ヒューリスティックス**的な解決方法をとることが多い。たとえば，最終目標の1つ手前の「1番大きい円盤が右に置かれている」を下位目標として設定する。そのためには，上の2つの円盤を右の棒以外に移動させなければならない。そのためには…。このように，下位目標を設定し，それを実現させるための手段をみつけていく。このような操作は，形式的操作期に入った子どもからできると考えられる。しかしながら，円盤の枚数を2枚にすると8歳からでもできるようになる（Byrnes & Spitz, 1977）。

ヒューリスティックス：必ずしも解決しないかもしれないが，効果的に問題を解く思考法

ⓐモデルとは異なる分類が5回中何回できるか？
（Moriguchi, Lee, & Itakura, 2007 を改変）

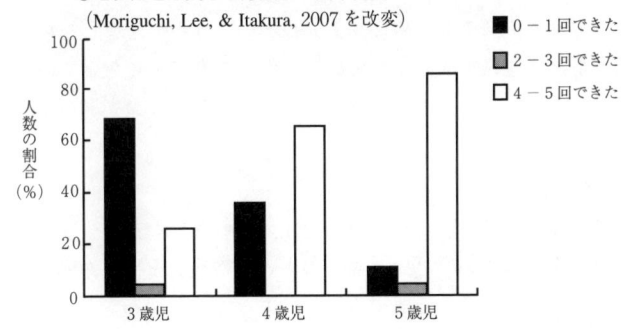

■ 0 − 1 回できた
▨ 2 − 3 回できた
□ 4 − 5 回できた

ⓑ時間の速さと距離に関する問題

問題の種類	例	子どものメタ認知の例	回答例
普通の問題	守君は時速4kmで歩いて、2km先の学校に行きます。時間はどのくらいかかりますか？	この間の授業でかけ算をしていたな。じゃあ、2と4をかけて8！	8時間
メタ認知を促す問題	守君は時速4kmで歩いて、2km先の学校に通学しています。何時に出ると守君は8時に学校に着きますか？	この間の授業でかけ算をしていたな。じゃあ、2と4をかけて8！ え、8時間だったら、守君は夜中に家を出ないといけないなあ。これは、違う！そうだ…。30分だ！	7時半

自分は，今何をしているの？── メタ認知

　メタ認知が機能するのは幼児期後期からである。たとえば，大人が色でカードを分類するのを子どもにみせる。その後，今度は大人とは異なった方法で分類するように子どもに求めた（Moriguchi, Lee & Itakura, 2007）。その結果，3歳児は大人のモデルと異なる方法で分類することができなかった（→ⓐ）。5歳くらいになって，自分の分類行動をモニターし調節できる。

　また，学習場面でもメタ認知の機能は大切である。特に，自分が出した解答に対するもっともらしさを評価する機能は重要である（→ⓑ）。質問を少し変える工夫をしただけでも，子どもの適切なメタ認知を促すことができる。

メタ認知：自分自身がどのように考えているのか，どのくらい覚えているのか，覚えられるのかといった様々な認知過程についての知識であり，自ら行っている行動をモニターする機能をもっている。そして，モニターした結果，目的とずれている場合に自分の行動を調整する機能ももっている

■設問

1. 乳児の言語発達を促進するために，大人はどのようなことをしたらよいか。
2. 音韻意識や形態素意識を高めるためには，どんな遊びをしたらよいか。
3. テストでケアレスミスをしてしまう小学生に，どのようなアドバイスをしたらよいだろうか。

■回答のポイント

1. 乳児は相手の反応を見ながら音を発したり，やめたりする。つまり，ことばの発達は，1人で行う作業ではない。乳児と周りの大人との適切な相互作用で言語は発達する。
2. 音韻意識は，ことばの音を分解することによって養われる。ことばを分解する遊びは何か。形態素意識は，形態素（語幹，接辞など）を意識させることによって発達する。語基に注目させる遊びは何か。
3. 自分の行動を客観的に監視し，目的に応じて自分の行動を修正する働きがメタ認知である。ケアレスミスをしてしまう小学生はメタ認知がうまく働いていない。メタ認知を促進させる方法は何か。

参考文献

正高信男（1993）．0歳児がことばを獲得するとき―行動学からのアプローチ　中公新書
大藪泰（2004）．共同注意―新生児から2歳6か月までの発達過程　川島書店
大久保愛（1993）．乳幼児のことばの世界　大月書店
小林春美・佐々木正人（編）（2008）．新・子どもたちの言語獲得　大修館書店
岩立志津夫・小椋たみ子（編）（2005）．よくわかる言語発達　ミネルヴァ書房
西垣順子（2003）．児童期後期における読解力の発達に関する研究　北大路書房
加藤義信（編）（2008）．認知発達心理学入門　ひとなる書房
松田文子（編）（2004）．時間を作る，時間を生きる―心理的時間入門　北大路書房
子安増生（編）（2005）．よくわかる認知発達とその支援　ミネルヴァ書房
市川伸一（編）（1996）．思考―認知心理学4　東京大学出版会
ガートン，A. F.（著）丸野俊一・加藤和生（監訳）（2008）．認知発達を探る―問題可決者としての子ども　北大路書房
森敏昭・井上毅・松井孝雄（1995）．グラフィック認知心理学　サイエンス社
古川聡・福田由紀（2006）．子どもと親と教師を育てる教育心理学入門　丸善

7章　親と子のつながりの不思議
■親子関係の発達と向社会性

親子の絆はどのようにしてできるの？
お母さんは安全基地？
愛着の個人差
安定型のお母さんの子どもは安定型？
お母さんから離れていくのが赤ちゃんの成長
お母さんによって違う育て方
思いやりの入り口
思いやりを育む
「助けてしまう力」から「助けない力」
思いやりは友だち関係から
援助した方がいい？援助できる？

Ⓐ **依存と愛着**（森，1997 を改編）

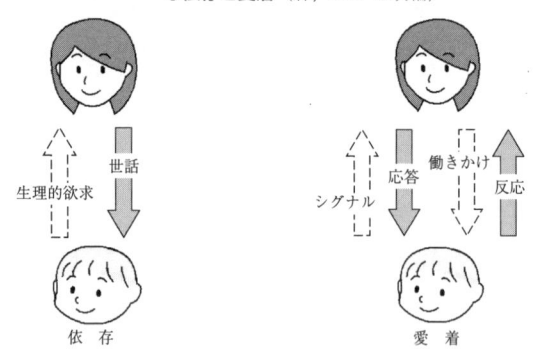

Ⓑ **針金製母親と布製母親**（Harlow & Mears, 1979 より作成）

親子の絆はどのようにしてできるの？ —— 愛着の発達

　赤ちゃんは，生後3ヵ月を過ぎると，いつも世話をしてくれる母親と他人に対しての反応が違うようになり，6ヵ月を過ぎるとさらにはっきりと異なった反応を示すようになる。こうした母子を結びつける要因は何であろうか。従来，母子を結びつける要因は，生命維持のための「依存」であると考えられてきた（→Ⓐ）。それに対して，ハーローは，母子の結びつきが，おなかがすいたときにミルクをくれるといった**2次的動因**によって形成されるのではなく，身体的接触により与えられる安心感によって形成されることを示した。

2次的動因：飢え，渇き，苦痛などの1次的要因に対して，学習によって獲得された動因を2次的動因という。生理的充足が媒介となって母子が結びつくという考え方（内田，2006）

Ⓒ 2つの異なる授乳条件で育った子ザルの布製母親・針金製母親と過ごした時間（Harlow & Mears, 1979 をもとに改編）

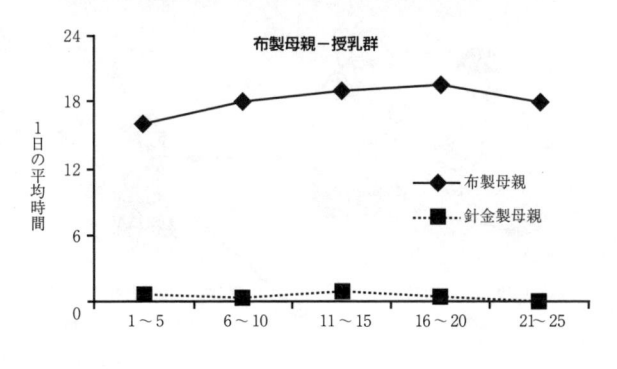

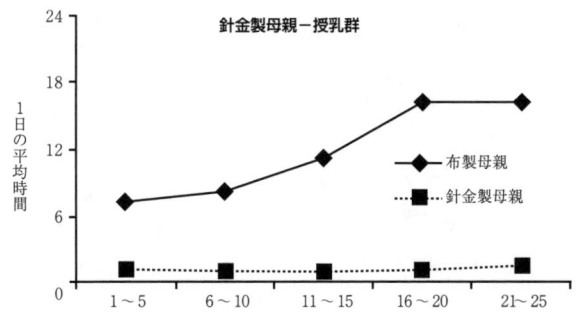

布製母親－授乳群

（グラフ：1日の平均時間、1～5: 約16、6～10: 約18、11～15: 約18.5、16～20: 約19、21～25: 約18（布製母親）；針金製母親は全期間ほぼ0～1）

針金製母親－授乳群

（グラフ：1日の平均時間、1～5: 約7、6～10: 約8、11～15: 約11.5、16～20: 約16.5、21～25: 約16.5（布製母親）；針金製母親は全期間ほぼ1）

ハーローは，生まれたばかりの赤毛ザルを親から引き離し，「布製母親－授乳群」「針金製母親－授乳群」の2群に分け飼育した（→Ⓑ）。その後，両方の代理母模型を設置した部屋に赤毛ザルを入れ行動を観察した結果，両群とも「布製母親」のもとで過ごす時間が長かった（→Ⓒ）。また，見慣れないぬいぐるみの恐怖刺激を与えると，両群とも「布製母親」にしがみつく様子が見られた。こうした実験結果は，赤毛ザルにとって生理的欲求の充足が愛着の形成要因とは言えず，感触の快感が重要であることを示唆している。それに対して，ボウルビィは，単に身体的接触が母子を結びつけるのではないとし，母子の相互作用に基づく**愛着**の重要性を提唱した（→Ⓐ）。

愛着：アタッチメント。他の人間と情緒的に結びつきたいという欲求をもつ状態

愛着の発達 (藤生, 1991)

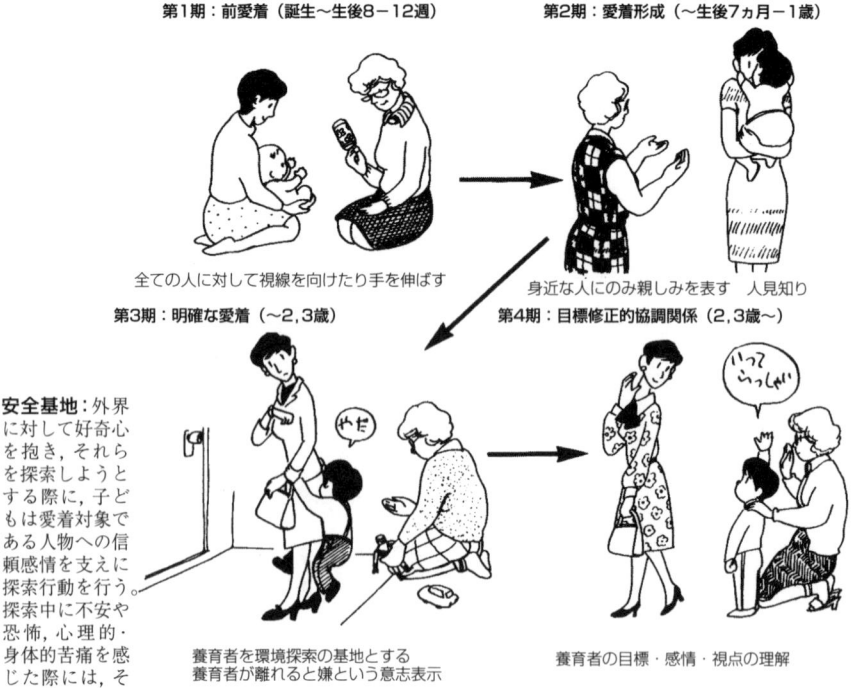

第1期：前愛着（誕生〜生後8-12週）
全ての人に対して視線を向けたり手を伸ばす

第2期：愛着形成（〜生後7ヵ月-1歳）
身近な人にのみ親しみを表す　人見知り

第3期：明確な愛着（〜2, 3歳）
養育者を環境探索の基地とする
養育者が離れると嫌という意志表示

第4期：目標修正的協調関係（2, 3歳〜）
養育者の目標・感情・視点の理解

安全基地：外界に対して好奇心を抱き、それらを探索しようとする際に、子どもは愛着対象である人物への信頼感情を支えに探索行動を行う。探索中に不安や恐怖、心理的・身体的苦痛を感じた際には、その人物のもとに避難し、なだめられたり、励まされたりすることで不快感情を低減させる。そして、再び、外界への探索へと出かけていくことができる。このように安全基地の存在は、子どもの自律的な活動を促すものとして機能する（内田, 2006）

定位：生体がある対象に向かって移動し、またはそれに向かう姿勢をとる際の方向づけをもった行動をすること（内田, 2006）

お母さんは安全基地？ ── 新生児の社会性の発達

　ボウルビィは、特定の個人に対して親密な情緒的絆を結ぶ傾向を、人間に本来備わった基本的な構成要素ととらえる愛着理論を提唱した。愛着理論では、乳児を能動的に他者との相互作用を求める社会的存在としてとらえており、愛着は4つの段階を経て発達すると考えられている。①人物の弁別をともなわない発信（誕生〜生後12週）、②1人または数人の弁別された人物に対する**定位**と発信（〜6ヵ月頃）、③発信と移動による弁別された人物への接近（〜2, 3歳）、④目標修正的協調関係（2, 3歳以降）の4段階である。

Ⓐストレンジ・シチュエーション法の8場面
(中尾, 2008 をもとに改編)

① 実験者が母子を室内に案内し、母親は子どもを抱いて入室。実験者は母親に子どもを降ろす位置を指示して退室。(30秒)

② 母親は椅子にすわり、子どもはオモチャで遊んでいる。(3分)

③ ストレンジャーが入室。母親とストレンジャーはそれぞれの椅子にすわる。(3分)

④ 1回目の母子分離。母親は退室。ストレンジャーは遊んでいる子どもにやや近づき、はたらきかける。(3分)

⑤ 1回目の母子再会。母親が入室。ストレンジャーは退室。(3分)

⑥ 2回目の母子分離。母親も退室。子どもはひとり残される。(3分)

⑦ ストレンジャーが入室。子どもを慰める。(3分)

⑧ 2回目の母子再会。母親が入室しストレンジャーは退室。(3分)

Ⓑ愛着の3タイプ：子どもの行動特徴 (中尾, 2008)

Aタイプ（回避型）	分離	泣いたり混乱したりしない。
	再会	目をそらしたり、母親を避けようとする。母親が抱っこしようとしても子どもの方から抱きつくことはない。母親が抱っこをやめてもそれに対して抵抗を示さない。
	探索	母親とかかわりなく行動することが多い（母親を安全基地としてあまり利用しない）。
Bタイプ（安定型）	分離	多少の泣きや混乱を示す。
	再会	母親との身体接触を積極的に求め、すぐに落ち着く。
	探索	母親を安全基地として、積極的に探索活動を行う。
Cタイプ（アンビバレント）	分離	非常に強い不安や混乱を示す。
	再会	母親に身体的接触を求めていく一方で、怒りながら母親をたたいたりする（近接と近接への抵抗という相反する行動をとる）。
	探索	全般的に行動が不安定で、用心深い態度が見られる。母親を安全基地として、探索行動を行うことがあまりできない（母親に執拗にくっついていようとすることが多い）。

探索：新奇な場所や物事、状況に出会ったときに、それらに対し好奇心をもって、注意を向ける、じっくり観察する、近づいて触れる、操作する、匂う、味わうなど、様々な活動を行い、それらについての情報を収集、処理すること（内田, 2006）

Dタイプ（無秩序型・無方向型）：養育者への接近に矛盾した不可解な行動を見せるタイプ。再会場面では、後ろずさる、床に腹ばいになり動かない、突然のすくみ、場違いな行動、親に対する怯え、接近したいのか回避したいのかわからないどっちつかずの状態が長く遷延、などの行動を示す（数井, 2005）

愛着の個人差 ── 養育態度の影響

エインズワースは、愛着の個人差を測定するためにストレンジ・シチュエーション法を考案している（→Ⓐ）。これは、幼児に見知らぬ環境で母親との分離や再会などを経験させ、母親との相互作用（近接性探索、接触維持、回避、抵抗）、**探索**行動や泣きにもとづいて、愛着のパターンをAタイプ、Bタイプ、Cタイプの3つに分類する方法である（→Ⓑ）。その後、3タイプの他に、行動が組織化されておらず、何をしたいのかどこへ行きたいのかわかりにくい**Dタイプ**が発見されている。こうした愛着の個人差は、養育者の感受性が関与していると考えられている。

Ⓐ **愛着の世代間伝達**（数井，2005をもとに改編）

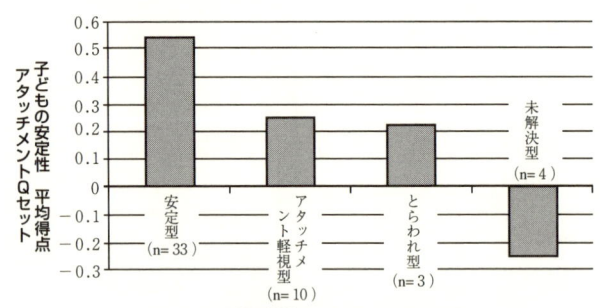

[グラフ：子どもの安定性 平均得点 アタッチメントQセット／母親の特性としてのアタッチメント。安定型 (n=33)：約0.55、アタッチメント軽視型 (n=10)：約0.25、とらわれ型 (n=3)：約0.22、未解決型 (n=4)：約-0.23]

Ⓑ **12ヵ月の愛着：母親が仕事に復帰した群と家庭専業群との比較**（Harrrison & Ungerer, 2002をもとに改編）

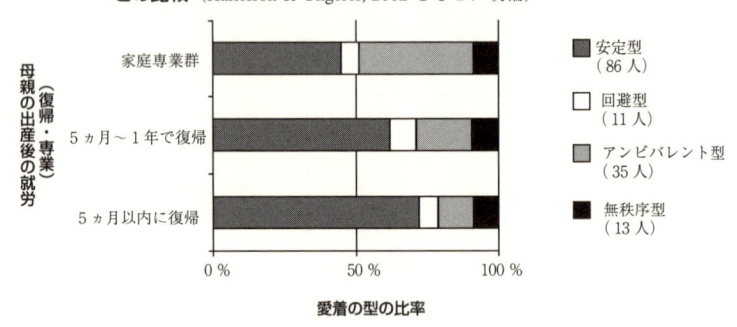

[横棒グラフ：母親の出産後の就労（復帰・専業）／愛着の型の比率。家庭専業群、5ヵ月～1年で復帰、5ヵ月以内に復帰の3群について、安定型(86人)、回避型(11人)、アンビバレント型(35人)、無秩序型(13人)の比率を表示]

安定型のお母さんの子どもは安定型？── 家族関係とシステム理論

親子における愛着は世代間伝達する（→Ⓐ）。日本における世代間伝達の研究（数井，2000）では，安定型の母親の子どもの方が不安定型の母親の子どもより愛着が安定しており，**未解決型**の母親の子どもが最も愛着が不安定であることが示されている。また，女性の社会進出という社会的背景を受けて，母親の就労や保育と愛着について，横断研究が行われている（→Ⓑ）。子どもの愛着に寄与する要因は，出産前の態度と仕事復帰のタイミングであった。母親の就労の有無と子どもの愛着という関連だけを検討することに意味がないという結論に至っている。

未解決型：自身の内部にある外傷的な記憶が特に活性化され，突然の行動の乱れやパニック，あるいは子どもに対する虐待を伴ってしまうことがある

分離−個体化過程 （高橋・織田・花畑, 2001 をもとに改編）

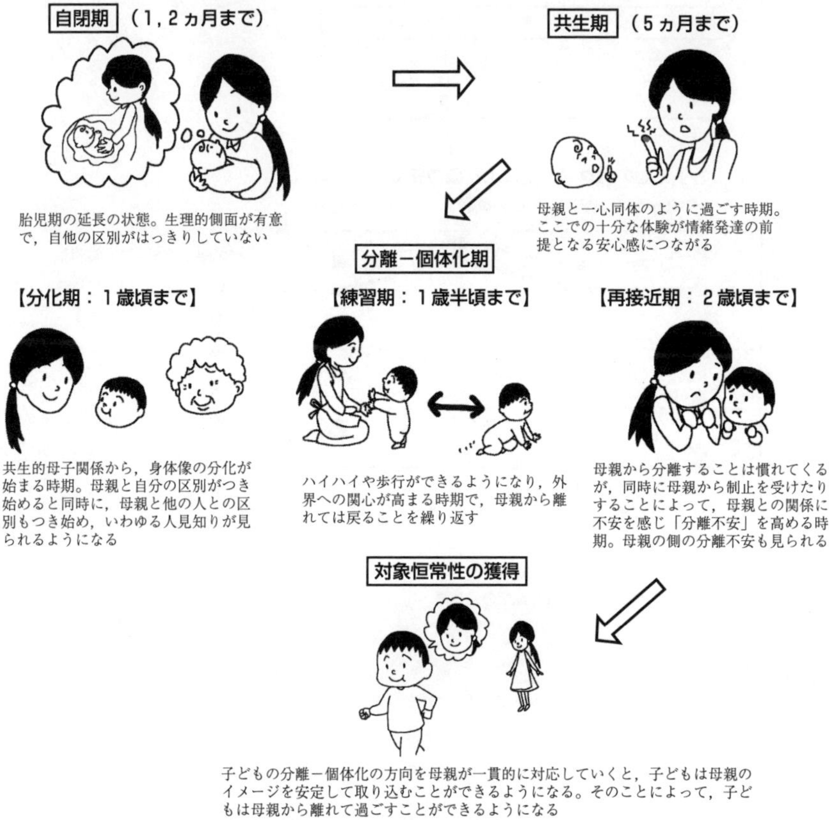

| 自閉期（1,2ヵ月まで） | → | 共生期（5ヵ月まで） |

胎児期の延長の状態。生理的側面が有意で，自他の区別がはっきりしていない

母親と一心同体のように過ごす時期。ここでの十分な体験が情緒発達の前提となる安心感につながる

分離−個体化期

【分化期：1歳頃まで】　【練習期：1歳半頃まで】　【再接近期：2歳頃まで】

共生的母子関係から，身体像の分化が始まる時期。母親と自分の区別がつき始めると同時に，母親と他の人との区別もつき始め，いわゆる人見知りが見られるようになる

ハイハイや歩行ができるようになり，外界への関心が高まる時期で，母親から離れては戻ることを繰り返す

母親から分離することは慣れてくるが，同時に母親から制止を受けたりすることによって，母親との関係に不安を感じ「分離不安」を高める時期。母親の側の分離不安も見られる

対象恒常性の獲得

子どもの分離−個体化の方向を母親が一貫的に対応していくと，子どもは母親のイメージを安定して取り込むことができるようになる。そのことによって，子どもは母親から離れて過ごすことができるようになる

お母さんから離れていくのが赤ちゃんの成長 —— 分離・個体化

　マーラーは，相互関係が母子関係の基礎であると考え，子どもの精神発達を「分離−個体化過程」からとらえている。子どもは，生物学的に生まれても，一個の独立した人間としては生まれておらず，生後3年くらいかけて，母親との絶対的依存，共生的関係を経て，分離・個体化する。ボウルビィは，分離不安を精神病理の形成と関連づけ，否定的な側面から取り上げているが，マーラーは，発達過程のなかで分離・個体化に伴うものとして，分離不安を肯定的に捉えている。

Ⓐ **養育態度の分類**（Baumrind, 1966 をもとに改編）

	統制	応答性
権威がある	高	高
権威主義的	高	低
許容的	低	高

Ⓑ **子どものパターン別による親の養育態度の傾向**
（Baumrind, 1967 をもとに改編）

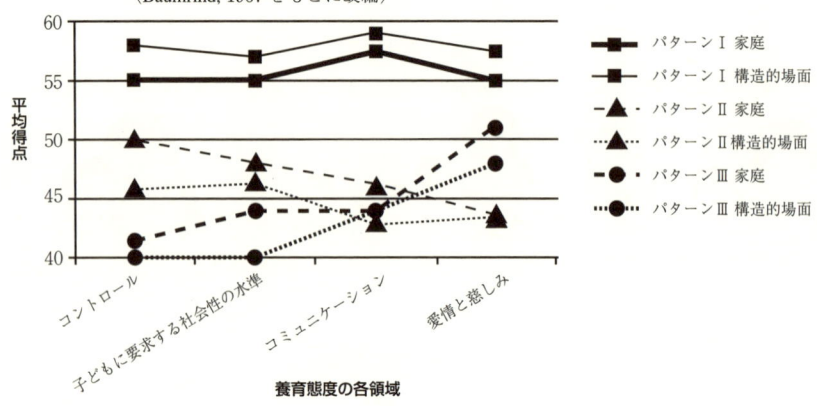

縦軸：平均得点
横軸：養育態度の各領域（コントロール／子どもに要求する社会性の水準／コミュニケーション／愛情と慈しみ）

凡例：
- パターンⅠ 家庭
- パターンⅠ 構造的場面
- パターンⅡ 家庭
- パターンⅡ 構造的場面
- パターンⅢ 家庭
- パターンⅢ 構造的場面

応答性／統制：
応答性は，母親と子どもとのコミュニケーションと養育からなり，「子どもの意図・欲求に気づき，愛情ある言語や身体的表現を用いて，子どもの意図をできる限り充足させようとする行動」，統制は，養育上の統制と母親の成熟要求からなり，「子どもの意思とは関係なく，母親が子どもにとってよいと思う行動を決定し，それを強制する行動」と定義される（中道・仲澤，2003）

お母さんによって違う育て方 ── 養育態度

バウムリンドは，養育態度を，**応答性**と**統制**の 2 側面から「許容的」「権威主義」「権威がある」の 3 つに分類した（→Ⓐ）。さらに，家庭や設定場面での親子の行動を観察し，養育態度と子どもの性格や能力との関連を検討した（→Ⓑ）。その結果，自律的でセルフコントロールができている子の親は，しつけが一貫しており，子どもに対してきちんと説明し，愛情表現を多く行い，子どもの決めたことを尊重する，子どもに安心感を抱かせるような関わり方やコミュニケーションを行っていること示された。「権威がある」親をもつ幼児期の子どもが，最も社会化された存在であることが示唆される。

向社会的道徳推論レベル(Eisenberg, 1992 をもとに改編)

レベル1	快楽主義・自己焦点的指向	道徳的な配慮よりも,自分に向けられた結果に関心をもっている。他人を助けるか助けないかの理由は,自分に直接得るものがあるかどうか,将来お返しがあるかどうか,といったことによる	小学校入学前,小学校低学年で優勢な様相
レベル2	欲求に目を向けた指向	たとえ他者の欲求が自己の欲求と相対立するものであっても,他者の身体的,物理的,心理的欲求に関心を示す。この関心は,ごく単純な言葉で表明されるもので自分のことを考えた上での役割習得,同情を言葉によって表すこと,罪悪感のような内面化された感情への言及,といって形跡はみられない。	小学校入学前,多くの小学生で優勢な様相
レベル3	承認および対人的指向,あるいは紋切り型指向	よい人・悪い人・よい行動・悪い行動についての紋切り型指向のイメージ。他者からの承認や容認を考慮することが向社会的行動をするかどうかの理由として用いられる。	小学生の一部,中・高校生で優勢な様相
レベル4a	自己反省的な共感指向	判断は,自己反省的な情動的応答や役割習得,他者の人間性への配慮,人の行為の結果についての罪責感やポジティブな感情を含む。	小学校高学年の少数,中・高校生で優勢な様相
レベル4b	移行段階	助けたり助けなかったりする理由は,内在化された価値や規範,義務および責任を含んでおり,より大きな社会の条件,あるいは他者の権利や尊厳を守る必要への言及を含んでいる。しかし,これらの考えは明確に強く述べられるわけではない。	中・高校生の少数,それ以上の年齢で優勢な様相
レベル5	強く内在化された段階	助けたり助けなかったりする理由は,内在化された価値や規範,責任制,個人および社会的に契約した義務を守ったり社会の条件をよくしたりする願望,すべての個人の尊厳,権利および平等についての信念に基づいている。自己自身の価値や受容した規範に従って生きることより,自尊心を保つことにかかわるプラスあるいはマイナスの感情も,この段階の特徴である。	中・高校生の少数,それ以上の年齢で優勢な様相

葛藤:アイゼンバーグは,向社会的道徳ジレンマ課題を用いて推論レベルを検討している。たとえば,次のような課題である。「ある日,メアリーという女の子が友だちの誕生日パーティに向かっていました。その途中,転んで足をけがしている女の子に出会いました。メアリーは,女の子から,彼女の家に行って両親を呼んできてほしいと頼まれました。そうすれば,両親がやってきて,女の子をお医者さんに連れて行ってくれるからです。しかし,もし,メアリーが女の子の両親を呼びに行くと,友だちの誕生パーティに遅れてしまい,アイスクリームやケーキがもらえなくなるし,誕生会でのゲームに入れてもらえないかもしれません」(Eisenberg-Berg & Hand, 1979)

思いやりの入り口 —— 共感性の発達

アイゼンバーグは,「法,罰,権威,公式的な義務などの外的基準が関連しない,あるいは強調されすぎない文脈において,個人の欲望や要求を満たすことと,他者の欲望や欲求を満たすことのどちらかを選択しなければならないという**葛藤**の際の推論」を検討し,向社会的道徳推論の5つのレベルを明らかにしている。

Ⓐ トレーニングと帰属操作 (Grusec, et al., 1978 をもとに作成)

トレーニング

① （実験者がビー玉を箱に入れる）
② 「ビー玉1個をかわいそうな子どもに寄付して下さい。」
③ 「ビー玉1個をかわいそうな子どもに寄付して下さい。」

帰属操作

ⓐ 自己帰属条件：「あなたは、かわいそうな子を助けるのが好きな、優しい人だから寄付したのね。」
ⓑ 外的帰属条件：「あなたは、私が寄付することを期待していると思ったから寄付したのね。」
ⓒ 帰属なし条件：「寄付したのね。」

トレーニング（3タイプ）×帰属操作（3種類）によって、9群が設定された

Ⓑ 各群の寄付人数 (Grusec, et al., 1978 をもとに作成)

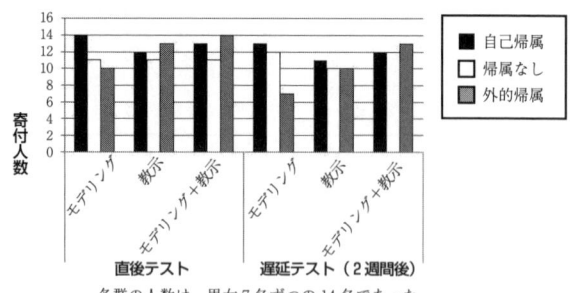

（棒グラフ：直後テストと遅延テスト（2週間後）における、モデリング・教示・モデリング＋教示の各条件での自己帰属・帰属なし・外的帰属の寄付人数）

各群の人数は、男女7名ずつの14名であった。

モデリング：自分が直接経験しなくても、他者の行動を観察することによって学習が成立する

帰属：向社会的行動の成功原因が、運や強制といった不安定な、あるいは、外的要因にあると考えるよりも、特性などの安定した内的原因にあると考えた方が、同じ結果が将来も起こるであろうという期待感や自分に対する誇りの感情が高まり、その後の向社会的行動が促進されると考えられている

思いやりを育む —— モデリング・教示・帰属

向社会性を育てるためのアプローチとして、**モデリング**、教示、**帰属**の効果が検討されている。グルーセックらは、ビー玉の寄付場面でトレーニングと帰属操作を行い、その後の行動の内在化を検討した（→Ⓐ）。その結果、モデリングに関して、自己帰属群の方が外的帰属群よりも寄付人数が多かった（→Ⓑ）。モデリングは他者からの強制という認識を与えず、行動を特定の方向へ誘導する。その際、子ども自身が分与したのは内発的に動機づけられたからと考える方が、向社会的行動の内在化を促すのであろう。

「Ⓐ助けてしまう力」と「Ⓑ助けない力」 （若林，2008 をもとに作成）

Ⓐ ①折り紙で兜を折っている友だちのそばでじっと見ているS君（4歳）。②友だちがうまく折れない様子を見て、横から折り紙を取り上げた。③折り紙の取り合いになった2人はケンカになり、先生の仲介が入った。S君はしばらくじっと黙っていたが、「できないから代わりに折ってあげようと思った」と話し始めた。

Ⓑ ①折り紙を折ることができないお友だちがいた。②子ども：「代わりに折ってあげようか」先生：「そんなことしてもだめみたいだよ、まだ頑張ってるし」③子ども：「じゃあ見とってあげようか（見ててあげようか）。先生もね、折り紙できんからってすぐに助けたりはせんよ。自分でやるんを見とってあげるんよ」

「助けてしまう力」から「助けない力」── 他者へのかかわり方

　幼児は自発的に援助することを知っていても自分の信念によって困っている人を援助しないこともある。発達的に，向社会的行動をしないことにも重要な意味がある。4歳児は，「他者の状態に合わせて助け方を考えなければならない」ことがわかっているが，「自分流の方法で手をだしてしまう」，他者の都合と自己の都合に挟まれたもどかしい段階にある（→Ⓐ）。それが4歳から5歳にかけて，他者とのかかわり方を学習する段階へと変化する。そうすると，他者の都合と「なんとかしてあげたい」という自己の気持ちに折り合いをつけた「助けない力」が育っていく（→Ⓑ）。

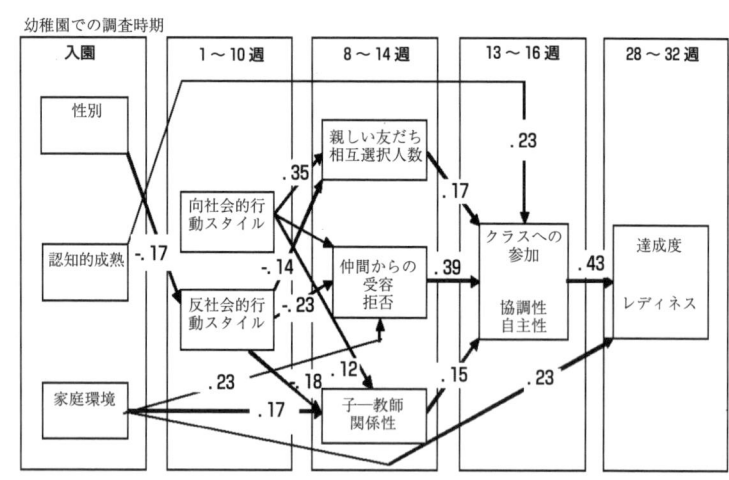

「子×環境」モデル（Ladd, Buhs, & Buhs, 1999 をもとに作成）

幼稚園での調査時期

| 入園 | 1～10週 | 8～14週 | 13～16週 | 28～32週 |

（図：性別、認知的成熟、家庭環境 → 向社会的行動スタイル、反社会的行動スタイル → 親しい友だち相互選択人数、仲間からの受容拒否、子―教師関係性 → クラスへの参加・協調性・自主性 → 達成度・レディネス。パス係数：-.17、.35、-.14、-.23、.23、.18、.17、.12、.39、.17、.23、.15、.43、.23）

レディネス：ある行動の習得に必要な条件が用意されている状態で，身体・精神の成熟，知識や技能，興味や動機が備わっていることをいう。準備性，用意性ともいう。ラッドら（1999）の研究では，MRT（Metoropolitan Readiness Tests）が用いられている

互恵性・互恵性規範：自分が他者から価値あるものを受け取ったなら，それと同等のものを他者に返すべきであるという社会的規範。自己開示，対人魅力，返礼行動などの説明原理として言及される。6歳以下の子どもは互恵性規範を考慮に入れた分配行動はとれないとも言われるが，この規範の獲得過程に関する体系的研究は十分ではない

思いやりは友だち関係から ——「子×環境モデル」

　思いやり行動は，仲間関係や集団への適応にどのように関連しているのであろうか。ラッドらは，「子×環境モデル」を提唱し，幼稚園での向社会的行動や反社会的行動は，仲間関係・教師との関係に関与し，これがクラスでの協調性，自主性，さらには就学への**レディネス**に影響を与えていることを示している。また，4歳児でも，仲の良い友だちの方が，そうでない友だちよりも，物の提供や援助行動が多く，幼児期から既に**互恵性**が芽生えている。そして，幼児期をとおして，友だちから援助を受ける機会，友だちを援助する機会がなかった子どもは，児童期以降の仲間関係や学校生活で不適応を起こす可能性が高いことが示唆されている。

Ⓐ 幼児期の向社会性の発達 （伊藤，2006）

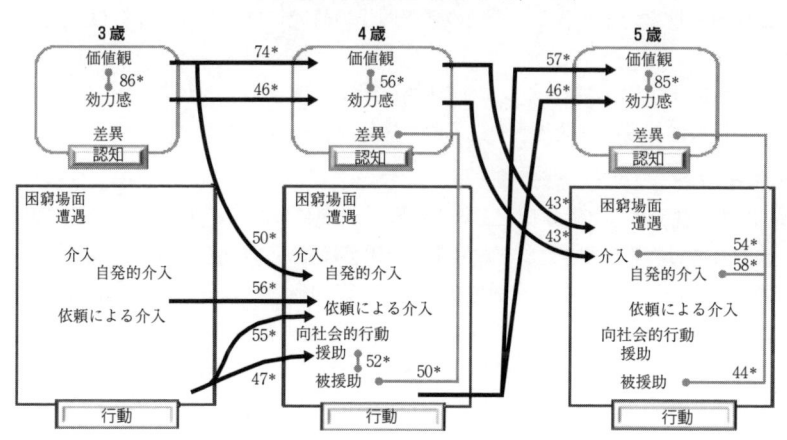

[図：3歳・4歳・5歳における価値観・効力感・差異認知（認知）、困窮場面遭遇・自発的介入・依頼による介入・向社会的行動・援助・被援助（行動）の関連を示すパス図。主な係数：3歳→4歳 価値観74*、効力感46*、3歳効力感→4歳価値観56*、3歳価値観→4歳自発的介入50*、3歳効力感→4歳依頼による介入56*、3歳→4歳援助55*、3歳→4歳被援助47*、4歳価値観85*相当、4歳援助52*、4歳被援助50*、4歳→5歳価値観57*、効力感46*、5歳介入54*、58*、被援助44*、43*、43*など]

Ⓑ 児童期の向社会性の発達 （伊藤，2006）

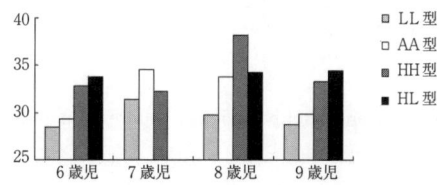

[棒グラフ：6歳児・7歳児・8歳児・9歳児におけるLL型・AA型・HH型・HL型の得点（25〜40）]

LL：価値観・効力感低　　AA：価値観・効力感平均
HH：価値観・効力感高　　HL：価値観高・効力感低

6歳から9歳にかけて，「援助した方がよい」「援助できる」というステレオタイプ的・自己受容的傾向から，「援助した方がよいのか」，「援助できるのか」といった柔軟で自己否定的傾向へと変化。
9歳頃になると，柔軟で自己否定的傾向が強まる中で，価値観は内在化され自律的なものに，効力感は他者比較によって多様化し客観的になる

援助した方がいい？援助できる？ ── 向社会性の発達

　援助した方がよいという価値観や，援助できるという効力感はいかに変容するのか。幼児の向社会性の転換期は4歳であり，2つの発達過程がある（→Ⓐ）。1つは，3歳時点での価値観・効力感が4歳以降の仲間関係に機能する「家庭での社会化」が基盤となる過程，もう1つは，4歳での仲間との関わりをとおして効力感と価値観が分化し，5歳での仲間関係に機能する「**仲間における社会化**」が基盤となる過程である。家庭で十分に向社会性が培われていない場合でも，幼児期の仲間関係のなかで価値観・効力感が高められるという，仲間における社会化の重要が示唆される。

社会化：個人が他の人々とのかかわり合いをとおして，社会的に適切な行動および経験のパターンを発達させる過程。社会化の過程によって，個人は所属する社会ないし集団に適合した考え方や集団規範を学習して内面化し，それにもとづいて所属する社会ないし集団に適応的な行動をとることができるようになる。一方，社会ないし集団は，これによって，その文化的・制度的体系を維持・発展させることができる

■設問
1. 現在の社会的背景を踏まえると，今後の親子関係の研究には，どのような視点が必要か考えてみよう。
2. 向社会的行動を育むためには，どのような環境要因に留意する必要があるか。
3. 子どもの向社会的行動の「発達」を見る際，大切な視点は何か。

■回答のポイント
1. 以前は，母親の就労はリスク要因だと考えられていたが，現在は，母親が就労しているかどうかだけでは，子どもの愛着を左右する要因ではないことが示されている。
2. 向社会的行動の発達には，向社会的道徳推論等の認知能力といった個人内要因ばかりでなく，モデリング・帰属といった学習形態や，仲間関係，遊びが関わっている。
3. 「助ける力」から「助けない」力が育っていくということは，「援助」行動の頻度のみを発達の指標にするのではなく，「なぜ助けるのか」「なぜ助けないのか」といった行動の質を考えていく必要性を伝えている。

参考文献
Mahler, M. S., Pine, F. & Bergman, A. (1975). The Psychological Birth of the Human Infant. Basic Book. New York.（高橋雅士・織田正美・花畑紀（訳）(2001). 乳幼児の心理的誕生　黎明書房）
Eisenberg, N. & Mussen, P. (1989). The roots of prosocial behavior in children. Cambridge, MA : Cambridge University Press.（菊池章夫・二宮克美（共訳）(1991). 思いやり行動の発達心理　金子書房）
遠藤利彦（編著）(2005). 発達心理学の新しいかたち　誠信書房
渡辺弥生・伊藤順子・杉村伸一郎（編著）(2007). 原著で学ぶ社会性の発達　ナカニシヤ出版

8章　人と人とがつながるには
■対人関係の発達

親のかかわりが友だちづくりに
遊びって変わっていくの？
傷つかないたくましさとは
他人の痛みがわかるようになるには
肩がぶつかったら怒る？それとも謝る？
友だち関係がすぐわかる
人づきあいにコツはあるの？
いじめをなくそう
なぜ仲間をつくるのか

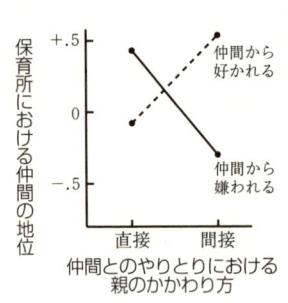

Ⓐ幼児期の親のかかわりと仲間の関係
(Ladd & Golter, 1988)

縦軸：保育所における仲間の地位
横軸：仲間とのやりとりにおける親のかかわり方（直接／間接）

実線：仲間から嫌われる
破線：仲間から好かれる

子どもが友だちと遊んでいるときのやりとりに，親が間接的にかかわる場合には，子どもは仲間から好かれ，直接的にかかわる場合には嫌われることがわかる

Ⓑ親の養育態度の4タイプ (Shaffer, 2009)

	受容的・応答的 高	受容的・応答的 低
要求的・統制的 高	**権威ある養育** 要求的・統制的でありかつ受容的・応答的。親は子どもの発達に応じた要求をしつつ，温かなコミュニケーションを大切にする	**権威主義的養育** 要求的・統制的だが，受容的・応答的ではない。要求が多く厳しく接するが，子どもの欲求や視点をくまない。
要求的・統制的 低	**許容的養育** 要求的・統制的ではなく，受容的・応答的。あまり要求をせず思うがままに生活させる。	**無関心な養育** 要求的・統制的でもなく，受容的・応答的でもない。子どもの欲求に鈍感で，無関心。

バウムリンドは養育態度を「許容的」「権威主義的」「権威がある」「無関心」の4つに分けたが，「権威がある」親の子どもが，自律的で，友だちに対して友好的であった

親のかかわりが友だちづくりに ── 社会化

　親になると，子どもが友だちをつくりやすいように，公園などの豊かな環境に住む計画をしたり，実際に，公園や図書館に連れて行ったりする。ただし，物理的環境条件をただ整えればよいのではなく，実際のかかわりかたが大切である。Ⓐは，保育所での親のかかわりと子どもの友だち関係を表している。親が友だち関係に直接割り込んで介入すると，子どもは友だちから敬遠されてしまう。それよりも子どもが友だちとかかわっていく過程をあたたかく見守りながら（モニター），支援が必要な際には，割り込まずに，具体的なかかわりかたを教えたり（コーチング），支援する（サポート）などの間接的なかかわりをする方が，友だちから受け入れられる。

©児童期の親子のかかわりと仲間からの受容 (Rah & Parke, 2008)

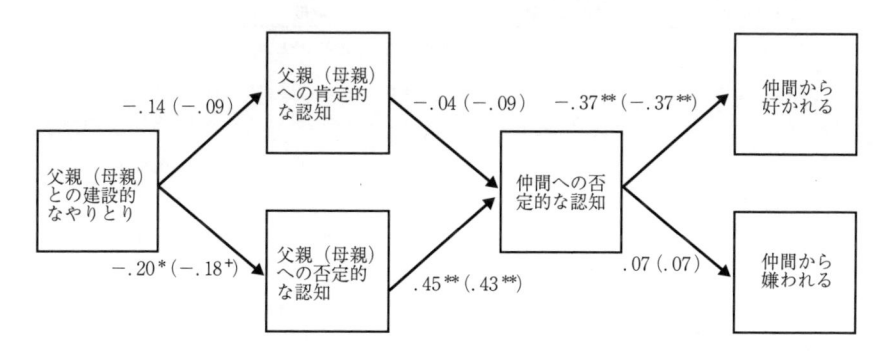

```
                 −.14 (−.09)        父親(母親)       −.04 (−.09)                  −.37** (−.37**)    仲間から
                               ┌─→  への肯定的  ──┐                                           ┌─→  好かれる
                               │    な認知          │                                         │
   父親(母親)                    │                    ↓                                         │
   との建設的 ──┤                             仲間への否定 ───────────────────────┤
   なやりとり                    │                    ↑       的な認知                         │
                               │    父親(母親)      │                                         │
                 −.20*(−.18⁺)  └─→  への否定的  ──┘                                   .07 (.07) └─→  仲間から
                                    な認知       .45** (.43**)                                    嫌われる
```

児童期において，親子のかかわりかたが望ましいと，子どもがもつ父親や母親への認知や，さらに，友だちに対する認知に影響を与え，最終的に仲間から受け入れられるかどうかにまでつながることが予測される

($^+P<.10$, $^*P<.05$, $^{**}P<.01$)

　また，生活における親との折々のかかわりのなかで，親があたたかく応答的であると，子どもの対人関係における目的意識（goal）が肯定的になり，望ましいかかわりかた（strategy）を選び，トラブルの原因として他者の悪意を想定しないなどの帰属（attribution）のしかたを学ぶことにつながる。子どもは，学んだことを実際の友だち同士のかかわりかたに応用していくことから，結果として，仲間に受容される可能性が高くなる。青年期においては，独自性（互いに独自な存在として認める）と結合性（敬意を払い，応答的である）の両側面のバランスのよい親が，子どもの心理社会的発達を望ましい方向に導くとされる。

社会化：生まれた社会に適応するような考え方や行動のしかたを身につけること。また，個人を社会化していく機能をもつ社会化の担い手を社会化のエイジェントと言い，主に親が考えられるが，きょうだい，友達，教師，学校，マス・メディア等がある

遊びの発達 (Howes & Matheson, 1992)

遊びのタイプ	見かける年齢	特徴
平行遊び	6〜12ヵ月	互いに注意を払わずに同じような遊びをしている。
意識的平行遊び	1歳まで	ときどき互いに見あったりする平行遊び。
一人ふり遊び	1歳から1歳半	話したり、笑ったり、おもちゃを共有したりしながら同じような遊びをしている。
複雑・互恵的遊び	1歳半から2歳	追いかけっこやいないいないばー、などの社会的なゲームで、役割行動を交代する。
協力的ふり遊び	2歳半から3歳	お母さんと赤ちゃんなどの相補的で、簡単なふり遊びをする。役割の意味や形式などの計画や話し合いはない。
複雑な社会的ふり遊び	3歳半から4歳	積極的に計画したふり遊びをする。役割に名前をつけ、明確な役割を考え、スクリプトをつくり、遊びが続くように、途中で止めてスクリプトを変えたりする。

遊びって変わっていくの？ ── 遊びの発達

　子どもの自由遊びを観察したパーテンは、遊びがしだいに複雑に、また、社会的な形に変わることを見出した。何もしていない行動から、一人遊び、傍観者的行動、**平行遊び**、**連合遊び**、**協同遊び**へと変化していく。また、こうした遊びの変化が、社会的なコンピテンスと関係していることが明らかにされている。ただし、一人遊びは、ブロック遊びなどの目標指向的遊びや、読書などの教育的活動が含まれることから、必ずしも社会的な発達の未熟さを反映しているわけではないと他の研究者から批判されている。加齢につれて仲間と認知的に複雑な遊びができるようになるが、なかでも、ふり遊びは、役割、ルール、思いやり、コミュニケーションのスキル、感情のコントロールなどを学ぶことができ、仲間関係における将来の社会的コンピテンスを予測する指標になる。

平行遊び：近接して遊ぶが、互いに影響を及ぼし合うこともなく、類似した遊びをしている

連合遊び：互いに関心をもって一緒に遊び、おもちゃを交換したり、話をしたりする

協同遊び：目標を共有して、互恵的な役割をもって、協力して遊ぶ

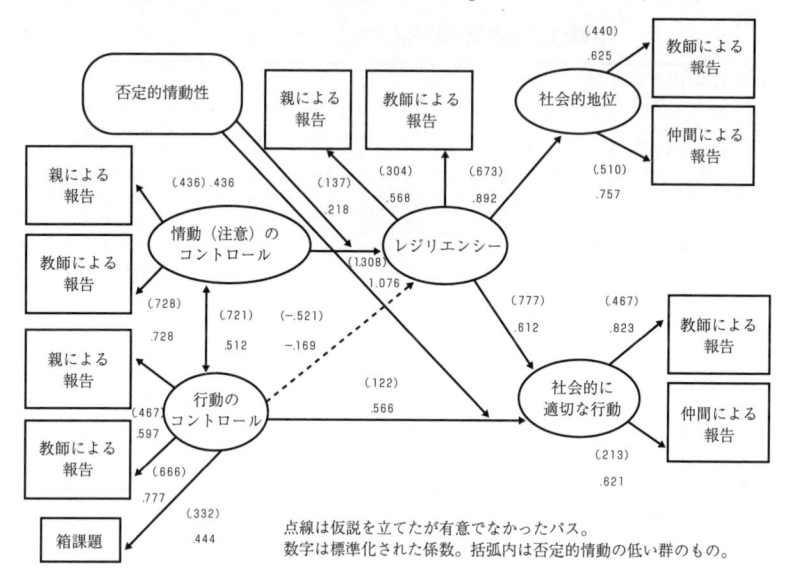

否定的情動の調整効果を加えたモデル（Einsenberg. N et al., 1997；髙辻, 2008）

点線は仮説を立てたが有意でなかったパス。
数字は標準化された係数。括弧内は否定的情動の低い群のもの。

傷つかないたくましさとは ――レジリエンス

　ストレスを感じる場面に直面したときに，どのような影響を受けるかには個人差がある。大きな逆境に遭遇しても，乗り越えていく人もいれば，挫折してしまう人もいる。こうした，困難な状況において，精神的健康および発達に関するリスクとうまく折り合いをつけていくプロセスとして，「レジリエンス（resilience）」という概念が用いられている。また，類似した概念として「レジリエンシー（resiliency）」がある。これは，環境のストレス，葛藤といった状況でも適応できる，あるいはバランスを保てる能力，という個人的特性として考えられている。レジリエンシーは，レジリエンスの概念のうちの個人的要因の1つとして位置づけられる。上図から，レジリエンシーの個人差によって，情動のコントロールが実際の対人関係に及ぼす影響が異なってくることが示唆される。

役割取得能力の発達段階（渡辺, 2001）

レベル0　自己中心的役割取得（3〜5歳）
　　自分と他者の視点を区別することが難しい。同時に，他者の身体的特性を心理面と区別することが難しい。

レベル1　主観的役割取得（6〜7歳）
　　自分の視点と他者の視点を区別して理解するが，同時に関連づけることが難しい。また，他者の意図と行動を区別して考えられるようになり，行動が故意であったかどうかを考慮するようになる。ただし，「笑っていれば嬉しい」といった表面的な行動から感情を予測しがちである。

レベル2　二人称相応的役割取得（8〜11歳）
　　他者の視点から自分の思考や行動について内省できる。また，他者もそうすることができることを理解する。外から見える自分と自分だけが知る現実の自分という2つが存在することを理解するようになる。したがって，人と人とがかかわるときに他者の内省を正しく理解することの限界を認識できるようになる。

レベル3　三人称的役割取得（12〜14歳）
　　自分と他者の視点以外，第三者の視点をとることができるようになる。したがって，自分と他者の視点や相互作用を第三者の立場から互いに調整し，考慮できるようになる。

レベル4　一般化された他者としての役割取得（15〜18歳）
　　多様な視点が存在する状況で自分自身の視点を理解する。人の心の無意識の世界を理解し，主観的な視点を捉えるようになり，「いわなくても明らかな」といった深いところで共有される意味を認識する。

（注）役割取得能力は，社会的視点調整能力とほぼ同じ意味としてここでは用いられている。後者の方が包括的な意味合いが強い。

他人の痛みがわかるようになるには ── 社会的視点調整能力

社会的視点調整能力：自己と他者の視点の違いを調整し，問題解決を図る能力

　対人関係が円滑に築かれ維持されるためには，他者の気持ちや考えを推測し理解する力が必要である。他者を理解するためには，他者の視点を推測し，他者の気持ち，考え，信念，動機，意図など，内面的な側面を理解しなければならない。これは，**社会的視点調整能力**とよばれる。セルマンは，対人ジレンマを用いて，この発達段階を明らかにしている。たとえば，木登りの大好きなホリーが，木から落ちたところを父親に見られ，もう木登りをしないと父親と約束する。ところが，ある日ホリーは，友人のショーンの子猫が木に登っておりられない場面に遭遇する。助けられるのは，ホリーしかいないが，父親との約束を思い出すといった話である。この話に対して，「ショーンが子猫にどんな気持ちでいるかホリーはわかっているか」「ホリーが木に登ったのをお父さんが知ったらどんな気持ちになるか」，などの質問をして，発達段階を査定した。

社会的視点調整能力と対人交渉方略（Selman, 2003 をもとに作成）

新しい考えを創造し，自己と他者の双方のための目標を協力して掲げる。
そのために内省し，考えを共有する方略。

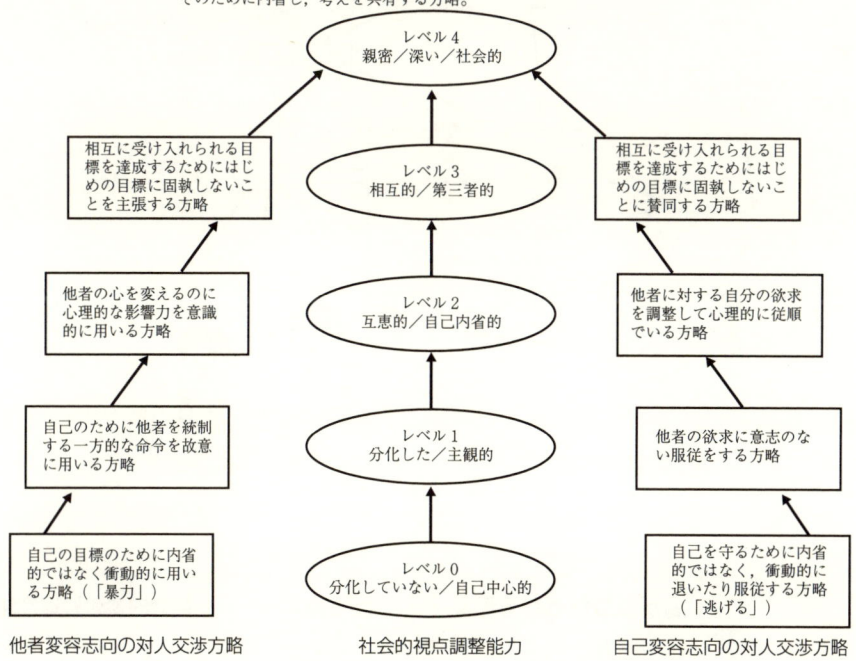

```
                          レベル4
                       親密／深い／社会的
                              ↑
   相互に受け入れられる目                      相互に受け入れられる目
   標を達成するためにはじ      レベル3         標を達成するためにはじ
   めの目標に固執しないこ   相互的／第三者的    めの目標に固執しないこ
   とを主張する方略                           とに賛同する方略
                              ↑
   他者の心を変えるのに                       他者に対する自分の欲求
   心理的な影響力を意識      レベル2           を調整して心理的に従順
   的に用いる方略         互恵的／自己内省的    でいる方略
                              ↑
   自己のために他者を統制     レベル1          他者の欲求に意志のな
   する一方的な命令を故意   分化した／主観的    い服従をする方略
   に用いる方略
                              ↑
   自己の目標のために内省                     自己を守るために内省
   的ではなく衝動的に用い    レベル0          的ではなく，衝動的に
   る方略（「暴力」）      分化していない／     退いたり服従する方略
                           自己中心的        （「逃げる」）

   他者変容志向の対人交渉略  社会的視点調整能力   自己変容志向の対人交渉略
```

　こうした認知能力の発達段階は，対人葛藤を解決する方法（**対人交渉方略**）にも影響を与える。対人交渉方略には，他者変容志向と自己変容志向があり，社会的視点調整能力が低いレベルにあると他者変容志向の者は'暴力'といった行動をとり，自己変容志向の者は，'逃げる'といった行動で解決しようとする。しかし，高いレベルに変化すると，志向性の相違はやがてなくなり，'話し合い'で解決するという賢明な方略を選択するようになる。

対人交渉方略：
個人が他者との相互関係において，互いの要求が対立するとき，個人の要求を満たそうとするために使用される手段

社会的情報処理理論（渡辺, 2001）

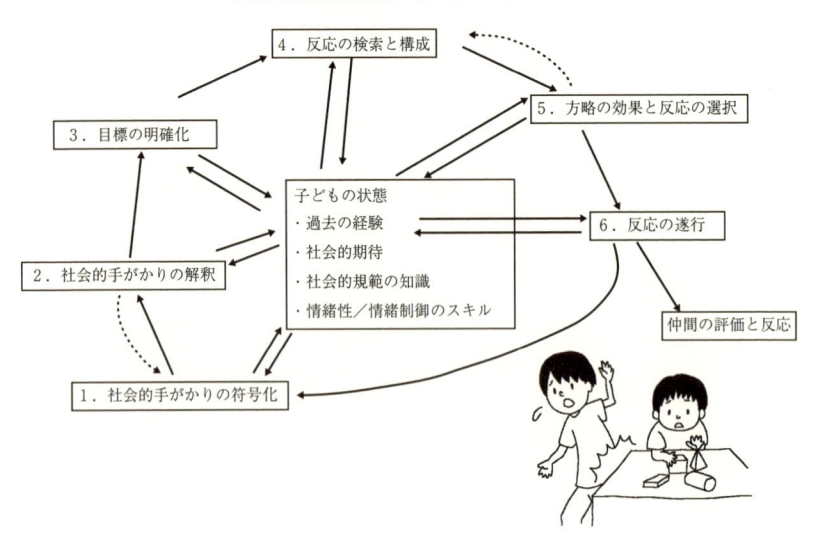

```
                    4．反応の検索と構成
                        ↑        ↘
   3．目標の明確化              5．方略の効果と反応の選択
         ↑  ↓                      ↑  ↓
                 子どもの状態
                 ・過去の経験
                 ・社会的期待         6．反応の遂行
   2．社会的手がかりの解釈  ・社会的規範の知識
                 ・情緒性／情緒制御のスキル
         ↑                            ↓
                                仲間の評価と反応
   1．社会的手がかりの符号化
```

肩がぶつかったら怒る？それとも謝る？── 社会的情報処理理論

対人葛藤の解決に，攻撃行動を選ぶ子どもと選ばない子どもとの違いはなんだろう。その違いを説明する理論の１つに，「**社会的情報処理**理論」がある。たとえば，教室で積み木をしており，もうすぐ完成というときに，机のわきを通った友達の足が机に当たり，積み木がめちゃくちゃになったら，子どもたちはどのように反応するだろうか。上図に示すように，問題が生じ，解決するための行動までに，いくつもの情報処理のステップがあると考える。

状況からの手がかりが符号化され（積み木がどれくらい崩れたかなど），解釈（わざとしたのかどうか），友達関係の目標（仲良くしていきたい），そして解決行動（どのような行動を実行するか），といったステップである。内側の円には，過去の経験や知識，情報制御のためのスキルなどが想定され，これが情報処理ステップの各部分に影響を与えていると考えられる。

社会的情報処理：対人相互作用において個人内で展開される社会的行動を認知的に制御するメカニズムのこと

Ⓐ ソシオマトリックス (渡辺, 1996 から作成)

	選択者 A	B	C	D	E	F	G	H	I	J	被選択数	被排斥数
被選択者 A		◎	◎		×						2	1
B	◎										2	0
C	◎	◎		◎		×					3	1
D			◎								1	0
E	×		×			◎	◎	○			3	2
F			◎		×						1	1
G					◎	○					2	0
H					○						1	0
I	×		×		×						0	3
J											0	0

◎：相互選択　○：選択　×：排斥

Ⓑ ソシオグラムとコンデンセーション

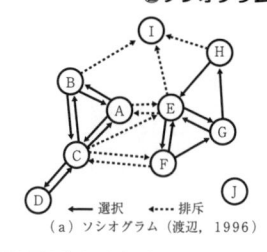

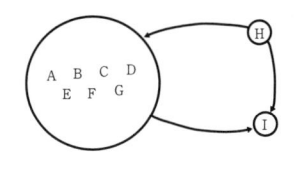

(a) ソシオグラム (渡辺, 1996)　　　　　(b) コンデンセーション (狩野ら, 1990)

←選択　←‥‥排斥

友だち関係がすぐわかる ── 集団の構造

　仲間からの受容と集団内の友だち関係を測る方法として，ソシオメトリックテストがある。多様な方法があるが，一般的に，クラスのなかで「一緒に遊びたい友達」(選択) や「一緒に遊びたくない友達」(排斥) について尋ねられる。3〜5人といった人数を制限する場合もあるが，制限しない場合もある。教師評定との関連も高く，クラス内の社会的地位や集団の構造を測定するうえで妥当性があると考えられる。ソシオメトリックテストから，人気児 (多数から選択，排斥少ない)，拒否児 (多数に排斥され，選択が少ない)，ネグレクト児 (選択および排斥のいずれにもノミネートされることが少ない)，両側面児 (controversial：多数に選択されるが，排斥も多い)，平均児 (選択も排斥もクラスの平均) の5つの群に分けられる。平均児は小学校の場合，おおよそクラスの3分の1割合と報告されている。友だち関係を表す方法としてソシオマトリックス (→Ⓐ) やソシオグラム，**コンデンセーション法** (→Ⓑ) がある。

コンデンセーション法：相互選択関係にあるグループを1つにまとめ，その次にそのグループと相互選択関係にあるグループや個人をまとめていく方法。学級の個性を構造的に捉える

Ⓐ ソーシャルスキルの定義に含まれる特徴
（相川, 2000・Gresham, 1986・Michelson et al, 1983・渡辺, 1996 をもとに作成）

目標：	社会的強化を最大限にする（行動への正の強化：仲間からの受容, 社会的承認を得る）。
機能：	①学習によって獲得される。 ②対人関係のなかで用いられる。 ③社会的スキーマの影響を受ける。
構造：	①言語的・非言語的な行動から成る。 ②働きかけと応答を必要とする。 ③行動は階層的構造をもつ。 ④情報処理過程をもつ（反応の解読から, 遂行結果の評価迄）
評価：	①相互性とタイミングなどの効果性の観点から評価される。 ②不足及び過多を特定化でき適切性の観点から評価される。

人づきあいにコツはあるの？ ── ソーシャルスキル

　ソーシャルスキルの定義には, 能力に焦点を当てた「自己および相手にも互いに価値のある方法で相互作用する能力」「文化的・社会的に受け入れられる対人的目標に向かって, 自己の認知および行動を統合させる能力」もあれば,「他者からの正の反応を最大限に引き出し, 負の反応を回避するような行動」といった行動に焦点を当てた定義などもあり必ずしも一致していない。Ⓐは, これまでの定義の特徴を総合的にまとめているが, ソーシャルスキルが包括的な概念であることが明らかである。いずれの定義も, 対人関係に問題がある場合には, このようなソーシャルスキルが欠けている（未学習）という考えは共通しており, 練習して学ぶことの必要性を強調する。

Ⓑ **ソーシャルスキルの自己評定と他者評定との関係**（谷村・渡辺，2008）

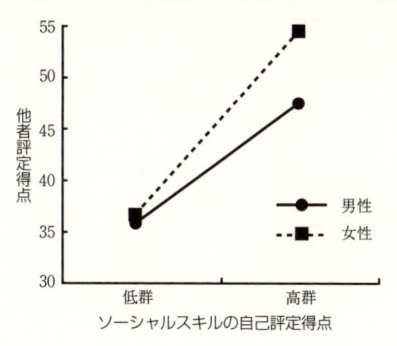

[図：横軸「ソーシャルスキルの自己評定得点」（低群・高群）、縦軸「他者評定得点」（30〜55）、男性（実線）と女性（破線）のプロット]

Ⓒ **行動観察で用いたソーシャルスキル評定のカテゴリー**（田中・相川・小杉，2002）

A「非言語的行動」
①声の大きさ（声の大きさは適当である）
②ことばの明瞭さ（発音や言葉の変化が明瞭である）
③言葉の速さ（適切な速さで話している）
④姿勢（適度にリラックスした姿勢である）
⑤表情（表情豊かである）
⑥身振り（適当な身振りである）
⑦視線（適度に相手を見て話している）

B「自己表現に関わるスキル」
①素直な自己表現（自分の気持ちを素直に表している）
②経験の表示（自分の経験を述べている）
③意見表明（自分の言い分や考えを表している）

C「会話維持に関わるスキル」
①会話への積極的参加（積極的に会話に参加している）
②質問スキル（相手に質問している）
③フィードバックスキル（相手の話に対してコメントしている）
④同意表現（相手の話に対して同意表現がみられる）
⑤否定的態度（相手に対して否定的である：逆転項目）

　定義にもとづいて，ソーシャルスキルの特徴を**アセスメント**する方法が開発されているが，実際には，こうした観点を自己評定尺度で明らかにすることが多い。「友達との約束を守る」などの項目への反応を見るが，社会的望ましさなどが影響することや，約束を守るという行動が実際の行動と対応していない場合も考えられ，必ずしも客観的な評価とはいえない。そのため，仲間評定や教師評定などの他者評価や行動観察などの複数のアセスメントを併用することが望ましい。Ⓑは，大学生において自己評定と初対面場面での対人行動の関連をみた結果であるが，大学生になると主観的判断がほぼ正確であり，行動観察による行動との関連がみられている（→Ⓒ）。

アセスメント： 一般に，査定，評価，判定，所見を意味する言葉で，医学の世界における診断とほぼ同義語である。どのようにかかわるかを決めるために必要な子どもを理解する方法であり，具体的には，観察法，面接法，測定法（質問紙法，投影法，作業検査法）などがある

遊びについてのソシオメトリック得点の変化（渡辺, 2008）

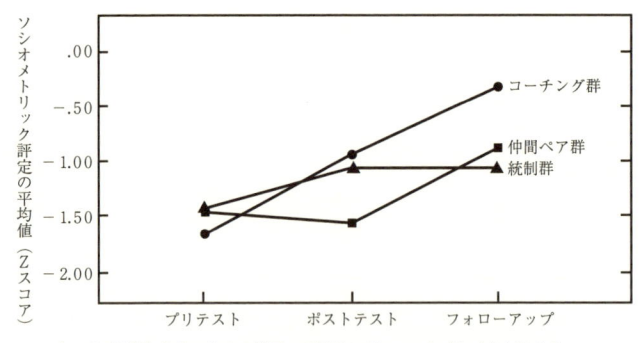

コーチング：目標とするスキルの提示，モデリング，ロールプレイなどによるリハーサル，フィードバック，ホームワーク（般化促進）から構成されるプログラム。オーデンとアーシャーが，児童対象に用いたテクニックが現在の児童・生徒対象SSTの根幹になっている。仲間ペア群および統制群はコーチングなし。

いじめをなくそう —— 予防教育プログラム

インストラクション：ターゲットとするスキルの重要性を具体的に教示する

ギャンググループ：児童期後半（小学校4～6年生）に典型的に生ずる対人関係である。仲間や友人間の同一行動と一体感が重視され，男子に特徴的で徒党を組んで行動するところからギャンググループと呼ばれる

対人関係に問題がある子どもは，ソーシャルスキルに欠けていると考えられ，ソーシャルスキルトレーニング（SST：Social Skills Training）によってソーシャルスキルを学習することができ，仲間関係を改善できる，と考えられている。この考え方は，対人関係の問題を性格のせいにせず，学習によって改善できるという意欲を子どもたちに喚起できる。また，具体的なプログラムがあることから教師が取り組みやすいというメリットがあり，近年，学校教育で，開発予防型の教育として活発に取り入れられるようになった。SSTの基本的なプログラム構成は，「**インストラクション**」「モデリング」「ロールプレイ」「リハーサル」「フィードバック」「ホームワーク」といった流れから構成されている（p. 202参照）。

心理的要因の学校段階・男女別得点と標準偏差 (柴橋，2004)

		中学		高校		分散分析結果	
		男子	女子	男子	女子	学校段階差	性差
I	安心感	4.01 (0.74)	4.34 (0.81)	3.40 (0.70)	4.56 (0.71)	n.s.	男＜女**
II	配慮・熟慮	4.51 (0.81)	4.81 (0.70)	4.38 (0.79)	4.70 (0.63)	高＜中**	男＜女**
III	率直さへの肯定感	4.66 (0.70)	4.99 (0.69)	4.85 (0.72)	5.16 (0.63)	中＜高**	男＜女**
IV	スキル不安	3.87 (1.12)	4.14 (1.20)	3.66 (1.17)	3.96 (1.15)	高＜中**	男＜女**
V	支配欲求	2.57 (0.91)	2.49 (0.90)	2.87 (0.99)	2.27 (0.86)	n.s.	女＜男**

**$p<.01$

中学生は高校生よりも友だちへの「配慮や熟慮」「スキル不安」が高いが，高校生は「率直さへの肯定感」が高く，自己信頼感の高まりが関係していると考えられる。

なぜ仲間をつくるのか ── 友人関係の変化

思春期から青年期の友だち関係の発達段階として，大きく3つの段階がある。小学校高学年頃は，同じ行動をすることによって一体感が得られ，ギャングのように徒党を組むので，**ギャンググループ**（gang）という。仲間集団による承認が，加齢とともに重要になる。中学生になると，互いの共通点を言葉で確かめ合い，一体感を得るグループを形成する。これを**チャムグループ**（chum）という。仲間に対する絶対的な忠誠心が生まれる。高校生になると，互いの価値観や，将来の生き方などを語り合い，互いの相違点もぶつけあうようになる。こうした違いを乗り越えることで自立した個人として互いに尊重し合うようになる。このグループを**ピアグループ**（peer）という。上表からも，高校生は中学生よりも各自の気持ちや考えを大切にし，互いに率直であることに価値をおいていることがわかる。

チャムグループ：サリバンの概念で，青年期前半（中学生）に特徴的な人間関係。同質あるいは共通なものを共有すること（共通の秘密）を確認しあうことで親密さを保持しようとする同性同輩集団

ピアグループ：青年期での自立した個人として，互いに尊重することができるような人間関係である。相手の立場や考え方への配慮が発達することによって生ずる相互的な信頼関係を基礎とした友人関係

■設問
1. ゲームや携帯など，遊びやコミュニケーションのためのツールの変化は友だち関係にどのような影響を与えるか，考えてみよう。
2. 親子関係がうまくいかないと，友人関係にどのような影響を与えるか。
3. いじめるべきではないと考える子どもたちは多いが，実際にいじめは少なくならない。このように，認知と行動のずれが生じるのはなぜか。

■回答のポイント
1. 携帯によりコミュニケーションが便利になる一方で，対面でないがゆえの問題も考えられる。ツールの変化による良い面と悪い面の双方を考える。
2. 親子関係がすべての人間関係の基盤にあるのか，あるいは，親子関係につまずいても望ましい友人関係が築けるのかについて考えてみる。
3. 頭でルールや望ましいことがわかりながら，実際に行動にうつせない原因として，感情や動機づけなどに焦点を当てて考えてみる。

参考文献
平石賢二（2007）．青年期の親子間のコミュニケーション　ナカニシヤ出版
髙橋たまき（1984）．乳幼児の遊び　新曜社
高辻千恵著（2008）．6-1 レジリエンス　渡辺弥生・伊藤順子・杉村伸一郎（編）原著で学ぶ社会性の発達　ナカニシヤ出版
渡辺弥生（2001）．ＶＬＦによる思いやり育成プログラム　図書文化社
山崎勝之・島井哲志（2002）．攻撃性の行動科学　ナカニシヤ出版
狩野素郎・田崎敏昭（1990）．学級集団理解の社会心理学　ナカニシヤ出版
榎本淳子（2003）．青年期の友人関係の発達的変化－友人関係における活動・感情・欲求と適応　風間書房
谷村圭介・渡辺弥生（2008）．大学生におけるソーシャルスキルの自己認知と初対面場面での対人行動との関係　教育心理学研究，56, 364-375.
渡辺弥生・小林朋子（2009）．10代を育てるソーシャルスキル教育の理論と実践　北樹出版

9章　頭が良いってどういうこと？
■知能と社会的知能の発達

「頭の良さ」は1つに集約できるのか
知能を計って数値であらわす
IQは変わらないか
IQが高いとどんな未来が？
IQの個人差を生むもの
本当の「賢さ」を求めて1－使える知能
本当の「賢さ」を求めて2－多様な知能
本当の「賢さ」を求めて3－感情の知能
知　恵

2因子モデル（Spearman, 1927）

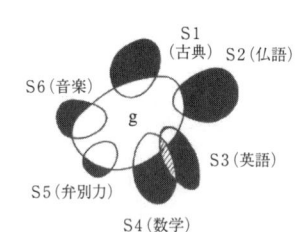

g：一般知能因子
S：特殊知能因子
各教科の楕円と中心のgが重なっている部分は，各テストが一般知能を所有している割合を表す

構造モデル（Guilford, 1959・1988）

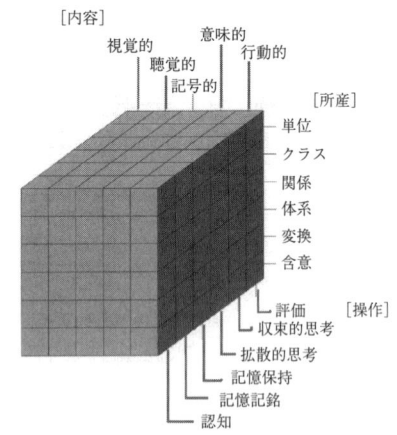

[内容] 視覚的／聴覚的／記号的／意味的／行動的
[所産] 単位／クラス／関係／体系／変換／含意
[操作] 評価／収束的思考／拡散的思考／記憶保持／記憶記銘／認知

知能検査項目は全てこの3次元の組合せで表現されるとしている。たとえば，ウェクスラー知能検査の「類似」の問題（猫と犬はどういうところが似ているか，を問うような問題）であれば，内容→意味，操作→評価，所産→関係となる

「頭の良さ」は1つに集約できるのか ── 知能の構造

　知能とは，推論し，計画を立て，問題を解決し，抽象的に考え，複雑な考えを理解し，すばやく学習する，あるいは経験から学習するための能力を含む一般的な知的能力である（Gottfredson, 1997）。

　知能は，全体的な1つの特性なのか，それとも多くの異なる能力の集合なのか。スピアマンが一般知能という考えを示して以来，この問いに関して多くの**因子分析**研究が行われてきた。

　スピアマンは教科の成績間の相関を検討し，知能が一般知能gと様々な特殊知能sからなるという2因子モデルを提唱した。一般知能gの存在に否定的な立場として，サーストンは**7因子モデル**を提唱した。また，ギルフォードは知能を3次元で表現する知能の構造モデルを示した。3次元は，内容，操作，所産であり，その組合せで当初は120因子，後に180因子を想定している。しかし，その妥当性は実証されていない。

因子分析：変数間の相関行列にもとづいて，その相関関係を規定している潜在因子を抽出する解析法

7因子モデル：知能は独立した7つの因子（言語，数，空間，語の流暢性，記憶，推理，知覚の速さ）からなるとされる

キャロルの3層モデル (Brody, 1994)

```
                        一般知能因子g
    ┌────┬────┬────┬────┼────┬────┬────┬────┐
  流動性  結晶性  一般的  視覚  聴覚  検索  認知  処理
  知能   知能   記憶と  能力  能力  能力  速度  速度
              学習
    │     │     │     │     │     │     │     │
  逐次的  語彙知識 記憶ス  視覚化  音声弁別 創造性  知覚速度 単純な
  推理         パン                            反応時間
  帰納的  言語理解 連合記憶 空間関係 音の弁別 観念化の 数的能力 選択反応
  推理                            流暢性         時間
  計量的  文字理解        閉合速度       命名力         意味処理
  推理                                          の速度
```

一般知能gを頂点とするピラミッド型。第2層に8つの能力, これは左にあるものほどgとの関係が強い。最下層は狭い範囲の能力である

　キャッテルとホーンは, 一般知能は結晶性知能と流動性知能の2つの因子からなることを示した。流動性知能とは, 情報を知覚し操作する能力で, 情報の記号化・記憶・推理・処理速度などに関わり, 成人期以降減少する。結晶性知能とは, 言語的メッセージの解読・観念の識別・知識の保存・社会的事態への対処などに関わる能力で, 生涯にわたり増加する。流動性知能は特定知識を必要としないのに対し, 結晶性知能は文化や教育の影響を受ける。

　キャロルは, 20世紀の知能の因子分析研究を見直し, 一定水準の研究のデータを全て再分析した結果, 一般知能gを最上層とする3層構造の知能モデルを見出した。このモデルは, 知能の因子分析的研究の集大成であり, 複数の知能検査のデータを分析すると, ほとんどの場合これと同様の3層構造が得られる（ディアリ, 2004）。

　現在, キャロルのモデルはキャッテルとホーンのモデルと統合され, C-H-C（キャッテル-ホーン-キャロル）理論として展開されている。

ビネー検査 1908 年版の検査内容の例 （中村・大川，2003 一部引用）

年齢	問題番号	問題
6歳	15	文章の復唱
	16	2つの顔の美の比較
	17	身近な事物の用途による定義
	18	同時になされた3つの命令の実行
	19	自分の年齢を言う
	20	午前と午後の区別
7歳	21	絵の欠けている部分の指摘
	22	手指の数を言う
	23	手本の文の模写
	24	三角型とひし形の模写
	25	5数詞の反唱
	26	絵の内容の叙述
	27	13個の効果の数え方
	28	4種の通貨の名称

正規分布

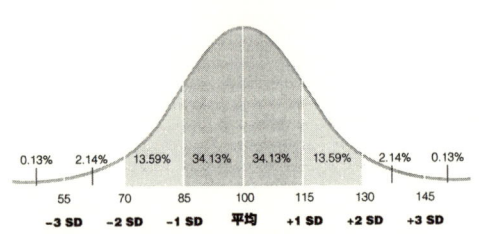

0.13%　2.14%　13.59%　34.13%　34.13%　13.59%　2.14%　0.13%
55　　70　　85　　100　　115　　130　　145
-3 SD　-2 SD　-1 SD　平均　+1 SD　+2 SD　+3 SD

ウェクスラー式知能検査では，IQは平均100，標準偏差（SD）15に設定されているので，85〜115の範囲に約68％の人がはいる

IQ(Intelligence Quotient)の算出式：精神年齢(MA)／生活年齢(CA)×100である。ただし，1960年版より，スタンフォード・ビネー検査ではこの比率を使用せず，偏差IQを用いている。なお，田中ビネー検査（第5版）では2〜13歳については従来のIQを，14歳以上については偏差IQを用いている

偏差IQ=（個人の得点－母集団の平均）／母集団での標準偏差×15+100

知能を計って数値であらわす——
IQと知能検査：ビネー，ウェクスラー，K-ABC

1905年フランスのビネーとシモンは通常の教育に適応しない児童の識別のために，難易度別に多様な課題を並べた検査を作成した。最初の知能検査である。改訂版（1908）ではさらに，6歳児の75％が正答した問題を6歳級の項目というように，検査項目を年齢尺度として構成し，精神年齢が算出されるようになった。ビネー検査にもとづきアメリカでターマンによりスタンフォード・ビネー検査が作られ，精神年齢と生活年齢の比による **IQの算出式** が採用された。

ウェクスラーは，言語性検査と動作性検査からなる診断的知能検査を開発した。**ウェクスラー式知能検査** では，従来のIQに代わり，同年齢集団のなかでの個人の検査得点の位置を表す **偏差IQ** が用いられ，言語性IQと動作性IQが算出される。

9章 頭が良いってどういうこと？

WISC-Ⅲの下位検査の構成

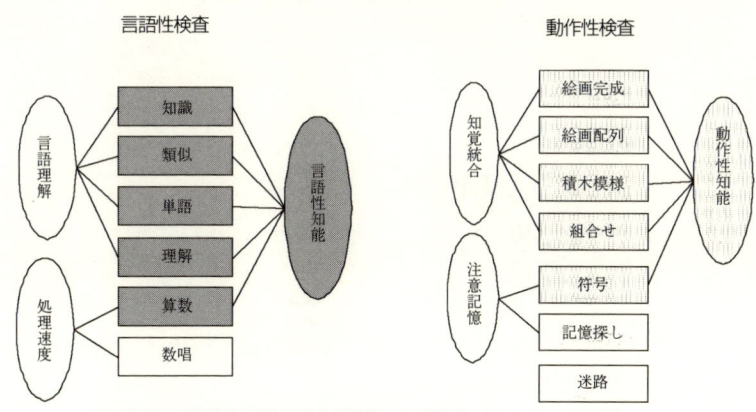

言語性検査

- 言語理解 ← 知識、類似、単語、理解、算数 → 言語性知能
- 処理速度 ← 数唱

動作性検査

- 知覚統合 ← 絵画完成、絵画配列、積木模様、組合せ → 動作性知能
- 注意記憶 ← 符号、記憶探し、迷路

WISC-Ⅲの下位検査の評価点から言語性IQ、動作性IQのほか、4つの群指数（言語理解、知覚統合、注意記憶、処理速度）が求められる

K-ABCの尺度構成（カウフマン＆カウフマン、1993）

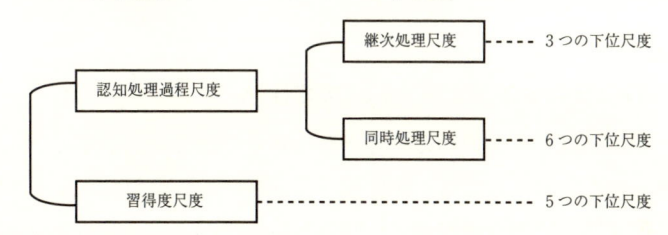

- 認知処理過程尺度
  - 継次処理尺度 …… 3つの下位尺度
  - 同時処理尺度 …… 6つの下位尺度
- 習得度尺度 …… 5つの下位尺度

　カウフマンは，認知理論にもとづいて知的能力のアセスメントバッテリー（K-ABC）を作成した。これは，認知処理能力と，それを用いて得られた知識と技能の習得度とを区別して測定する。認知処理過程には，同時処理と継次処理の2つがあり，同時処理は，一度に複数の情報を統合し，全体的なまとまりとして処理するもので，継次処理は情報を系列的に処理するものである。これらの尺度得点から個人の能力の特徴を評価し，適切な教授・学習の在り方を見出そうとする。

　最新版のスタンフォード・ビネー検査，ウェクスラー検査もそれぞれ知的能力をいくつかの群指数で表すようになっており，近年の知能検査は，能力の個人内差の測定と表示に主眼をおいていると言える。

ウェクスラー式知能検査の種類：ウェクスラー式知能検査は対象年齢ごとに，幼児用（WPPSI），児童用（WISC），成人用（WAIS）がある

**1921年生まれのスコットランド人11歳時と80歳時のIQ
スコアの分布**（Deary et al., 2004）

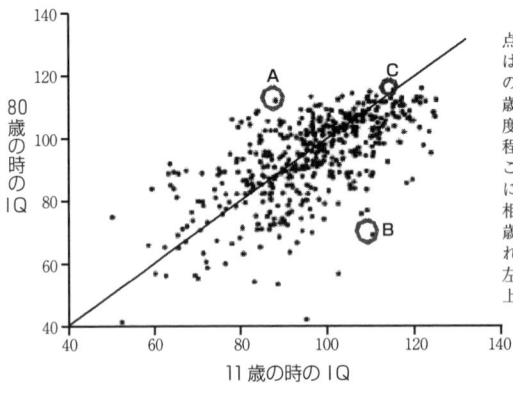

点は1人ひとりのデータを示している。Aの人は11歳の時はIQが90強であったが、80歳の時は120と上昇している。一方、Bの人は、11歳時に120弱であったのが、80歳時には70程度に低下している。Cの人はいずれの時期も120程度で変化がない。
このように、個々人については変化の有無や方向にはばらつきがあるが、集団全体として見た時に、相対的な位置として、11歳時に高かった人は80歳時にも高いという右肩上がりの分布傾向が示されている。
左図では相関係数は.66である。全ての点が直線上に位置した場合、相関係数は1.0となる。

IQは変わらないか —— IQの安定性

たとえば幼稚園の頃にIQが高かった子どもは、中学校でも、あるいは大人になっても、年を取っても高いままなのだろうか。同じ人を追跡し、異なる年齢で繰り返し検査を行い、検査結果の相関を分析することで、この問に答えることができる。

学齢期以降の様々な時点間で、高い相関が報告されている。たとえば、6〜7歳と17〜18歳の間で.86、12〜13歳と17〜18歳の間で.96である（Moffitt et al, 1993）。また、ディアリらの研究では、11歳時と80歳時の**相関係数**は、.70程度の高い数値であった。このようにIQの個人差、すなわち集団内での位置づけは、一生を通じて安定性が高いことが示されている。

集団としてはこのような高い安定性が示されていると同時に、個人個人では大きく変化することもある。幼児期・児童期にIQが上昇する子どもと低下する子どもでは、親の養育態度や子どもに対する関心に違いがあることが示唆されている（McCall et al, 1973）。

相関係数：2つの変数（得点）間の直線的関係の強さおよびその方向を表す。相関係数がとり得る値の範囲は−1から1である。一方の変数に関連して他方の変数の値が上がる場合、相関係数はプラスになり、下がる場合はマイナスになる。絶対値の1に近いほど、関係が強く、0に近いと関係は弱い、あるいはない

ＩＱとの相関（Neisser et al., 1996 より作図）

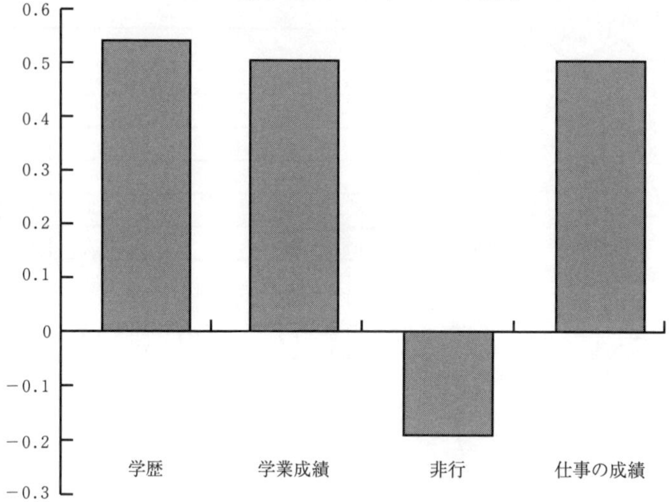

IQ が高いとどんな未来が？ —— IQ と学力，職業，適応との関係

ＩＱは何を予測するのだろうか。ＩＱと学校関連の変数については多くの研究が行われており，学業成績との相関は概ね.50 程度であること，小学校低学年時のＩＱと将来の学歴との相関は.55 であることが示されている。一方，非行のような社会的適応との関係は，−.17 と低く，また，不安や恐怖症など精神疾患との相関はない。

ＩＱと学力の相関が.50 程度ということは，ＩＱの個人差が学力の個人差の 25％を説明するということである。残りの 75％については，人格特性や興味などの個人要因や教育の在り方などの要因が影響するだろう。実際に，学校教育とＩＱの関係は双方向的である。教育を受けることでＩＱが上昇するし，また，ＩＱの高い子はドロップアウトしにくいため教育年数が長くなる。さらに，どのような知能観をもつかによって，学習行動が異なり，結果として学力向上の程度が異なることも示されている（ドウェックの研究，10 章参照）。

〔補足〕
学業不振：知能などから推測される潜在的な学習能力に比べて，学業成績が著しく低い場合を指す。学力偏差値と知能偏差値を用いて判断される

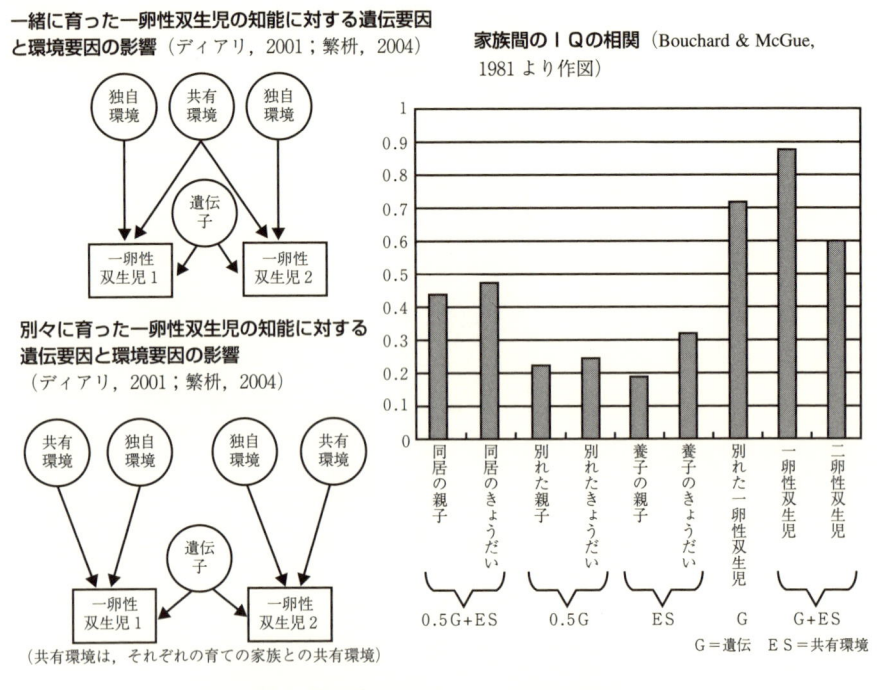

一緒に育った一卵性双生児の知能に対する遺伝要因と環境要因の影響（ディアリ, 2001；繁枡, 2004）

別々に育った一卵性双生児の知能に対する遺伝要因と環境要因の影響
（ディアリ, 2001；繁枡, 2004）
（共有環境は、それぞれの育ての家族との共有環境）

家族間のIQの相関（Bouchard & McGue, 1981 より作図）

G＝遺伝　ES＝共有環境

IQの個人差を生むもの ── 遺伝と環境

　ある人は他の人よりも知能が高い、あるいは低いという知能の個人差には、どの程度遺伝が影響しているのだろうか。家族メンバー間のIQの類似性の研究、特に双生児や養子を対象とした研究が、知能の個人差に対する遺伝と環境の影響の程度を明らかにしようとする。

　遺伝子の類似度は一卵性双生児で100％、親子では50％、二卵性双生児やきょうだいでは平均50％である。同じ家庭に生活する者同士は、家庭環境（物理的環境、生活習慣、雰囲気など）を共有する。これを共有環境という。家族の各自が家庭の内外で独自にもつ経験を独自環境（非共有環境）という。様々な家族メンバー間のIQの相関を用いて、IQの個人差に対する遺伝、共有環境、独自環境の寄与率を推定することができる。そのような研究の結果、年齢によってIQの遺伝率および共有環境の影響が異なることが示されている。

〔補足〕
行動遺伝学：双生児法や養子法を用いて、認知能力やパーソナリティなどの個人差に及ぼす遺伝的影響を量的に推定する

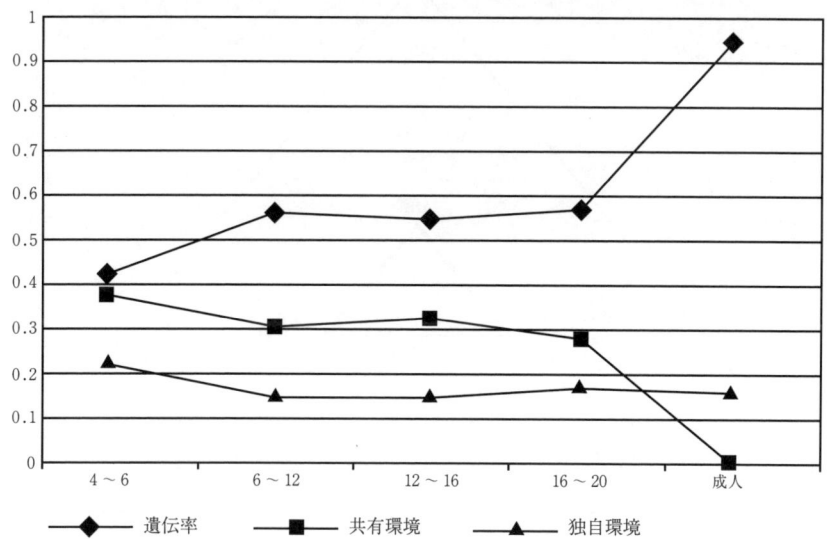

IQの個人差に対する遺伝，共有環境，独自環境の寄与率の発達変化 （McGue et al., 1993）

| | 4〜6 | 6〜12 | 12〜16 | 16〜20 | 成人 |

◆ 遺伝率　　■ 共有環境　　▲ 独自環境

　幼児期から児童期にかけて遺伝率は増加し，共有環境の寄与率は減少する。成人期にいたって，IQの個人差に対する共有環境の影響はほとんど無くなり，遺伝によって説明される程度が大きくなる。家庭環境とIQの関係に関する研究でも，幼児期に比べて児童期における両者の関連は弱いことが示されている。

　コールドウェルとブラッドリーはIQに対する家庭環境の影響を，家庭環境チェックリスト（HOME）を用いて検討した。乳児期では，身体環境が整備され日々の刺激が多様であることが，また，幼児期では，暖かさ，言語・学習行動への刺激および適切な遊具の用意が，認知テストの得点と関連していた。しかし，HOMEとIQの関連性は，児童期中期には弱まる。子どもが家庭以外で過ごす時間が増えることを反映するのだろう。また，HOMEとIQの相関は，養子家庭の場合は実子家庭の場合よりも低いことも報告されており，家庭環境と知能の関連性そのものが，遺伝の影響を受けることを示唆している。

スタンバーグの鼎立理論

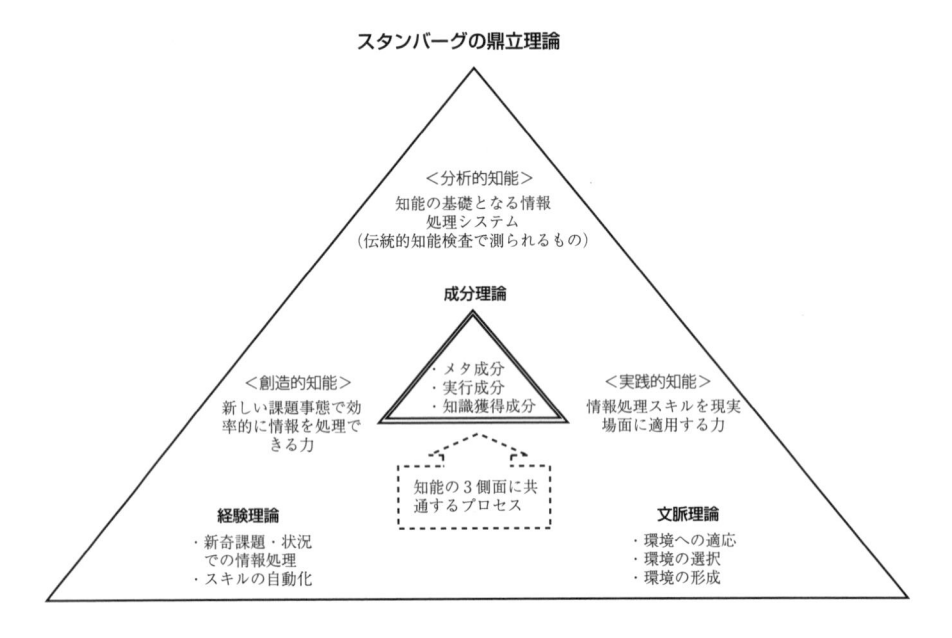

```
              <分析的知能>
           知能の基礎となる情報
              処理システム
       (伝統的知能検査で測られるもの)

              成分理論
               ・メタ成分
               ・実行成分
  <創造的知能>  ・知識獲得成分   <実践的知能>
  新しい課題事態で効              情報処理スキルを現実
  率的に情報を処理で              場面に適用する力
  きる力
              知の3側面に共
              通するプロセス

    経験理論                      文脈理論
  ・新奇課題・状況                ・環境への適応
   での情報処理                   ・環境の選択
  ・スキルの自動化                ・環境の形成
```

本当の「賢さ」を求めて1－使える知能 ── スタンバーグの理論

〔補足〕
STAT(Sternberg Triarchic Abilities Test)：スタンバーグが開発した知能の3側面を測定する検査。各4つの下位検査で構成される。4つのうち1つは論述式で、3つは言語、数量、図的検査である。たとえば、実践的知能の図的検査は、ルートのナビゲーション課題である

　スタンバーグは、知能には分析的知能、創造的知能、実践的知能の3つの側面があり、そのバランスが重要であるとする、独自の知能理論を提案した。鼎立理論（Triarchic Theory）とよばれ、3つの知能それぞれの詳細に関する下位理論からなる。

　1つ目の成分理論は、知的活動の根底にある情報処理スキルの詳細に関するもので、従来の知能観に該当する。情報処理スキルの主要な要素はメタ認知、方略の適用、知識獲得であり、これは3つの知能全てに共通するプロセスである。2つ目の経験理論は創造的知能に関する。新奇な状況において情報をよりうまく処理する能力や、すばやく学習し方略を自動化する能力を説明する。3つ目の文脈理論は、実践的知能に関する。情報処理スキルを各自の必要性や日常生活の要請に見合うように適用する、すなわち環境へ適応する能力だけでなく、必要に応じて環境を選択したり変えたりする能力がこれにあたる。

多重知能の種類と内容

多重知能の種類	内容	関係する職業
言語的知能	言語や言葉を探求する情熱，これらを習得し愛する能力	詩人，作家，言語学者
論理－数学的知能	物質や抽象的な物に取り組み評価する能力，物質や抽象的な物の関係及びその根底にある原則を認識する能力	数学者，科学者
音楽的知能	曲を作ったり演奏する能力，音楽を聴いて認識する能力	作曲家，指揮者，音楽評論家
空間的知能	視覚的世界を正確に知覚し，それを絵画などに移したり，修正する能力。視覚経験を再生する能力	建築家，芸術家，航空士，チェス・プレイヤー
身体運動的知能	身体の動きをコントロールし組織化する能力，物を巧みに扱う能力	ダンサー，アスリート，俳優
対人的知能	他者の感情や精神状態を把握し，その情報を利用できる能力	精神分析家，政治家，宗教的指導者
個人内知能	自分自身の感情や精神状態を正確に把握し，その情報を利用できる能力	
博物学的知能	自然の物体を認識し分類する能力	生物学者，博物学者

本当の「賢さ」を求めて2－多様な知能 ── ガードナーの多重知能理論

　ガードナーは，知能とは，文化的に価値があるとされる活動のなかで，問題を解決し，創造し，新しい知識を発見することを可能にする能力であると考え，独自の知能理論を提唱した。

　ガードナーのアプローチは従来の測定的な知能研究のように，検査し，得点の分析結果を根拠として知能の構造を考えるという方法をとらない。心理学の他，文化人類学や脳科学の成果，天才や**サバン症候群**など特殊能力者の事例研究などから知能の種類を推論した。彼は一般知能ｇの概念を否定し，領域固有の独立した7つの知能，後に1つ加えて8つの知能があると考えている。ガードナーの考えは，実証的な根拠に欠けることが指摘されているが，教育実践への応用を重視し，多重知能の育成を目指した教育実験の実施などにより，教育場面へ大きな影響を与えている。

サバン症候群：一般知能の発達の遅れと特定領域（絵画，音楽，数学など）の際だった能力を併せもつ

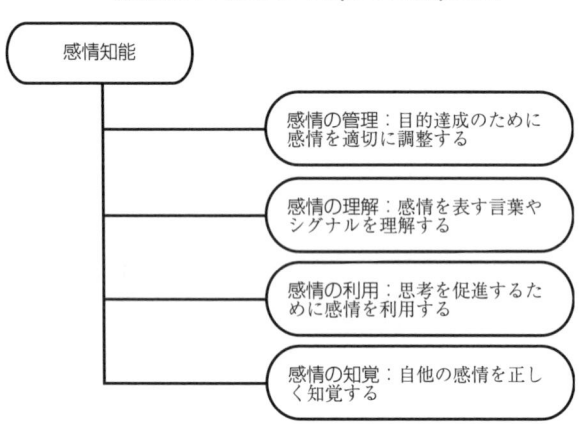

感情知能の4枝モデル（Mayer & Salovey, 1997）

- 感情知能
  - 感情の管理：目的達成のために感情を適切に調整する
  - 感情の理解：感情を表す言葉やシグナルを理解する
  - 感情の利用：思考を促進するために感情を利用する
  - 感情の知覚：自他の感情を正しく知覚する

本当の「賢さ」を求めて3 －感情の知能

〔補足〕
EQ：intelligence quotient（知能指数）をもじった感情知能の略称

　対人関係において，自己や他者の心的状態を的確に知覚，理解し，何かを判断する際にそれらの情報を利用する能力は，社会的知能あるいは対人的知能とよばれる。

　対人的な知性のなかでも，メイヤーらは，特に感情に関わる知性として感情知能（EI；emotional intelligence）の概念を提唱した。自己と他者の感情をモニターし，それらの感情を識別し，感情情報を利用できる能力と定義され，4つの要素で説明される。①自己および他者の感情の知覚，②（思考促進のための）感情の利用，③感情，感情言語，シグナルの理解，④（目標のための）感情の管理である（Mayer & Salovey, 1997）。彼らは感情知能検査を用いて，感情知能がパーソナリティ特性からは比較的に独立した能力であり，社会的適応や仕事上の特定の側面と強い関連があることを示している（Mayer et al., 2008）。

知能の加齢による変化の推定値
(Shaie, 1994)

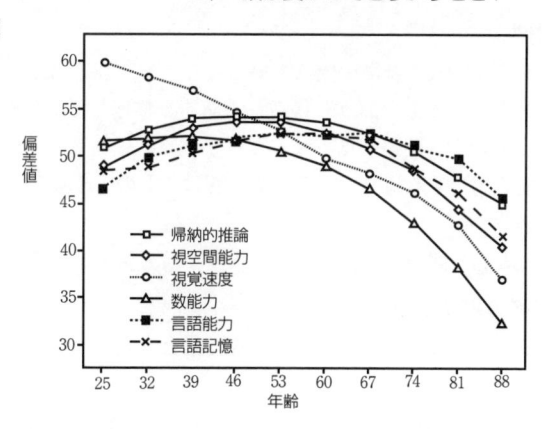

凡例：帰納的推論／視空間能力／視覚速度／数能力／言語能力／言語記憶

知恵課題の成績と知能・人格等の関連 (Baltes & Staudinger, 2000)

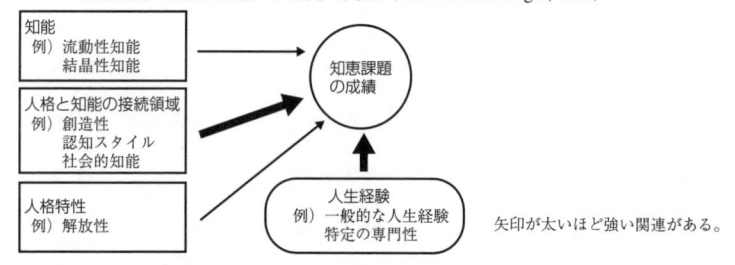

知能
　例）流動性知能
　　　結晶性知能

人格と知能の接続領域
　例）創造性
　　　認知スタイル
　　　社会的知能

人格特性
　例）解放性

人生経験
　例）一般的な人生経験
　　　特定の専門性

→ 知恵課題の成績

矢印が太いほど強い関連がある。

知　恵 —— 老年期の賢さ

　加齢により，知性はどのように変化するのだろうか。結晶性知能は20代から60歳頃までに徐々に上昇し，その後緩やかに低下するが，流動性知能は30代でピークに達した後，60歳まで維持され，その後急激に低下する。

　一方，知能とは別に，特に成人期以降に獲得されると考えられる賢さとして，知恵（wisdom）がある。人生に関する豊かで実際的な熟練した知識体系である。バルテスらは，知恵を，不確実性を含む人生上の問題（人生設計，人生における決断，あるいは人生をどう見直すか（人生の再評価）といった問題）について良い判断をする能力として定義し，それを測定する課題を作成した。知恵課題の成績と知能や人格特性などとの関連を調べた結果から，知恵は知能や人格特性で説明しきれない独自の心的スキルであると述べている。

■設問

1. 知能の高い人の特徴や優れているところを，書き出してみよう。あなたの周りの人にも書き出してもらおう。得られた記述を整理して，1節で述べられた知能の構造と比べてみよう。関連が見られるだろうか。
2. 知能を測定する道具である知能検査は，どのような条件を備えていなければならないだろうか。
3. 知能と脳の関連について，どのような研究結果が得られているか，調べてみよう。

■回答のポイント

1. 知能や頭の良さのとらえ方は，専門家と素人では異なり，また文化によっても異なることが，これまでの研究で示されている。
2. 信頼性，妥当性，標準化の手続きなどの観点から考えよう。
3. 知能検査の得点と脳の大きさ，脳波の特徴などの間の相関が報告されている。

参考文献

安藤寿康（2000）．心はどのように遺伝するか　講談社

Baltes, Paul B. ; Staudinger, Ursula M.（2000）．Wisdom : A metaheuristic（pragmatic）to orchestrate mind and virtue toward excellence. American Psychologist. 55, 122-136.

ハワード・ガードナー（著）松村 暢隆（訳）（2001）．MI：個性を生かす多重知能の理論　新曜社

イアン・ディアリ（著）繁枡算男（訳）（2004）．知能　岩波書店

Mayer, J. D., Salovey, P., & Caruso, D. R.（2008）．Emotional intelligence : New ability or eclectic traits? American Psychologist, 63, 503-517.

村上宣寛（2007）．IQってホントは何なんだ？－知能をめぐる神話と真実　日経BP社

Neisser, U., Boodoo, G., Bouchard Jr., T. J., Boykin, A. W., Brody, N., Ceci, S. J., Halpern, D. F., Loehlin, J. C., Perloff, R., Sternberg, R. J., & Urbina, S.（1996）．Intelligence : Knowns and unknowns. American Psychologist. Vol 51（2），77-101.

ロバート・プロミン（著）安藤寿康・大木秀一（訳）（1990）．遺伝と環境－人間行動遺伝学入門　培風館

サイエンティフィック・アメリカン編集部（1996）．別冊日経サイエンス　知能のミステリー

10章　欲求と意欲の発達
■やる気を育てる教育は

できそうだと思えるか
赤ちゃんが好むもの
砂遊びが好き？それともブランコ？
頭の良さってなに？
自らをコントロールする学習
自分のことは自分でしたい
自律を育てる環境とは
勉強する理由はなに？
人とかかわる意欲の発達
やる気を引き出す授業実践
友だちとの学び
やる気を育てる家庭の役割

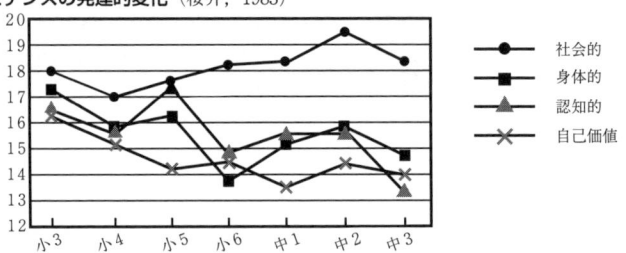

Ⓐ コンピテンスの発達的変化 （桜井, 1983）

（グラフ：小3～中3における「社会的」「身体的」「認知的」「自己価値」コンピテンスの推移）

Ⓑ 生涯発達の各段階における自己概念 （Harter, 1999）

児童期初期	児童期中・後期	青年期	大学生	成人期初期・中期	成人期後期
認知的コンピテンス	学業的コンピテンス	学業的コンピテンス	学業的コンピテンス 知的能力 創造性	知性	認知能力
		職務コンピテンス	職務コンピテンス	職務コンピテンス	職務コンピテンス
身体的コンピテンス 身体的外観 仲間受容	運動的コンピテンス 身体的外観 仲間受容	運動的コンピテンス 身体的外観 仲間受容 親しい友人関係 恋愛関係	運動的コンピテンス 身体的外観 仲間受容 親しい友人関係 恋愛関係 両親との関係	運動的コンピテンス 身体的外観 社交性 親しい友人関係 親密な関係	身体的外観 友人との関係 家族関係
行動的ふるまい	行動的ふるまい	ふるまい／道徳性	道徳性 ユーモアのセンス	道徳性 ユーモアのセンス 養護性 家事の管理 扶養者としての 　　　適切性	道徳性 養護性 自分と家事の管理 扶養者としての 　　　適切性 余暇活動 健康状態 生活満足度 思い出話
	全体的自己価値	全体的自己価値	全体的自己価値	全体的自己価値	全体的自己価値

できそうだと思えるか ── コンピテンスの発達

コンピテンス：
「環境と効果的に相互作用する能力」と定義される（White, 1959）。そこでは何かができるという能力だけでなく、環境との相互交渉において有能さを追求しようとするという動機づけ的な傾向も含まれる点が特徴である。より一般的には、有能感や肯定的な自己評価、効力感などとほぼ同義で扱われる。

子どもが勉強やスポーツを楽しみ、意欲的に取り組むためには、"それができそうだ"という肯定的な感情をもつことが重要である。このような肯定的な自己評価からくる感情を**コンピテンス**とよぶ。コンピテンスにはいくつかの側面があるが、認知（学習への自信）、自己価値（自尊心）などの側面は年齢とともに低下する傾向にあることが示されている（→Ⓐ）。

一生涯に渡って、コンピテンスは重要な役割を果たす。ハーターは生涯発達における重要な自己概念の領域とコンピテンスについてⒷのような段階を提起した。発達段階にともなって、重要となるコンピテンスの側面はより複雑で社会的なものへと変化してゆくと考えられる。

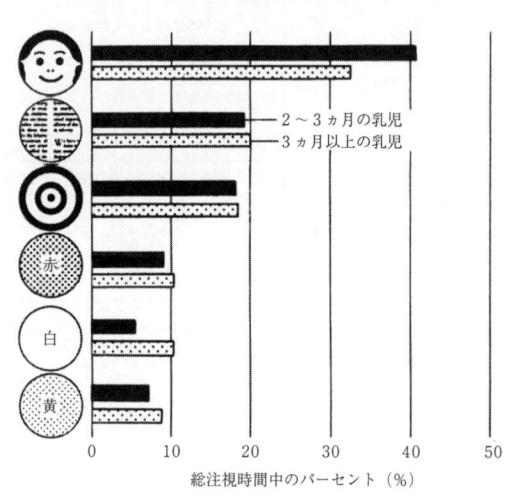

各パターンに対する選好注視（Fantz, 1961）

2〜3ヵ月の乳児
3ヵ月以上の乳児

0　10　20　30　40　50
総注視時間中のパーセント（％）

赤ちゃんが好むもの —— 乳児の興味

　まだ言葉の出ない赤ちゃんは，外界をどのように認識し，何に興味をもっているのだろうか。そのような赤ちゃんの興味を調べた古典的な研究に，ファンツによる**選好注視実験**がある。

　1950年代から1960年代にかけて行われたファンツらの研究では，実験室のなかのベビーベッドに寝かされた乳児に何種類かの刺激パターンが提示される。それに対する注視の時間を測定し，赤ちゃんの"好奇心"の指標であるととらえた。実験の結果，赤ちゃんは単色の刺激よりも模様のある刺激を好み，模様のある刺激よりも新聞の切り抜きや人の顔を模した刺激をより長く注視することが示された。このことから，赤ちゃんは単純なものより複雑な刺激や人の顔に興味をもつという知的好奇心の萌芽をもつことが示唆された。

選好注視実験（選好注視法）：乳児の視覚行動を観察するための手法。ファンツ（Fantz, R. L. 1961）らによって開発された。乳児の眼の前のパネルに2枚の刺激図形を並べて呈示し，乳児がどちらの図形を長く注視するか観察し記録するという手続き

Ⓐ興味研究の概念的枠組み（Krapp, 2002）

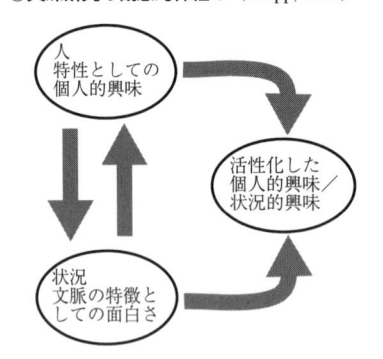

- 人特性としての個人的興味
- 活性化した個人的興味／状況的興味
- 状況 文脈の特徴としての面白さ

Ⓑ興味発達の4段階モデル（Hidi & Renninger, 2006）

第1段階　状況的興味の喚起
①驚きのある，または個人的な重要性のあるテキスト内容や環境特性によって喚起する
②環境が主体となり主に外的に生じる
③小集団活動やパズル，コンピュータなどの学習環境で引き起こされる
④特定の活動に長時間取り組むような個人特性によって生じやすい

第2段階　状況的興味の維持
①課題の有意味さや関与によって持続する
②環境が主体となり主に外的に生じる
③プロジェクト型学習，協同活動，チュータリングなどの学習環境で生じる
④特定の活動に長時間取り組むような個人特性によって生じうる

第3段階　個人的興味の出現
①肯定的感情，知識や価値の蓄積によって特徴づけられる
②自己が主体となるが，友人や熟達者など外からの支援も必要
③学習環境によって促進することが可能
④発達した個人的興味に結びついたり結びつきうる

第4段階　発達した個人的興味
①より肯定的な感情や知識，価値の蓄積があり，以前の経験からある課題への取組みを価値づける
②自己が主体となって主に内的に生じる
③知識構築につながる相互作用や挑戦のような学習機会によってより深化可能

砂遊びが好き？それともブランコ？ ── 興味の発達

　砂遊びが好きな子もいれば，ブランコ乗りに長く興じている子どももいる。興味の対象は子どもにより様々であり，またその後の学校での勉強やスポーツ，友人関係など，興味の対象も年齢に応じて広がってくる。

　興味には，大別して状況的興味（活動や状況に依存した興味）と個人的興味（個人的特性としての興味）があり，それらが互いに影響して課題に対する興味として生起すると考えられる（→Ⓐ）。また最近，興味発達の4段階モデルが提案され，状況的興味から個人的興味に至る4つの過程が概念化されている（→Ⓑ）。学習環境や家庭環境のあり方で興味の発達を促すことが可能であることが示唆される。

能力概念の変化（Dweck, 2002 を一部改変）

	就学前児	7〜8歳	10〜12歳
「能力がある」とはどういうことか	領域混合 （能力が努力や行動などと弁別されていない） 例 『がんばったから頭がいい』	領域特殊的 （能力の概念がやや分化）	能力を弁別 （能力概念が分化） 例『人よりもたくさん正確に回答したから頭がいい』
	・スキルと知識, 到達水準＝能力 ・遂行を予測するものではない	・より内的で規範的基準 ・より安定的, 予測的	・能力, 熟達, 規範的基準 ・目に見えない安定した力
学業成果の影響	・能力評価と関連なし	・能力評価には影響するが動機づけには影響なし	・能力と動機づけの評価に影響
社会的比較	・能力評価に影響なし	・やや影響あり	・能力評価と動機づけに強く影響
能力の自己評価	・高く不正確	・低下, やや正確	・正確
信念や動機づけとの関連	・信念や動機づけとの関連なし	→	・信念や動機づけとの一体化

頭の良さってなに？ ── 能力観

「頭の良さ」とはどのようなことをさすのだろうか。頭の良さ, すなわち能力に関する見方は発達によって異なることが知られている（Dweck, 2002；Nicholls, 1978）。

就学前期の幼児では, 頭の良さに関するはっきりした概念をもたず, 自分の能力に対して総じて高い評価をしがちであるという。たとえばパズルなどのゲームで失敗しても, それを自分の能力のせいだとは考えず, 落ち込みも一時的である。しかし7, 8歳頃になると, 失敗と能力を結びつけて考え, 一度の失敗がその後の遂行にも影響するようになる。とりわけ友だちと比べてできたかどうかに意識が向く傾向が見られる。そして10〜12歳では, 能力とは内的で安定した属性であり, 個々のスキルや知識ではなく"力量"として能力をとらえるようになる。

〔補足〕
社会的比較：社会に適応していくために自分の考えや能力を正しく評価したいという動機があり, 他者との比較を行うこと

自己調整学習における3段階の過程（Schunk & Zimmerman, 1998）

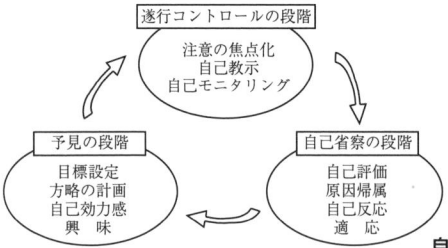

遂行コントロールの段階
- 注意の焦点化
- 自己教示
- 自己モニタリング

予見の段階
- 目標設定
- 方略の計画
- 自己効力感
- 興味

自己省察の段階
- 自己評価
- 原因帰属
- 自己反応
- 適応

自己調整能力の発達（Zimmerman & Schunk, 2001）

発達のレベル	社会からの影響	自己からの影響
観察的レベル	モデル 言葉による説明	
模倣的レベル	社会的ガイダンス フィードバック	
自己制御されたレベル		内的基準 自己強化
自己調整されたレベル		自己調整的なもの 諸過程 自己効力感 信念

自らをコントロールする学習——自己調整能力

　子どもにとって自分自身をコントロールすることは，大事であるが困難な問題でもある。これまで自己調整の発達に関する研究には大別して，がまん強さ（満足遅延）や自己抑制といったパーソナリティとしての側面と，学習における振り返りやリハーサルといった学習方法（方略）の側面の2領域から研究されてきた。ここでは学習における自己調整の問題（自己調整学習）についてみてみよう。

　子どもが自らの学びの過程に能動的，主体的に関与する学習である自己調整学習は，大きく3つのプロセスからとらえられる。「予見」では目標設定や計画など学習の下準備を，「遂行コントロール」では学習中にやり方の考え直しや自分への説明を，「自己省察」では学習成果の自己評価や原因のとらえ方を，それぞれ示しており，それらが影響し合う循環的プロセスと考えられる。

　また，自己調整する能力の発達では，はじめは親や教師，友だちなどの他者の行動を見て真似ることから始まる。しかししだいに自らのものとして学習を制御するようになり，自分自身の信念や評価基準によって実行することが可能になる。

外発から内発へ変容する動機づけの諸段階 (Ryan & Deci, 2002 をもとに作成)

内在化を促す学習環境	動機づけタイプと具体例	動機づけ段階	
	教師からの罰や強制による動機づけ ・やらされるから ・やらないと課題が増えるから	外的動機づけ	自律性低
動機づけの内在化 外的から内発への動機づけの変容	不安や恥による動機づけ ・やらないと不安だから ・バカにされるのがいやだから	取り入れ的動機づけ	
	重要性や必要性による動機づけ ・将来のため必要だから ・自分にとって重要だから	同一化的動機づけ	
	価値観や信念との一致による動機づけ ・自分の価値観に一致しているから	統合的動機づけ	
	興味や関心による動機づけ ・おもしろいから ・挑戦しがいがあるから	内発的動機づけ	自律性高

自分のことは自分でしたい ── 自律的動機づけ

　勉強やクラブ活動，習い事などに自分からすすんで取り組む子どももいれば，親や教師から言われてようやく行動する子もいる。このような内発的動機づけ（興味・関心による意欲）と外発的動機づけ（賞罰や競争による意欲）は，従来対立するものととらえられてきた。しかしデシとライアンは，これらは対立するものではなく，自己決定（自律性）という連続帯上に位置づけられるものであることを提起した。たとえばはじめは親に叱られるから勉強していた子ども（外的動機づけ）も，塾で勉強しないと不安だから（取り入れ的動機づけ），そして勉強は自分の将来のためになるから（同一化的動機づけ）といった異なる動機づけで行動するようになる。自己決定の程度が高くなるほど，自分で適切な課題を選択でき，遂行のレベルも高いという。

〔補足〕
自己決定理論：アメリカの心理学者であるデシとライアンによって提唱される，動機づけの自律性（自らの興味・関心によって行動を決定する程度）を中心として，人間の行動やパーソナリティの発達を概念化した理論

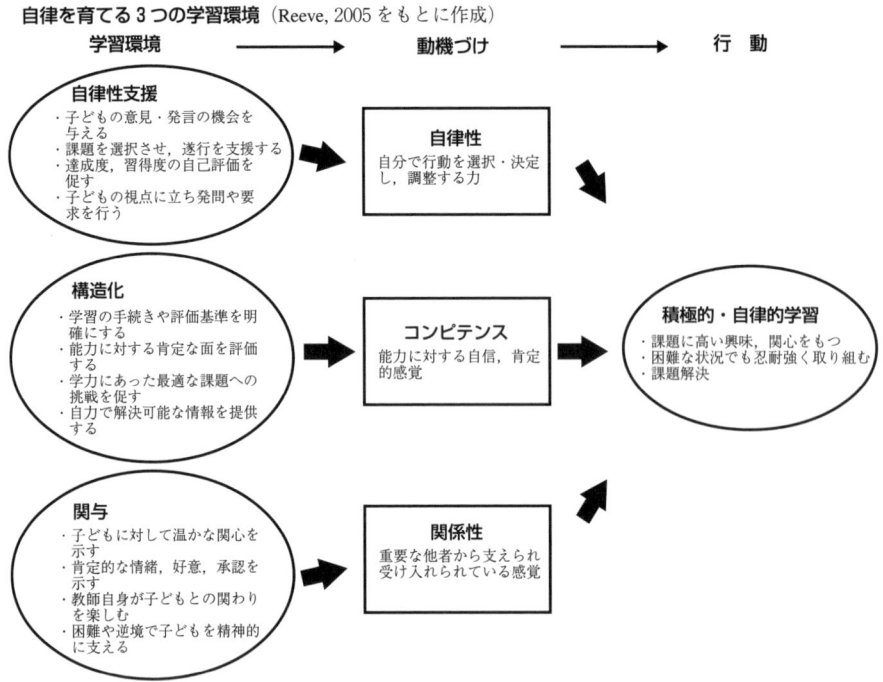

自律を育てる3つの学習環境 (Reeve, 2005をもとに作成)

学習環境 → 動機づけ → 行動

自律性支援
・子どもの意見・発言の機会を与える
・課題を選択させ，遂行を支援する
・達成度，習得度の自己評価を促す
・子どもの視点に立ち発問や要求を行う

構造化
・学習の手続きや評価基準を明確にする
・能力に対する肯定的な面を評価する
・学力にあった最適な課題への挑戦を促す
・自力で解決可能な情報を提供する

関与
・子どもに対して温かな関心を示す
・肯定的な情緒，好意，承認を示す
・教師自身が子どもとの関わりを楽しむ
・困難や逆境で子どもを精神的に支える

自律性
自分で行動を選択・決定し，調整する力

コンピテンス
能力に対する自信，肯定的感覚

関係性
重要な他者から支えられ受け入れられている感覚

積極的・自律的学習
・課題に高い興味，関心をもつ
・困難な状況でも忍耐強く取り組む
・課題解決

自律を育てる環境とは ── 自律性支援

　子どもが自ら学び，それを持続する意欲を育てるにはどうすればよいだろうか。自己決定理論では，自律的な意欲の形成には，上図のように3つの環境要因が重要だという。

　まず自律性支援とは，子どもが自分なりの答えを考えたり意見を述べたりする機会を保障し，子どもの視点に立った発問や働きかけをすることをいう。次に構造化とは，子どもが自分の能力に自信（コンピテンス）をもてるように促すことであり，失敗よりも良かった点をほめる，自分の得意な部分やできる部分に注目させるなどがある。第3に関与とは，重要な他者から支えられているという関係性の感覚を育てる働きかけであり，日ごろから個々の子どもに対してあたたかな関心をもち，肯定的な交流をすることが挙げられる。これらの3つの学習環境のもとで，自律的な学習への意欲が育ってゆく。

Ⓐ **達成目標と達成行動パターン**（Dweck, 1986）

知能観	目標志向	能力に対する自信	行動パターン
固定的 （知能は不変的）	成績目標 （能力に対するよい評価を得、悪い評価を避けることが目標）	高い	熟達志向 （挑戦を避ける・忍耐力のなさ）
		低い	無気力 （挑戦を避ける・忍耐力のなさ）
増大的 （知能は可変的）	学習目標 （能力を高めることが目標）	高いあるいは低い	熟達志向 （挑戦志向・忍耐強さ）

Ⓑ **2×2の達成目標**（Elliot, & McGregor, 2001）

	基準	
	個人内／絶対的	相対的
接近	熟達接近目標 （例：わかるようになりたいから）	遂行接近目標 （例：よい成績がとりたいから）
回避	熟達回避目標 （例：習得できないのがいやだから）	遂行回避目標 （例：無能だと思われたくないから）

勉強する理由はなに？ —— 達成目標理論

　子どもたちが勉強する理由は様々である。ある子は「勉強することが楽しいから」、またある子は「勉強ができるとかっこいいから」と答えるかもしれない。このような学習に向かう理由や目標のことを**達成目標**という。目標は個人がもつ知能観によって規定され、自己の能力評価を媒介として達成行動パターンに影響することが示されてきた（→Ⓐ）。また近年、エリオットらは達成目標には、勉強自体の習得が目標か、成績や競争などそれ以外が目標かという熟達—遂行と、学習の理解や他者からの評価を得るかそれらを避けるかという接近—回避の2次元4目標を提起している（→Ⓑ）。その目標のうち熟達接近目標が、学習課題の選択や持続性、学習方法などとの関連からもっとも望ましい目標であることが知られている。

達成目標：学習やスポーツなどの達成場面で、どのようなことを目的として行動するかに関する考え方のこと

社会的責任目標の尺度項目（中谷，2007）

項目
向社会的目標
1. がっかりしている人がいたら，なぐさめたり，はげましてあげようと思います
2. けがをしたり，ぐあいの悪い人がいたら，保健室につれていこうと思います
3. 友だちが何かにこまっていたら，手助けしようと思います
4. えんぴつや消しゴムをわすれた人には，自分のものをかしてあげようと思います
5. 自分が前にといたことがある問題がわからない友だちがいたら，その問題をとく手助けをしてあげようと思います
6. 勉強のわからない人には，教えてあげようと思います
7. 教科書をわすれた人がいたら，自分のものを見せてあげようと思います
8. 友だちから何かをたのまれたら，それをやってあげようと思います
規範遵守目標
1. 友だちとしゃべりたくなったときも，授業中はがまんするようにします
2. 授業中につかれてきても，授業の終わりまでは先生の話をよく聞くようにします
3. めんどうだと思うときでも，当番の仕事があるときには，それをちゃんとやるようにします
4. 授業中は，他の人のじゃまにならないようにします
5. 宿題をやらずに学校にいくことがあってもよい，と思います(R)
6. 授業で先生にやるようにいわれたことは，めんどうでもちゃんとやるようにします
7. 自習時間ならば，友だちとおしゃべりしてもいいと思います(R)
8. クラスで自分が受け持ったことは，ちゃんとやるようにします
9. 人の悪口を言わないように気をつけます
10. 学校のきまりは，すこしくらいなら守らなくてよい，と思います(R)

社会的責任目標が学業達成に影響を及ぼすプロセス（中谷，2007 から作成）

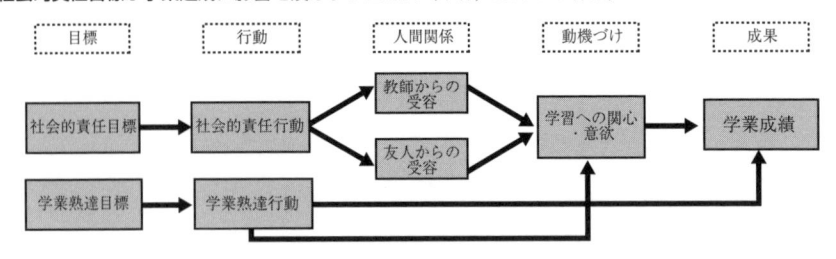

```
[目標]          [行動]           [人間関係]         [動機づけ]        [成果]

社会的責任目標 → 社会的責任行動 → 教師からの受容 ↘
                                                    学習への関心 → 学業成績
                                 友人からの受容 ↗   ・意欲

学業熟達目標 → 学業熟達行動 ─────────────────────────────────↗
```

人とかかわる意欲の発達 —— 社会的目標

　やる気，あるいは意欲の問題は，従来勉強に対する意欲が中心的に扱われてきた。しかし子どもの意欲は，勉強だけでなく，友だち関係や学級での活動，あるいはクラブ活動など様々な対象に向かっており，それらの多面的な目標が子どもの学校適応を形作っている。このような学業的，社会的な目標を考慮する立場を多面的目標研究という。

　社会的目標は，友だちや教師，あるいは教室文脈に対する目標志向性であり，学習に直接，間接に影響する要因である。たとえば「授業中は静かにしていよう」という規範遵守目標をもつ子どもは，教師や友だちから学習面での信頼を得る可能性があり，また授業をとおしてより多くの有意義な情報や価値を獲得するであろう。

増大的知能観を促進する教授介入のプロセス（Dweck & Master, 2008をもとに作成）

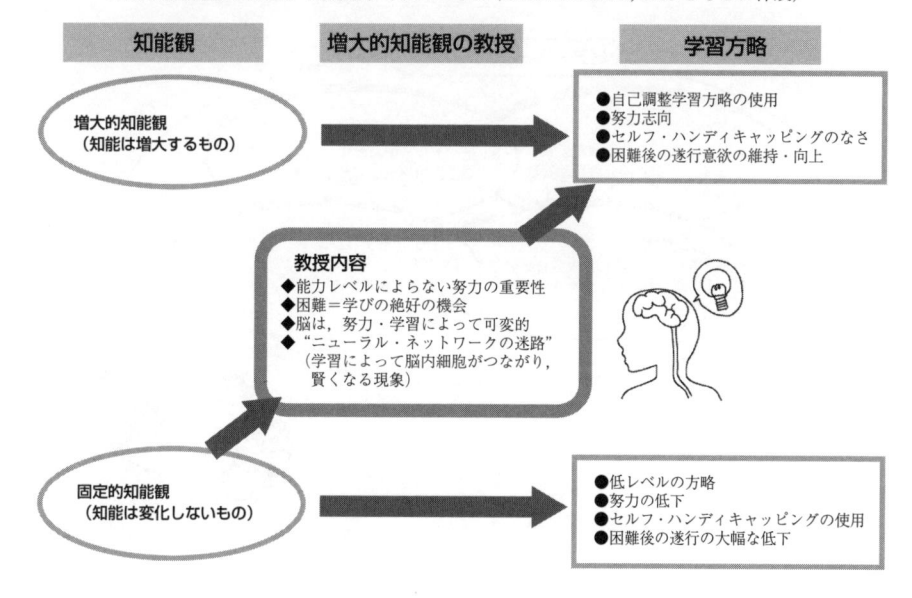

知能観

- 増大的知能観（知能は増大するもの）
- 固定的知能観（知能は変化しないもの）

増大的知能観の教授

教授内容
- ◆能力レベルによらない努力の重要性
- ◆困難＝学びの絶好の機会
- ◆脳は，努力・学習によって可変的
- ◆"ニューラル・ネットワークの迷路"（学習によって脳内細胞がつながり，賢くなる現象）

学習方略

- ●自己調整学習方略の使用
- ●努力志向
- ●セルフ・ハンディキャッピングのなさ
- ●困難後の遂行意欲の維持・向上

- ●低レベルの方略
- ●努力の低下
- ●セルフ・ハンディキャッピングの使用
- ●困難後の遂行の大幅な低下

やる気を引き出す授業実践 —— 増大的知能観

　子どもの学習意欲を高める教育実践にはどのようなものがあるだろうか。ドウェックとマスターは，達成目標理論にもとづいて，学習場面での努力や忍耐強さをもつ学習目標に結びつく知能観である増大的知能観（incremental theory）を促す教育実践を開発し，その効果について検証している。

　頭のよさをどのようにとらえるか，という**知能観**は，固定的知能観と増大的知能観に大別することができる。そのうち「知能は努力しだいで変えることができる」という増大的知能観は，子どもの学習目標の獲得を促し，結果的に困難な問題に忍耐強い取り組みや，より適切で高度な勉強方法の遂行に結びつく。中学1年生の数学を対象とした実験の結果，努力の強調や適切な学習方法を教えることに加えて，脳科学にもとづく脳の仕組みや働きの科学的知見の教授といった介入を行うことによって，学習成績が向上し，「やればできる」という自信が身についたことが明らかにされた。

知能観：ドウェックによれば，知能観には，知能とは生まれつきで固定的だととらえる「固定的知能観」と，知能は努力や行動によって変えられる可変的だととらえる「増大的知能観」の2つがある。上述の介入研究の取り組みは，固定的知能観をもつ子どもに増大的知能観の獲得を促す試みだといえる

ピア・ラーニングのイメージ

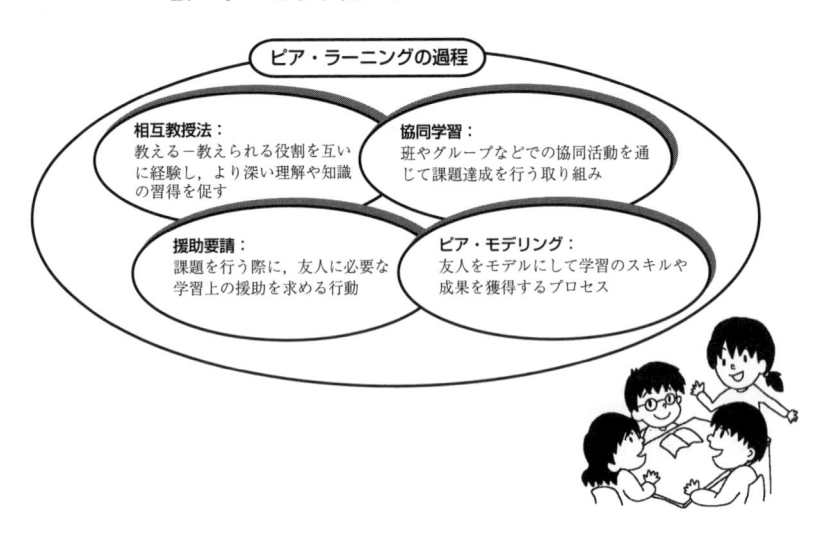

ピア・ラーニングの過程

- **相互教授法**：教える−教えられる役割を互いに経験し，より深い理解や知識の習得を促す
- **協同学習**：班やグループなどでの協同活動を通じて課題達成を行う取り組み
- **援助要請**：課題を行う際に，友人に必要な学習上の援助を求める行動
- **ピア・モデリング**：友人をモデルにして学習のスキルや成果を獲得するプロセス

友だちとの学び ―― ピア・ラーニング

　教室における学びは，子どもが個別に学習に向かうだけでなく，クラスメイトとのかかわりのなかで学びを進めるという，社会的な場で行われている点が特徴である。ピア・ラーニング（Peer Learning）とは，子どもどうしの相互作用を介した学習について包括的に概念化する試みである。これまでの研究では主に，①相互教授（2人1組などで子どもが教師役―生徒役という役割を分担し，互いに教える，教えられる役割を経験することで，課題のより深い理解や知識の習得を促す），②協同学習（班やグループなどでの協同活動を通じて課題達成を行う取り組み），③援助要請（課題を行う際に，友人に必要な学習上の援助を求める行動），④ピア・モデリング（友人をモデルにして学習のスキルや成果を獲得するプロセス）という4つの研究領域から研究が進められており，それらを統合した視点が展開されつつある（たとえば中谷，2007；O'Donnell & King，1999 など）。

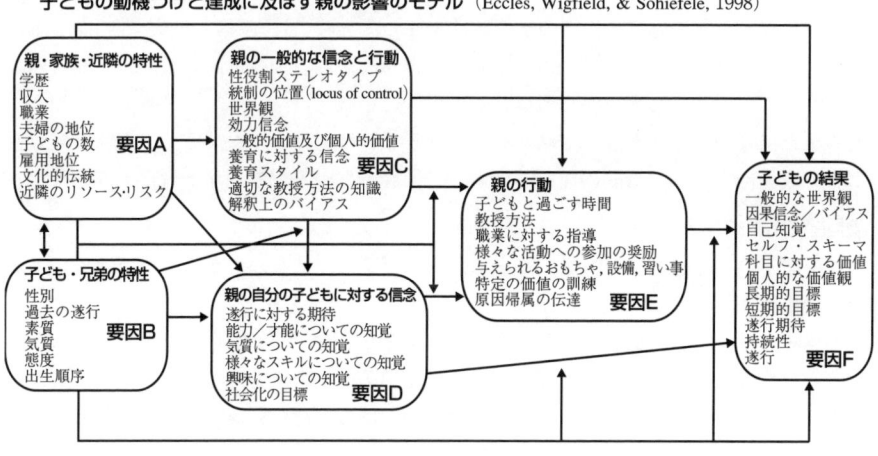

子どもの動機づけと達成に及ぼす親の影響のモデル（Eccles, Wigfield, & Sohiefele, 1998）

親・家族・近隣の特性
学歴
収入
職業
夫婦の地位
子どもの数
雇用地位
文化的伝統
近隣のリソース・リスク
　　　　　　　要因A

親の一般的な信念と行動
性役割ステレオタイプ
統制の位置（locus of control）
世界観
効力信念
一般的価値及び個人的価値
養育に対する信念
養育スタイル
適切な教授方法の知識
解釈上のバイアス
　　　　　　　要因C

子ども・兄弟の特性
性別
過去の遂行
素質
気質
態度
出生順序
　　　　要因B

親の自分の子どもに対する信念
遂行に対する期待
能力／才能についての知覚
気質についての知覚
様々なスキルについての知覚
興味についての知覚
社会化の目標
　　　　　　　要因D

親の行動
子どもと過ごす時間
教授方法
職業に対する指導
様々な活動への参加の奨励
与えられるおもちゃ，設備，習い事
特定の価値の訓練
原因帰属の伝達
　　　　　　　要因E

子どもの結果
一般的な世界観
因果信念／バイアス
自己知覚
セルフ・スキーマ
科目に対する価値
個人的な価値観
長期的目標
短期的目標
遂行期待
持続性
遂行
　　　　要因F

やる気を育てる家庭の役割 ── 親の影響モデル

　子どもの動機づけや達成成果に，親や家庭はどのようなかかわりをもっているだろうか。エクルスらは，子どもの達成動機づけに影響を与える親や家庭の要因について，図のようなモデルを提案している。親，家族の特性（要因A）や子ども，きょうだいの特性（要因B）は，親のもつ信念（要因C）や親がもつ子どもへの信念（要因D）に影響する。またそれらは，親の行動（要因E）を介して子どもの達成成果（要因F）に影響を及ぼす。

　たとえば，宿題が解けずに困っている子どもに対して，「この子は頑張ればできる子だ」と親が有能さを知覚していれば（要因D），子どもに宿題の答えを直接教えるのではなく，考え方やヒントといった解決するための情報を与えること（要因E）で，子どもが自分で思考する力や学習方略を身につけることにつながる（要因F）であろう。

〔補足〕
統制の位置（ローカス・オブ・コントロール）：ロッター（Rotter, J. B. 1966）らが社会的学習理論のなかで提唱した性格特性の1つ。自分の行動に対する強化（結果）が自分の力でコントロールされている（内的統制）のか，それとも外的な力によってコントロールされているのか（外的統制）という認知様式である

■設問

1 幼児の関心や意欲を育てるためには,親は何をすればよいだろうか。遊び場面や学習場面などを挙げ,日常的な子どもへの働きかけについて具体的に考えてみよう。

2 学校教育のなかで児童・生徒の学習意欲を高める実践には,どのようなものがあるだろうか。これまでの自分自身の経験も振り返りながら,(1)教材,(2)教え方,(3)人間関係などのいくつかの観点から考察しよう。

3 あなた自身が今意欲をもって取り組んでいることは何だろうか。そしてそれは自分自身の成長やキャリア形成の面でどのように影響しているだろうか,考えてみよう。

■回答のポイント

1 幼児期という発達段階の特徴を踏まえ,家庭だから,また親だからこそできる,子どもの興味や意欲を引き出すポイントを考えよう。

2 (1)興味をひく学習教材とは,どのような性質をもつものか。(2)単に上手に教えるというだけでなく,子どもの習熟度や単元などで効果的な教え方がどのように異なるかも考えてみよう。(3)先生が好きだから勉強をがんばる,友だちと競い合って学ぶ,といった現象には,どのような心理学的な背景があるか。

3 たとえば大学生であれば,サークル,アルバイト,学業,あるいは趣味など,自分が好きで取り組んでいることと,自分の将来(進路選択やキャリア形成など)には何かの関連があるか。あるいは自分が好きなことと仕事とは別個のものととらえるべきか,考えてみよう。

参考文献

速水敏彦・橘良治・西田保・宇田光・丹羽洋子(1995).動機づけの発達心理学　有斐閣
伊藤崇達(編著)(2007).やる気を育む心理学　北樹出版
デシ,E.L.&フラスト,R.(著)桜井茂男(監訳)(1999).人を伸ばす力―内発と自律のすすめ　新曜社
森敏昭・秋田喜代美(編)(2006).教育心理学キーワード　有斐閣
中谷素之(編著)(2007).学ぶ意欲を育てる人間関係づくり―動機づけの教育心理学　金子書房
塚野州一(編訳)(2009).自己調整学習と動機づけ　北大路書房
宮本美沙子・奈須正裕(編)(1995).達成動機の理論と展開　金子書房
桜井茂男(1997).学習意欲の心理学―自ら学ぶ子どもを育てる　誠信書房

11章 「自分」はどこからどこへ
■一生涯続く自我の発達

いつから「自分」がわかるようになるの？
子どもにも，性欲があるの？
自分という意識の発達は一生続くの？
中学生になると，どんなところで自分を生かそうとするの？
それぞれの年齢に相応の学習内容があるの？
いつまで大人にならないで許されるの？
青年期には，いろいろな状態があるの？
日本の若者は特別なの？
最近の若者は昔と違うの？
青年は，どのようにして「親」らしくなるの？
中年はつらいよね
歳をとると迷いが無くなるの？

Ⓐ 子どもの自己認識の実験

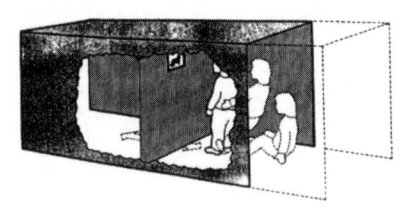

オプティック・フローの実験場面
出典：板倉昭二　1999　自己の起源：比較認知科学
からのアプローチ　金子書房　p.18

Ⓑ サルの鏡の認識実験（フラワーテスト）

出典：板倉昭二　1999　自己の起源：比較認知科学
からのアプローチ　金子書房　p.68

いつから「自分」がわかるようになるの？ ── 自己意識の芽生え

生まれて間もない乳児にとって「自分」という概念は存在せず，どこまでが自分の体であり，どこからが外界に属するものかといった，自他の区別がつかない世界に住んでいるという認識が，これまで多く語られてきた。しかし，実際には「自分」という意識が，発達の初期段階で形成されていることが明らかにされている（→Ⓐ）。

乳児に鏡を見せ，その反応を調べるという実験では，当初，鏡に映った像を他人として認識しているが，1歳半から2歳にかけて，自分の像であることがわかるようになり，積極的なかかわりを示す段階へと進んでいくという（神田, 1994）。これはチンパンジーなどの類人猿に対する実験結果からも支持されている。フラワーテストとよばれる実験では，チンパンジーが眠っている間に，Ⓑのように花を背中に固定すると，鏡に映った姿を見て，鏡の中の像に対してではなく，直接自分の背中に触れようとする動作が確認された。

〔補足〕
自我：「自分とはどのような存在なのか？」と考える，自己の認識作用。批判哲学や超越論哲学，あるいは精神分析学でこの用語はよく用いられる。精神分析を創始したフロイトは自我を「意識と前意識と無意識的防衛を含む心の構造」と定義した

Ⓐ フロイトの発達段階

段階	年齢	性欲を満たす行為	自我と人格の発達
口唇期	生後～1歳半	母親のおっぱいを吸う	基本的信頼, 母との一体感
肛門期	1歳半～3歳ころ	排泄	自我の萌芽, 主張性の獲得
男根期	3歳ころ～6歳ころ	幼児自慰	超自我の形成, 性同一性の獲得
潜伏期	6歳ころ～12歳ころ	休止	仲間関係, 社会的活動
性器期	12歳以降	性器結合	性的パートナーの確立, 性欲と葛藤

Ⓑ フロイトの心的装置論

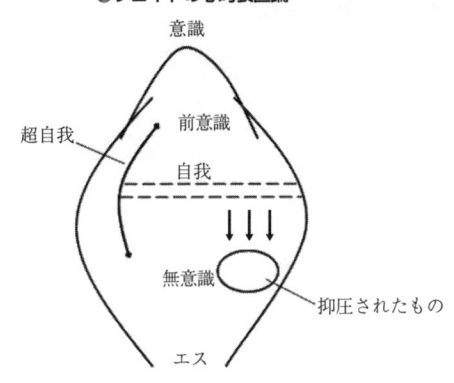

(図:意識, 前意識, 超自我, 自我, 無意識, 抑圧されたもの, エス)

子どもにも, 性欲があるの？── フロイトの幼児性欲の説

　フロイトは, 幼児にも性欲が存在すると仮定し（これを**幼児性欲説**とよぶ）, 人格と自我の発達を性欲の局所的発達段階として示した（→Ⓐ）。主な人格の発達は, それぞれの時期における性的機能の成熟により, 段階的に進んでいくとされた。この理論が展開された1900年代初頭は, 幼児に性欲があるという考え方はタブーに近く, 多くの批判が集中した。しかし, こうした欲求に関する理論をきっかけに, フロイトは独自の精神分析という体系を完成させ, 後世に大きな影響を与えることとなった。

　また, 初期のフロイトは, 心的装置としての自我を想定し, 成熟した自我は, 上記のようなモデルで表現できると考えた（→Ⓑ）。

> **幼児性欲説**：フロイトは, 性器結合を主たる目的とする大人の性欲は性器性欲であり, 幼児性欲とは体中に分散した性感帯が成熟していくに従い, それを使用できるようになることであると考えた

エリクソンの心理社会的発達段階説 (木村, 1983)

発達段階	心理社会的危機	重要な対人関係	心理社会的様式
Ⅰ 乳児期	信頼 対 不信	母親的人物	得る, お返しに与える
Ⅱ 幼児前期	自律性 対 疑惑	養育者	保持する, 手放す
Ⅲ 幼児後期	積極性 対 罪悪感	基本的家族	思い通りにする, まねをする
Ⅳ 学童期	生産性 対 劣等感	近隣, 学校	物を作る, 物を一緒に作る
Ⅴ 青年期	同一性 対 同一性拡散	仲間集団, 外集団指導性のデモ	自分自身である, 自分自身であることの共有
Ⅵ 前期成人期	連帯性 対 孤立	友情・生・競争・協力の相手	他者の中で自分を失い, 発見する
Ⅶ 成人期	生成性 対 自己停滞	分業と協同の家庭	世話をする
Ⅷ 老年期	統合性 対 絶望	人類, 種族	存在しなくなることへの直面

生涯発達：発達とは，自我に限らず，個体が発生してから環境適応し，死に至るまでのあらゆる側面の変化過程である。そこには，身体的，運動的，認知的，情緒・欲求的，社会的な能力の変化が含まれる。むしろ，老いることにより成熟していく機能にも注目する必要がある

心理社会的危機：個体と環境との関係から要請される発達課題を，達成できるかどうかの緊張状態

自分という意識の発達は一生続くの？
エリクソンの自我の生涯発達説

多くの発達段階説がそうであったように，自己や自我に関する発達理論も，幼少期から思春期，あるいは成人前期程度の発達をもって完了し，以後は変化のないものと扱われてきた。これに対し，自我心理学派の精神分析学者エリクソンは，自我の発達は一生続くという**生涯発達**の観点を示し，発達と変容を続ける自我の在り様をライフサイクルとして明らかにした。

エリクソンは，個人には，その発達段階における**心理社会的危機**があることを想定し，達成－未達成の二項対立的に危機を示した。

中学生の友人コミュニケーションに関する調査結果（鈴木，2008）

Q1．1日のうちで，友達とコミュニケーションをしていて楽しい時間はいつですか？（多肢選択）

- 帰宅後　30 %
- その他　18 %
- 授業中　4 %
- 部活動　8 %
- 昼休み　18 %
- 休み時間　22 %

Q2．その時間に，どのような手段（メディア）で友達と話をしますか？（自由記述）

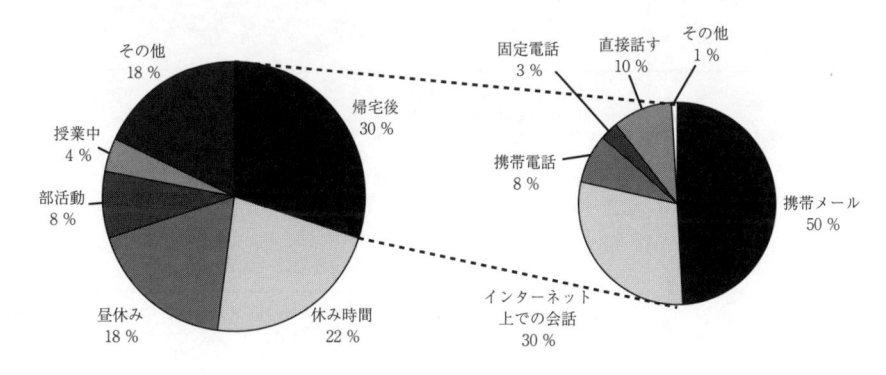

- 携帯メール　50 %
- 固定電話　3 %
- 直接話す　10 %
- その他　1 %
- 携帯電話　8 %
- インターネット上での会話　30 %

出典：東北心理学研究，58，XIII頁より

中学生になると，どんなところで自分を生かそうとするの？ ── 思春期における自我形成の場

　自我形成において，エリクソンは社会的な相互作用を行うことの重要性を指摘している。しかし1990年代中期以降，学童期以降の対人関係の場に，大きな変化が生じてきている。インターネットなど，新しいメディアの普及による**オンライン・コミュニケーション**の場での対人関係がこれに当たる。中学生の日常コミュニケーションを対象にした研究では，近年の中学生が，帰宅後に，電子メディアを利用したコミュニケーションを，普段から楽しんでいることが明らかになっている（鈴木，2008）。

　新しい空間における個々人のパーソナリティは，現実に縛られることが無く，一定の偽装が可能であるため，欲求や攻撃性，衝動性がむき出しになる場合も多い。小・中学生が，携帯やパソコンといったメディアにふれることの是非は，自我形成の面からも適切・不適切の議論が今後必要といえる。

オンライン・コミュニケーション：インターネット上では，多くの場合，匿名性，仮名性といった現実世界ではあまり経験できない名義でのコミュニケーションが可能となる。このため，映像としての肉体のみならず，自我までも操作的に変更できることになる

ハヴィガーストの示した青年期までの発達段階（織田，1985）

発達段階	発達課題
乳幼児	a．移行の学習　b．固形食摂取の学習　c．話すことの学習 d．大小便排泄習慣の自立　e．性の相違及び性の慎みの学習 f．生理的安定の獲得　g．社会や事物についての単純な概念形成 h．両親・兄弟及び他人に自己を情緒的に結びつけることの学習 i．正・不正の区別の学習と良心の発達
児童期	a．ゲーム（ボール遊びや水泳など）に必要な身体的技能の学習 b．成長する生活体としての自己に対する健全な態度の学習 c．同年齢の友達と遊ぶことの学習 d．適切な性役割の学習 e．読み，書き，計算の基礎的技能の学習 f．日常生活に必要な概念の習得 g．良心，道徳性，価値の尺度の発展 h．人格の独立性の達成 i．社会集団ならびに諸機関に対する態度の発達
青年期	a．同年齢の男女との洗練された親しい関係の発展 b．自己の身体構造の理解と性役割の理解 c．両親や他の大人からの情緒的独立 d．経済的独立に関する自信の確立 e．職業の選択および権利 f．結婚と家庭生活の準備 g．市民的資質に必要な知的技能と概念の発展 h．社会的に責任ある行動を求め，成し遂げること i．行動の指針としての価値や倫理の体系の学習

それぞれの年齢に相応の学習内容があるの？

青年期の発達課題

発達課題とは，個人が各発達段階で果たすべき課題である。ハヴィガーストによれば，これらの課題が各段階で達成されれば，次の段階への発達は順調に進み，そうでない場合には次の段階での課題達成を困難なものにし，適応への障害が生じるという。

前出のエリクソンの社会的危機は，その段階で発露する心理的テーマを示したものであり，達成することが望ましいハヴィガーストの示した発達課題とは質的に異なっている。エリクソンは，特に，青年期における**自我同一性（アイデンティティ）の獲得**がその後の人生に大きな影響を与えるとした。

自我同一性の獲得：「自分とは何か」「どんな職業につけばよいのか」「社会の中で自分は何ができて何をなすべきか」，といった問いかけをとおして，「これこそが本当の自分だ」という実感を味わうことを意味する

猶予期間としての青年期

まだ若いし気にするな！

青年期では，大人（社会人）としての義務・責任がある程度まで免除されている

→ モラトリアム

いつまで大人にならないで許されるの？ —— モラトリアム期間

　自我同一性の獲得は，人生における重要な局面である。このため，エリクソンは，青年期を，大人としての責任に縛られず，自由な役割実験をする時期とし，一定の試行錯誤が許容される猶予期間と考えた。この猶予期間を，**モラトリアム**期間とよぶ。特に，この時期に夢中になった経験や，挫折を味わった経験，様々な危機を経ることが，後の人生において決定的に重要になると考えた（Erikson, 1950；Erikson, 1968）。従来，就職の時期である20代前半までにはモラトリアムは終了し，アイデンティティは完成されるという見方が一般的であったが，現在は社会的な状況の変化（特に，金銭面での余裕や，価値観の多様化）により，モラトリアムは30歳程度まで延長されているといわれる。

モラトリアム：エリクソンは本来，大人になるために必要な猶予期間で，社会的にも認められたもの，という肯定的意味合いでモラトリアムを提唱した。しかし，我が国では社会的に認められた猶予期間を過ぎたのに，猶予の延長を求める状態を指して，否定的に用いられるケースも多い

マーシャのアイデンティティ・ステータス（Marcia, 1966）

アイデンティティ・ステータス	危機	傾倒	概略
アイデンティティ達成	経験済み	している	幼児期からのあり方について確信が無くなり、いくつかの可能性について本気で考えた末、自分自身の解決に達して、それに基づいて行動している。
モラトリアム	最中	しようとしている	いくつかの選択肢について迷っているところで、その不確かさを克服しようと一生懸命努力している。
早期完了	未経験	している	自分の目標と親の目標の間に不協和がない。どんな体験も、幼児期以来の信念を補強するだけになっている。硬さが特徴的である。
アイデンティティ拡散	未経験	していない	危機前：今まで本当に何者かであった経験がないので、何者かである自分を想像することが不可能である。
	経験済み	していない	危機後：全てのことが可能だし、可能なままにしておかなければならないという意識をもつ。

青年期には、いろいろな状態があるの？——アイデンティティ・ステータス

マーシャは、自我の発達を二項対立的に把握するエリクソンの考え方を発展し、経験した危機の幅、特定の活動への積極的参加の度合いという2次元を組み合わせ、青年期のアイデンティティを4つの類型に分けて論じた（Marcia, 1966）。これら4つの類型をアイデンティティ・ステータスとよぶ。

同様に、自我同一性を獲得しているとしても、親からの押し付けで形成された場合（早期完了型）と、自分で様々な可能性を試し、様々な危機を経験した場合（アイデンティティ達成型）では、異なるステータスであることが報告されている。前者は、後者と比較して、他者に対して権威的であるが、困難に対する脆弱性をもつという特徴がある。

Ⓐ **日本人青年におけるアイデンティティ・ステータスの比率** （無藤，1979 から作成）

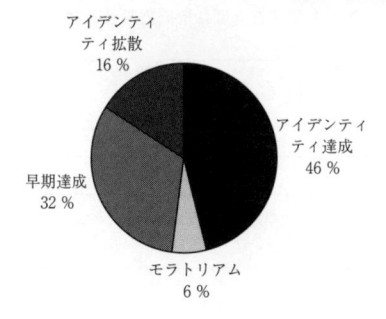

- アイデンティティ拡散 16 %
- アイデンティティ達成 46 %
- 早期達成 32 %
- モラトリアム 6 %

Ⓑ **大学における留年・休学・転科経験別に見るアイデンティティ・ステータス** （無藤，1979）

	アイデンティティ達成	モラトリアム	早期達成	アイデンティティ拡散	計
留年か休学か転科をした	12	2	0	3	17
留年も休学も転科もしていない	17	2	20	7	46
計	29	4	20	10	63

日本の若者は特別なの？── 日本人青年のアイデンティティ・ステータス

無藤は，マーシャのアイデンティティ・ステータスが，欧米人の青年期を分析したものであるため，日本人青年に対しても同様の傾向が見られるかどうかを検討した。結果として，欧米人と日本人との文化差はみられなかった（各アイデンティティ・ステータスの人数比率に差がみられなかった）（→Ⓐ）。

また，同時に，日本人の大学生は，**ライフイベント**として，留年を経験した者が，早期達成型の割合が極端に少なくなる（研究結果ではゼロとなる）ことが明らかとなった（→Ⓑ）。親の決めた将来像を早くから自分の目標として受け入れている青年は，この時期に危機的な状況（留年などをして将来に苦悩すること）には陥らず，エスカレーター式に進路を目指している可能性が考えられる。

ただし，この研究結果からは，留年をしたから早期達成型ではなくなったのか，早期達成型ではないから留年をしないのか，といった因果関係までは明らかとなっていない。

ライフイベント：その人の人生において，大きな影響を及ぼすであろう出来事。たとえば，恋愛，結婚，出産，近親者の死など，その人の自我や性格にまで影響を及ぼすイベントも数多く存在する

モラトリアム人間が形成される社会

- 身体的な早熟
- 価値観の多様化
- 高学歴化

↓

モラトリアム（青年期）を卒業できない人が増える
（モラトリアムの延長）
※これまでは青年期は20歳まで。しかし，現在は30歳？

‖

実はモラトリアムを卒業しないまま
大人となった人が増えている
（青年期と成人期の境界が曖昧）

（自己本位の思い込みが激しく，他人と深く関わらず，傷つきやすい）

⇓

モラトリアム人間，自己愛人間の増加

最近の若者は昔と違うの？ ── 現代社会における青年期

青年期は，従来，疾風怒濤の時代とよばれ，激しい変化の波に晒され，苦悩する時代というイメージがもたれていた。しかし，現代では大きくライフスタイルが変化し，青年期自体が延長していると言われる。

小此木は，モラトリアム期間が延長し，社会に対して当事者意識を欠く青年が増える傾向にあるとし，このような青年を**モラトリアム人間**とよんだ。現代は様々な価値観が錯綜する時代であり，何が重要で何に価値を見出すべきかという答えは，1つに断定することができない。このため，アイデンティティの形成が非常に困難となっているのが実情である。近年話題のニート（NEET：Not currently engaged in Employment, Education or Training）の増加は，モラトリアム人間増加（自分のアイデンティティを固められない青年の増加）による結果と考えることもできる。

モラトリアム人間：モラトリアム人間のなかには，アイデンティティ形成のための苦悩や，役割への挑戦をゆっくりと確実に行っている者もいると解釈できるため，自我形成に消極的な人間とは必ずしも断定できない

親の養育行動の規定因 (Belsky, 1984)

```
親の生育歴 ──────────────→ 親の友人関係
    │    ↘             ↗      │
    │     夫婦関係             │
    │    ↙       ↘            │
    ↓  ↙           ↘          ↓
  親の人格 ────→ 養育行動 ←── 子どもの個性
    ↑↓           ↑              │
    親の仕場 ────┘              ↓
                              子どもの発達
```

青年は，どのようにして「親」らしくなるの？──
親としての養育行動の変化

　変革と安定の境界にあった青年期を通り過ぎると，私たちは社会人として認められ，仕事や家庭生活が中心となる成人期へと発達段階が移行していく。このなかで，多くの人は，恋愛や結婚を経験し，家庭を築くという段階を経て，しだいに親になっていく。

　親になるというライフイベントは，人生において非常に影響力の強いものの1つである。しかし，親になった直後に，その人の人格や自我が，突然変化するわけではなく，親としての行動を求める様々な社会的要請から，しだいに親の自我が醸成されていくことが普通である。

　ベルスキーは，親としての自我や養育行動の発達・変化に関わるメカニズムを上記のようなモデルで示した。特に，親としての養育行動には，①親自身のもつ心理・感情的要因，②親子を取り巻く社会的要因，③子どもの特徴，以上の3つの要素が強い影響因となる可能性を示した。

中年期における精神的危機の影響因

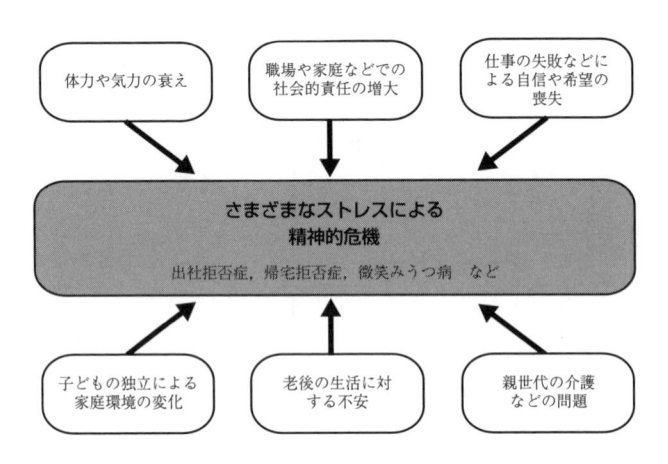

- 体力や気力の衰え
- 職場や家庭などでの社会的責任の増大
- 仕事の失敗などによる自信や希望の喪失

↓↓↓

さまざまなストレスによる精神的危機
出社拒否症，帰宅拒否症，微笑みうつ病 など

↑↑↑

- 子どもの独立による家庭環境の変化
- 老後の生活に対する不安
- 親世代の介護などの問題

中年はつらいよね ── 中年期クライシス

中年期は，体力的に充実し，がむしゃらにやっていればよかった成人期前期とは異なり，社会人としての成熟と内省が期待される時期である。このため，周囲の期待の変化や役割から生じるストレスが原因となって，様々な心理的問題が生じる可能性がある。これを中年期クライシスとよぶ。

たとえば，子どもが巣立つことの現実を受け入れられない「空の巣症候群」，成人の不登校ともいえる「出社拒否症」，抑うつ感と感情の鈍磨が顕著である「微笑みうつ病」など，精神疾患のリスクが高まる時期でもあり，注意が必要といえる。

中年期：ユングは人生の後半がおよそ40歳ころから始まるとし，その折り返し期である中年期を「人生の正午」とよんだ。中年期には，若さや能力の減少という事実を受容し，人生の目標を再検討することで内面的な生活を重んじるよう変革が求められることを指摘した

ライチャードらの老年期における人格の5類型 (Reichard, Livson, Petersen, 1962)

タイプ	人格特性の概要
円熟型	過去の自分を後悔することなく，未来に対しても現実的で建設的な展望をもっているタイプ
依存型	受身，消極的な態度で現実を受け入れ，引退後は家族や子どもに頼って安楽に暮らそうとするタイプ
自己防衛型	老化への不安から，若いときの活動水準をできるだけ維持しようとするタイプ
外罰型	自分の過去や老化の現実をなかなか受け入れられず，その態度が他人への非難や攻撃という行動に現れてしまうタイプ
自責型	外罰型とは反対に，自分の過去の人生を失敗だと考え，自分を責めてふさぎこんでしまうタイプ

歳をとると迷いが無くなるの？ ── 老人期における自我の統合

孔子は論語のなかで，「子曰く，吾れ十有五にして学に志す。三十にして立つ。四十にして惑わず。五十にして天命を知る。六十にして耳従う。七十にして心の欲する所に従って，矩を踰えず（先生は述べられた。私は15歳で学問の道に入ろうと決心した。30歳で学問に対する自分なりの基礎を確立した。40歳で戸惑うことがなくなった。50歳で天が私に与えた使命を悟った。60歳で煩わしい何事を聞いても動じなくなった。70歳になってからは，心のおもむくままに行動しても，道理に違うことがなくなった)」と述べている。

加齢が進むことで，人生の後期には老年期が訪れる。老年期は肉体的衰えから，喪失の時代と考えられがちだが，逆に人格や自我の側面では完成を迎える時期でもある。ライチャードらは，こうして醸成されていく老年期における人格は，5つの類型に分類されると考えた (Reichard, Livson, Petersen, 1962)。ここで示される，円熟型，依存型，自己防衛型は適応的人格だが，外罰型，自責型は不適応を起こしやすい人格として注意を要する。

■設問

1 現在の小・中・高校生が行う，電子メディア（メール，インターネット）を用いたコミュニケーションが自我形成に与える影響の功罪を，それぞれ考えてみよう。
2 現代はモラトリアム期間が延長されているといわれるが，それを端的に示す社会的な現象や実例をあげてみよう。
3 あなたがこれまでの人生で自我形成に大きな影響を受けたライフイベントと，今後の人生で大きな影響を与えると思われるライフイベントを，理由もあわせてあげてみよう。

■回答のポイント

1 様々な年齢，性別，信条をもった人とコミュニケーションできる反面，顔の見えない相手との会話は，どのような不都合をもたらすだろう。
2 学生から社会人に至るまでの過程で，寄り道やドロップアウトを経験した人たちは，実際どのような生活をしているか。
3 自我は，様々なライフイベントを経験することで成熟していくものである。もちろん，肯定的な経験だけではなく，悲しい，苦痛に満ちた経験もそこには含まれる。

参考文献

板倉昭二（1999）．自己の起源：比較認知科学からのアプローチ　金子書房
鈴木晶（2009）．図解雑学　フロイトの精神分析　ナツメ社
E. H. エリクソン（著）小此木啓吾（訳）（1973）．自我同一性　誠信書房
浅井邦二・稲松信雄・上田敏晶・織田正美・木村裕・本間修・増井透・宮下彰夫・本明寛（1985）．現代心理学入門　実務教育出版
小此木啓吾（1978）．モラトリアム人間の時代　中央公論社
高橋祥友（2000）．中年期とこころの危機　日本放送出版協会
河合隼雄（1997）．「老いる」とはどういうことか　講談社プラスα文庫

12章　一生涯続く男と女
■性役割と性行動

人の性はどのように決まるの？
ジェンダーってなに？
男の役割・女の役割
女の子は大きくなると女の人？
幼児期と児童期の遊び
友だちの存在は男女で違う？
急激な変化がやってくる
やせているほうがかわいいの？
いつからデートがしたいと思う？
更年期はなぜ調子が崩れるの？
夫婦関係は変化するの？
男女差は一生続く？

胎児の性分化のプロセス

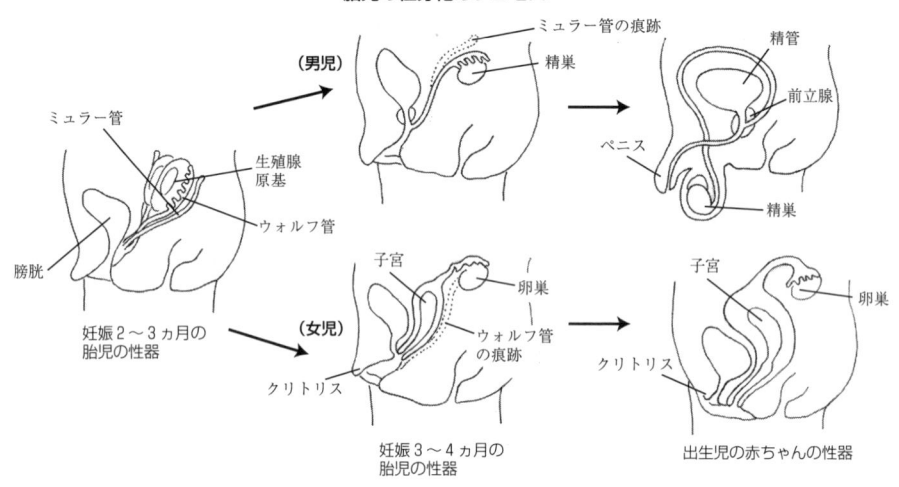

人の性はどのように決まるの？ —— 性の遺伝的要因

　遺伝的な性は受精時に性染色体（XXまたはXY）できまるが，身体の性別は受精後，複数の遺伝子やホルモンの働きが関与しながらいくつもの段階を経て分化していく。

　受精後7週まで性は未分化で，**生殖細胞**を含む性殖腺原基及びミュラー管とウォルフ管という両性の生殖器になるものをもっている（性的両能期）。男性の場合，受精後8週目くらいから，Y染色体上の性決定遺伝子のはたらきにより，未分化だった性腺が分化し，精巣がつくられ，精巣から分泌されるホルモンによって男性化が始まる。ミュラー管の発育は抑制され，ウォルフ管は男性生殖輸管系に分化する。一方，女性は，生後11週目くらいから女性化がはじまる。未分化な性殖腺原基は自動的に卵巣になり，ミュラー管が女性生殖輸管系へと分化し，ウォルフ管は退化する。男性化をすすめる遺伝子やホルモンの働きかけがなければ，人は女性になるといえる。

生殖細胞：一般の体細胞と異なり，生殖のために分化した細胞。有性生殖では配偶子とよび，雌のものを卵，雄のものを精子という。無性生殖では胞子がこれにあたる

性役割の発達

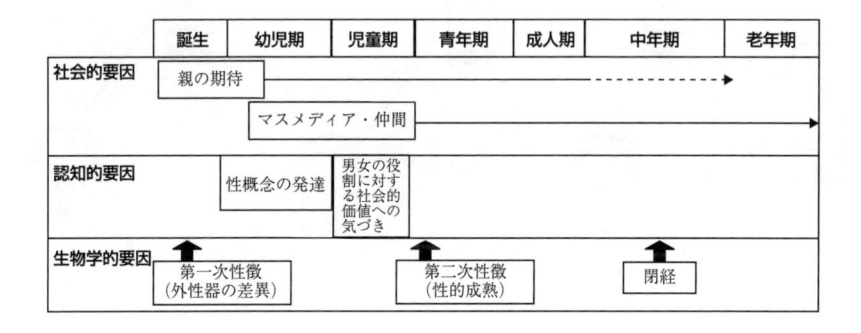

	誕生	幼児期	児童期	青年期	成人期	中年期	老年期
社会的要因		親の期待 ────────────────────────→					
			マスメディア・仲間 ────────────────→				
認知的要因			性概念の発達	男女の役割に対する社会的価値への気づき			
生物学的要因		↑第一次性徴（外性器の差異）		↑第二次性徴（性的成熟）		↑閉経	

ジェンダーってなに？ ── 性役割の取り込み

性役割とは，性別によって社会から期待される行動や性格のことである。

一般に，「性」は，「セックス」と「ジェンダー」とに区別される。「セックス」は生物的な性を，「ジェンダー」は社会・心理的性を意味するとされる。両者は密接な関係があるので区別することは難しいが，性役割は，後者に依存する部分が大きいので，ジェンダー役割とも表現される。

性役割をどう取り込んでいくかは，上図のとおり，社会的要因，認知的要因，生物学的要因があり，それらは複雑に関係している。性役割の内容は，文化により，また時代により異なるが，幼児期から「男らしい」「女らしい」とされる行動，職業などについての様々な知識を獲得していく。私たちの外見，しぐさ，活動などのすべてが多かれ少なかれ性役割の影響を受けており，この影響は生涯続くことになる。

性役割：男女の生物学的性を1つの社会的地位と考えた場合，その地位に付随した社会的役割として存在する性格特性や態度，行動様式などのことをいう

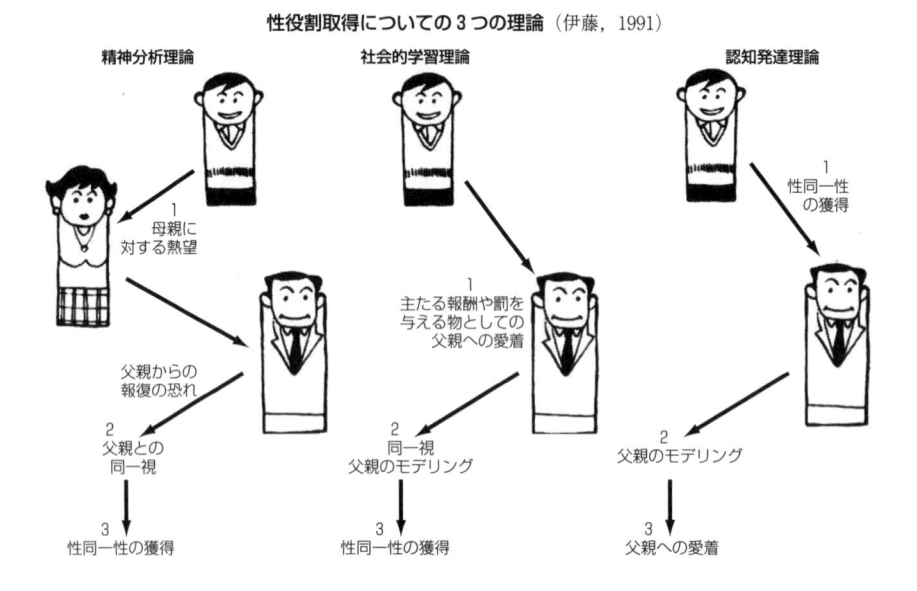

性役割取得についての3つの理論（伊藤，1991）

精神分析理論
1 母親に対する熱望
父親からの報復の恐れ
2 父親との同一視
3 性同一性の獲得

社会的学習理論
1 主たる報酬や罰を与える物としての父親への愛着
2 同一視 父親のモデリング
3 性同一性の獲得

認知発達理論
1 性同一性の獲得
2 父親のモデリング
3 父親への愛着

男の役割・女の役割 ── 性役割獲得理論

子どもが性役割を身につけていく過程は，精神分析理論，社会的学習理論，認知発達理論によって以下のように説明されている。

男の子を例とすると，精神分析理論は，母親への欲望から**エディプス・コンプレックス**を抱くが，性器の発見とともに父親から復讐されることへの恐怖（去勢不安）が起き，この恐怖から逃れるために父親と**同一視**が生じると考える。

社会的学習理論は，強化と模倣を重視する。男らしい行動に対し報酬が，そうでない行動に罰が与えられるという強化と，その主体である父親をモデルとし，行動を模倣する。

認知発達理論は，自分は男であるという認知（性同一性）が始まりである。同性である男性の行動を評価し，最も身近な父親の行動を取り入れようとする。子ども自身が自ら積極的に性役割を取り組もうとする役割を強調する。

精神分析理論は実証的研究の対象にできないが，社会的学習理論と認知発達理論は両方とも支持されている。

エディプス・コンプレックス：異性の親への性愛的欲望から同性の親を競争相手として憎む心理。精神分析学の用語

同一視：同性の親の特性を自分のものとして取り込むこと

性の安定性

大きくなったら女の人になるのか，男の人になるのか

性の一貫性

女の子が男の子の服を着たら男の子になるのか

女の子は大きくなると女の人？ ── 性概念の発達

　性役割の発達には，子ども自身の認知発達が土台となる。その認知発達の中心的なものが，性の恒常性の理解である。前項で紹介した認知発達理論を提唱したコールバーグによると，性の恒常性の理解には3段階ある。まず，3歳頃までには，人は男性か女性のどちらかであり，自分がそのどちらかであること（性の同一性）を理解する。性の同一性が獲得されると，性は，時間が経って大人になっても変わらないこと（性の安定性），さらに，着ている服や行っている活動によって変化したりしないこと（性の一貫性）を理解する。この順序で性の恒常性が獲得されていき，最後の性の一貫性が理解されるのは5〜7歳であると考えられている。

　子どもは，性の同一性を獲得した段階で，性役割を自ら積極的に取り入れようとする動機が高まる。

男の子は戦いごっこが好き？

幼児期と児童期の遊び ── 遊びの性差

　子ども同士の遊びを観察していると，個人差はあるものの，男女で遊び方が異なることに気がつく。男子の遊びには戦いごっこが女子より多く，4歳の男子で女子の2倍観察され，その差は8歳まで開く一方である（Flannery & Watson, 1993）。一方，女子の遊びは，役割交替のある平和な遊びが多く，遊びのテーマは，ままごとのような家族関係の遊びが多い。

　児童期に入ると，男子は，戦いごっこは減り，代わりにドッジボールやサッカーなどの大人数で行うゲームや，勝ち負けのあるカードゲームやテレビゲームに熱中するようになる。女子では少人数で交替でやる遊びが多く見られる。一般に，男子の遊びは女子の遊びより競争的なものが多い。このように幼児期から男女に一貫した差異がみられることが，子どもが男子と女子で分離して遊ぶ1つの要因になっていると考えられる。男女が別々に遊ぶことで，同性集団の文化は年齢とともにますます隔たりが大きくなる。

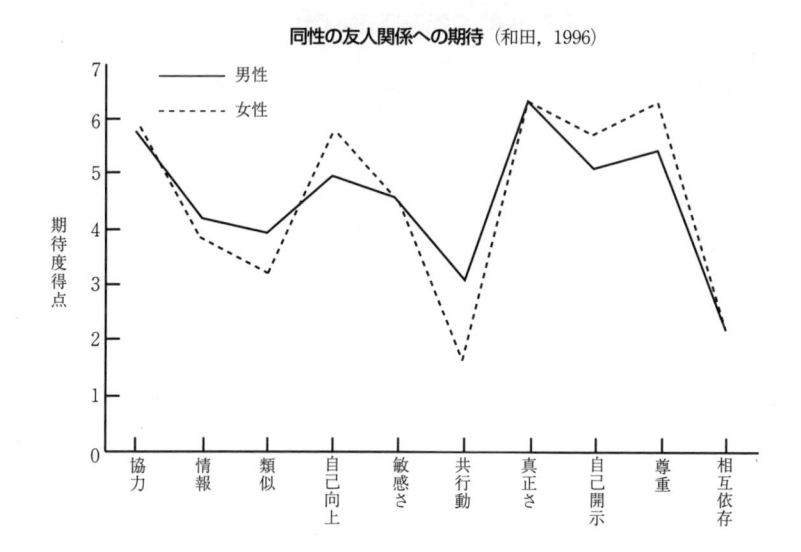

同性の友人関係への期待 (和田, 1996)

凡例: 男性（実線）／女性（破線）

縦軸: 期待度得点（0〜7）
横軸: 協力, 情報, 類似, 自己向上, 敏感さ, 共行動, 真正さ, 自己開示, 尊重, 相互依存

友だちの存在は男女で違う？ —— 同性文化

　友人の存在は，心理的な安定をもたらし，それを通じてソーシャルスキルを学ぶという点で，特に青年期に重要な意味をもつ。この友人関係のありかたには，男女で異なる側面がみられる。上図は，中学，高校，大学生に同性の友人関係に望むものを尋ねた結果である。男子では，共行動（一緒に行動できる），類似（趣味や好みが一致している），情報（自分の知らないことをおしえてくれる）が，女子では，**自己開示**（悩みを打ち明けることができる），自己向上（自分を向上させてくれる），尊重（自分を必要としてくれる）がより多く望まれた。このように，男子は，スポーツや趣味を通じて共に行動することで，女子は悩みを打ち明けたりする関係において満足を得ているといえる。この傾向は，特に青年期の前半に強い。

自己開示：他者に対して，言語を介して伝達される自分自身に関する情報，およびその伝達行為。狭義には，聞き手に対して何ら意図をもたず，誠実に自分自身に関する情報を伝えること，およびその内容をさす。広義には，自己に関する事項の伝達やその内容を示す

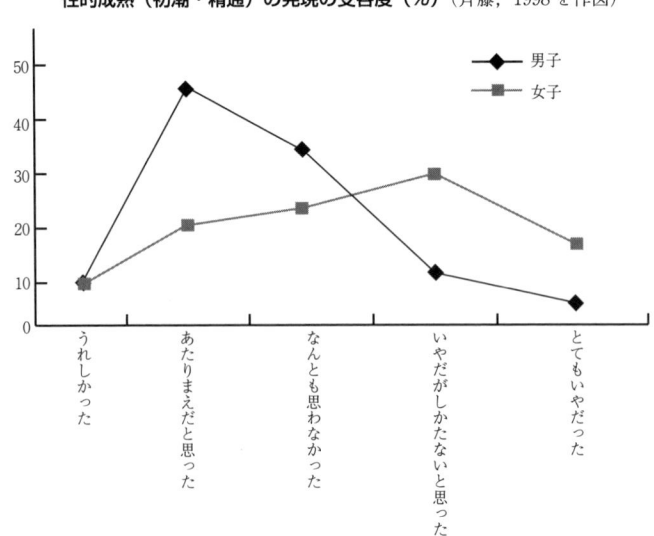

性的成熟（初潮・精通）の発現の受容度（%）（斉藤，1998を作図）

グラフ横軸：うれしかった／あたりまえだと思った／なんとも思わなかった／いやだがしかたないと思った／とてもいやだった

急激な変化がやってくる —— 第二次性徴

　青年期は身体が急速に成熟に向かう時期で，男子の場合は，筋肉や骨格が発達し，声変わり，**精通**が起こる。女子は皮下脂肪が発達し，初潮がみられる。このような男女の性的特徴を，出生時の性腺と性器の男女の違いを第一次性徴とよぶのに対し，第二次性徴とよぶ。

　身体の急激な成熟化の受け止め方は，男女により異なる。たとえば，上図にみるように，男子の大部分は精通を当然のことと受け止めているのに対し，女子は約半数が「いやだったが，しかたがない」と「とてもいやだった」と答えている。身体的変化も，早熟な男子ほど身体満足度が高いのに対し，早熟な女子ほど体重を重く感じ身体満足度が低くなる（上長，2007）。筋肉が発達するような男子の成熟は肯定的に受け止められるが，体重の増加を伴う女子の成熟に対する困惑や混乱は大きい。

精通：男児において，初めて精液を射精すること。個人差が大きく9歳から15歳に生ずる

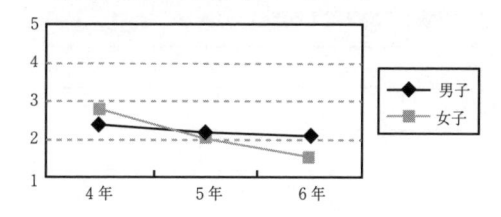

Ⓐ自分の外見への自信 (谷・相良, 2009)

Ⓑ思春期女子のやせ志向の変化 (池田, 2006)

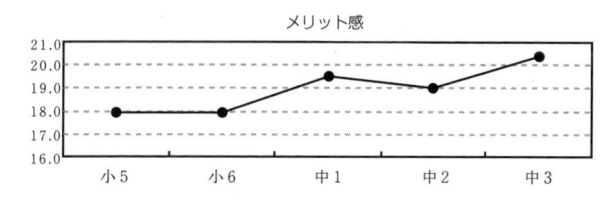

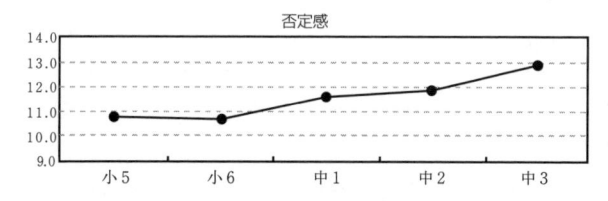

メリット感

否定感

やせているほうがかわいいの？ ── 思春期とやせ願望

　Ⓐのように，自分の外見に対する自信は，男女とも小学校高学年で低下するが，男子より女子のほうがその程度が大きい。女子の場合，身体の急激な成熟化とともに，痩せている女性を理想とする社会的風潮から，自分の体型に否定的な感情をもちやすくなり，身体満足度が低くなる。Ⓑは，小学生5，6年生から中学3年生までの女子の「やせているほうが，かわいい服がきられる」というやせのメリット感と「自分の体型がいやだ」というような身体の否定感との得点の変化である。学年とともに得点が高くなっている。これらのことが女子の自尊心を低めることにつながり，自己評価を高めようとしてやせ願望が強くなると考えられる。女子のやせ願望は，小学校高学年から大学生まで広く報告されている。

〔補足〕

摂食障害：摂食障害に関しては，DSMにおいて，不食（anorexia），過食（bulimia），異食（pica）の3つに分類されている。不食の典型例は，すでに月経の始まった思春期の女子にみられる極端なやせと無月経および拒食や過食などの食行動異常を特徴とする病態である

性的経験が5割を超える年齢（日本性教育協会，2007より作成）

	男子	女子
11歳以前		初経
12歳		
13歳		
14歳	精通	
15歳	性的関心・自慰	
16歳	デート	デート・性的関心
17歳	キス	キス
18歳		
19歳	性交	
20歳		性交
21歳		自慰
22歳以降		

いつからデートがしたいと思う？ ── 性行動の発達

　青年期になると，性意識が高まり，性行動が発達する。上図は，性的関心や性行動の経験率が50％を超える年齢を示したものである。男子の場合，14, 5歳で性的関心，自慰の経験率が半数を超える。一方，女子は，11歳以前で初経を経験した後は，16歳で，デート，性的関心の高まり，キスを経験し，自慰を経験するのは性交経験の後となる。概して，男子は性的な興味や欲求が先にあって，それが特定の異性に対して向けられていくのに対し，女子は特定の異性と親しくなる過程で徐徐に性的な関心を触発されるというように，性意識の発達には男女でずれがみられる。

　キスや性交などの性行動の経験には男子がイニシアティブをとる場合が多いが（日本性教育協会，2007），これには以上のような性意識の男女の違いと，社会的な性役割の影響があると考えられる。

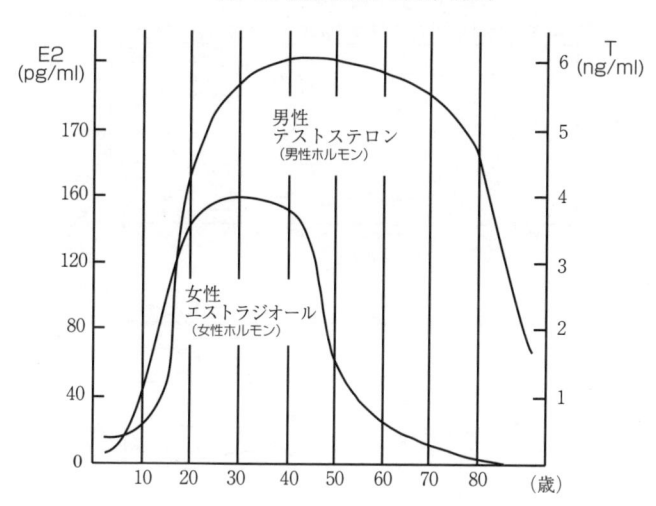

ホルモン分泌の変化 (玉舎, 1992)

[グラフ: 横軸 年齢(歳) 10〜80、左縦軸 E2 (pg/ml) 0〜170超、右縦軸 T (ng/ml) 0〜6。男性テストステロン(男性ホルモン)と女性エストラジオール(女性ホルモン)の年齢変化曲線]

更年期はなぜ調子が崩れるの？ ── ホルモンと中年期

　更年期は，医学的には「生殖期から老年期への移行期」と定義され，日本では，平均閉経年齢は50〜51歳の間にあり，45歳から55歳くらいが更年期と考えられている。女性は更年期を迎えると卵巣機能が低下し，女性ホルモンの血中濃度が急激に低下する（上図参照）。このような生理的な変化に加え，この時期は，環境や人間関係の変化がきっかけとなり，更年期障害とよばれる心身の不調をきたしやすい。特に，それまで育児中心できた女性には，**空の巣症候群**に陥りやすい。

　しかし，健康な女性の多くは，この時期を通じて健康や自分自身について見直し，心理的，社会的な成長を遂げることができるともいわれている（小此木, 1983）。更年期以降の期間が生殖期を上回る長さになった日本の女性にとって，中年期はアイデンティティ形成の面でも新たな人生の出発点ともいえる。

空の巣症候群：子どもの自立により，母親役割を喪失したことで，空虚感や抑うつ感のような不定愁訴がみられること。夫との性的絆が弱まることも関係があるといわれている

年齢別・婚姻形態別のディストレスの平均値（稲葉，2002）

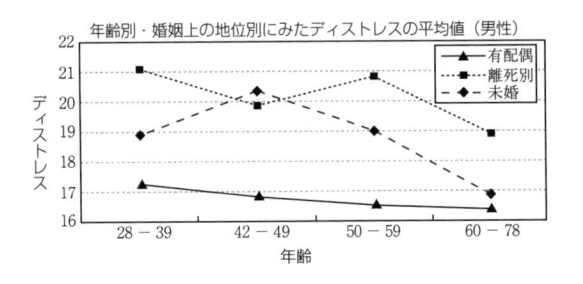

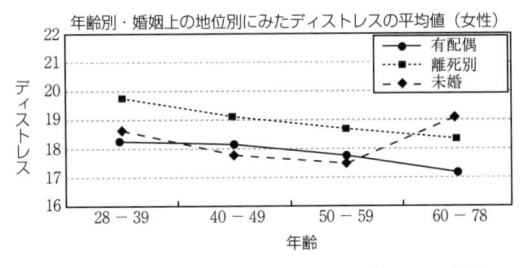

年齢別・婚姻上の地位別にみたディストレスの平均値（男性）

年齢別・婚姻上の地位別にみたディストレスの平均値（女性）

注）データは横断データである

夫婦関係は変化するの？ —— ディストレス

　成人後の精神的健康に影響する要因の1つが夫婦関係である。夫と妻の結婚満足度は，**縦断的研究**によれば，結婚後10年の間に急速に低下し，その後ゆっくり下がっていくといわれている。また，男性に比べて一貫して女性の満足度の低さが指摘されている。

　上図は，男性が配偶者と離別・死別した場合は，ディストレス（抑うつ）が有配偶者より高くなることを示している一方で，女性は，未婚者や離別死別の女性のディストレスは有配偶者と差が無く，配偶者の存在は男性ほど心理的な恩恵はないことがわかる。男性にとっては，妻の存在は，自分を評価してくれたり，心配事の相談に乗ってくれたりする重要な情緒的サポート源であるが，女性は，男性ほどの情緒的サポートを配偶者から感じていないといわれている。これには，男性は家計，女性はケアの担い手という役割で夫婦関係を維持している側面があるためであろう。

縦断的研究：同一の対象者を時間を追って測定・観察する研究

自尊心における性差の推移（Hyde, 2005 の Table 3 から作図）

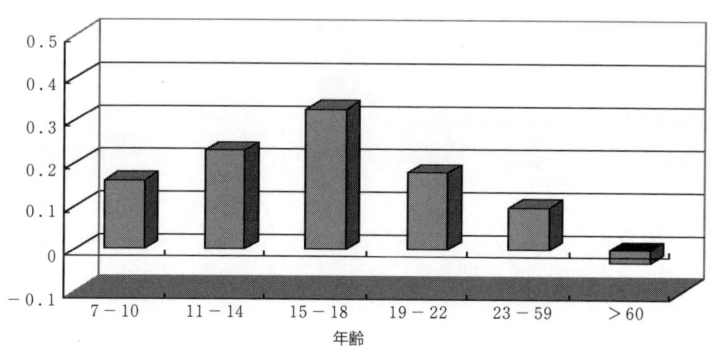

注）縦軸はd値（男女差の大きさ）を示し，プラスは，女性より男性が高いことを示す。

男女差は一生続く？ ── ステレオタイプ

　ステレオタイプとは，社会の人々が共有する社会的信念のことをいう。女性と男性の性格特性，行動，社会的役割などについてのステレオタイプはジェンダー・ステレオタイプとよばれる。たとえば，私たちの社会には，女性は男性よりおしゃべりであるというようなステレオタイプがあり，男女差を強調して考える方向に向かせる。しかし，このような心理的な男女差は，証明されているのだろうか。

　性差を検討した数多くの研究から，心理的な変数で男女差の大きいものは，主に身体的な行動（たとえば，身体的攻撃など）と性的な行動であり，会話行動や認知能力などの多くの心理的変数では男女差はみられないか，非常に小さいことが指摘されている。

　また，たとえば，上図の自尊心のように，青年期に最も男女差が広がることでわかるように，性差は年齢によっても変化するものなのである。

■設問
1 幼児期に獲得される性概念は，どういうものがあるか。
2 友人とのつきあい方は，男女でどんな違いがあるか。あなた自身や友人の行動を振り返ってみよう。
3 性行動の意識の発達について，男女でどう異なるだろうか。あなた自身の経験を踏まえて考えてみよう。

■回答のポイント
1 男女というカテゴリーがあり，それらが一生変化しないということを理解することなどである。
2 女子は親密な自己開示を友人に求める傾向が強いが，男子も同じ傾向があるだろうか。
3 男子は性的成熟と性的関心の高まりとが同時期におこるが，女子はどうだろうか。

参考文献

Newton（2006）．別冊 性を決めるXとY ニュートンプレス
伊藤裕子（編）（2000）．ジェンダーの発達心理学 ミネルヴァ書房
コールバーグ（著）マッコビィ（編），青木やよひ他（訳）（1979）．性差 家政教育社
青野篤子・赤澤淳子・松並知子編（2008）．ジェンダーの心理学ハンドブック ナカニシヤ出版
落合良行・伊藤裕子・斉藤誠一（2002）．ベーシック現代心理学4 青年の心理学〔改訂版〕 有斐閣
日本女性心身医学会編（2006）．女性心身医学 永井書店

13章　何が良いこと，悪いこと？
■道徳感情・判断・規範意識の発達

善悪の判断は発達するの？
マネをして理解する子どもたち
約束を守ることをおぼえる
規則がなくても悪いことがわかる
悪いことはどんなことかを理解する
表情は手掛かりになる？
恥ずかしいと思う気持ちの発達
悪いという気持ちの発達
他者と同じ感情をもつようになる
しつけのタイプと感情の社会化
道徳性を育む学校生活

Ⓐコールバーグの道徳性発達段階 (荒木, 1987)

	段階0	自己欲求希求志向
1. 前慣習的水準	段階1	罰と従順志向（他律的な道徳）
	段階2	道具的相対主義（素朴な自己本意）志向
2. 慣習的水準	段階3	他者への同調、あるいは「良い子」志向
	段階4	法と秩序志向
	移行期	
3. 慣習以降の自律的原則的水準	段階5	社会的契約、法律尊重、および個人の権利志向
	段階6	普遍的な倫理的原則（良心または原理への）志向

Ⓑ各段階における人数分布 (山岸, 1976)

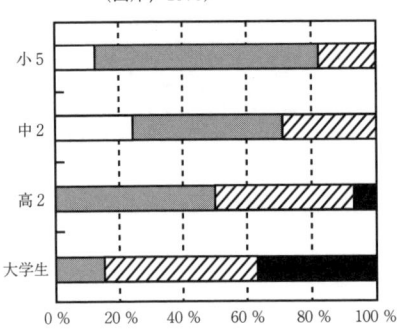

Ⓒ嘘課題と盗み課題における主観的判断得点 (二宮, 1982)

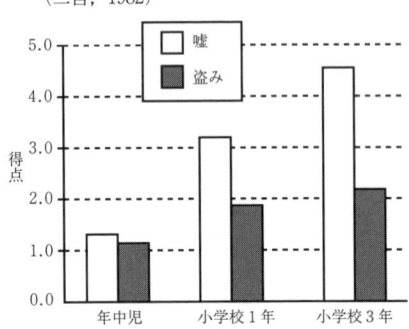

善悪の判断は発達するの？ —— ピアジェ・コールバーグの認知発達段階

コールバーグは、道徳的葛藤を解決する際の道徳的判断について、その認知的構造に焦点を当て、6段階から成る道徳性の発達段階を示した（→Ⓐ）。コールバーグの示した発達段階は、①発達段階における各段階の内容は、1つの全体として構造化されたものである、②段階の間は階層的統合の過程として順序づけられている、③段階の順序はどの文化でも変わらない、という3つの要素を満たすものである（内藤, 1992）。また、デーモンは、コールバーグの発達段階では段階0に分類される年齢の低い子どもについて、異なる立場の人物への報酬分配に関するジレンマ課題から、彼らがすでに公正の概念を発達させていることを明らかにした。

客観的責任概念（結果論）と主観的責任概念（動機論）：客観的責任概念（結果論）とは、物質的損失の結果から善悪を判断すること、主観的責任概念（動機論）とは、意図や動機から善悪を判断することをいう

13章　何が良いこと，悪いこと？

Ⓓ自律的な規則の遵守
（Subbotsky, 1993）

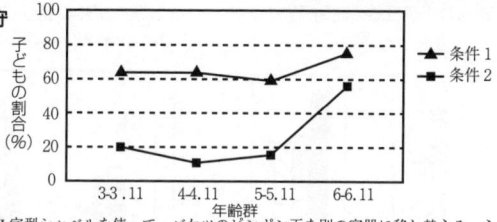

【課題】手を使わずL字型シャベルを使って，バケツのピンポン玉を別の容器に移し替える。うまく移すことができた場合には報酬が用意されている。
【条件1】訓練セッションで用いられていた凹シャベルが，本セッションでは凸シャベルに取り替えられている。
【条件2】本セッション前に，玉を手で移したにもかかわらずルールを守ったと実験者に嘘の報告をした他児が報酬をもらう事を目撃することを除けば，基本的手続きは条件1と同じである。

Ⓔ道徳判断課題の例（Piaget, 1930；大伴，1954 より作成）

【どっちが悪い？】
Ⅰ　ジュールという小さな男の子がいました。お父さんが外出したので，お父さんのインク壺で遊ぼうと思いました。はじめはペンで遊んでいましたが，そのうちにテーブル掛に少しインクをこぼしてしまいました。
Ⅱ　オーギュストという小さな男の子がお父さんのインク壺が空になっているのをみつけました。ある日，お父さんが外出したとき，そのインク壺にインクを入れてお父さんが帰ってきたときに喜ばせようと思いました。しかし，インク壺を開けたとき，テーブル掛を大きく汚しました。

　規則についての子どもの理解や認識には，義務・拘束のない段階，規則通りに振る舞おうとする段階，相互の同意に基づく段階という3つの発達段階がある（Piaget, 1930）。子どもにとっての規則とは，拘束的で他律的なものから協同的で自律的なものへと変化していくのだが，年齢に伴う「他律」から「自律」への変化は，嘘や盗み，過失についての道徳判断でもみられる（→Ⓒ）。シャベルを使ったボール移しの課題では，たとえ他の子どもがズルをしたところを目撃した後であっても，自律的に規則を守ろうとする傾向は年齢が上がるにつれて高くなった（→Ⓓ）。また，過失によって大きな被害をもたらした人物と，意図的ではあるがわずかな被害しかもたらさなかった人物についての善悪判断課題からは，年齢が上がるにつれ，**客観的責任概念（結果論）**ではなく**主観的責任概念（動機論）**に基づいて意図的に被害をもたらした人物の方が悪いと判断する子どもが多くなることがわかっている（→Ⓔ）。

規則の認識の発達段階：義務・拘束のない段階では，規則を守ることは義務や強制ではなく，反復的な行動の連続が行動に義務的・拘束的な意味をもたせる。規則通りに振る舞おうとする段階では，規則は絶対であり，内容の変更は認められない。年長者の模倣が規則を守ろうとする意識を高める。相互の同意に基づく段階では，規則は集団の相互同意と自律的良心によって生み出され，集団の合意を得られれば変更は可能である

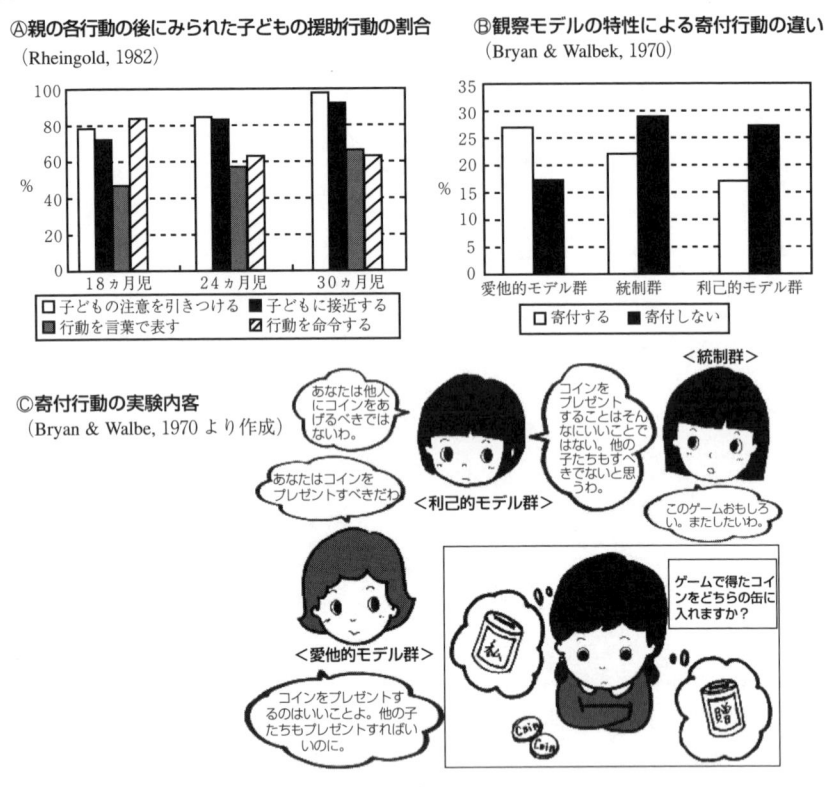

Ⓐ親の各行動の後にみられた子どもの援助行動の割合
（Rheingold, 1982）

Ⓑ観察モデルの特性による寄付行動の違い
（Bryan & Walbek, 1970）

□ 子どもの注意を引きつける　■ 子どもに接近する
▨ 行動を言葉で表す　▧ 行動を命令する

□ 寄付する　■ 寄付しない

Ⓒ寄付行動の実験内容
（Bryan & Walbe, 1970 より作成）

＜統制群＞
コインをプレゼントすることはそんなにいいことではない。他の子たちもすべきでないと思うわ。

あなたは他人にコインをあげるべきではないわ。

あなたはコインをプレゼントすべきだわ。

＜利己的モデル群＞

このゲームおもしろい。またしたいわ。

ゲームで得たコインをどちらの缶に入れますか？

＜愛他的モデル群＞

コインをプレゼントするのはいいことよ。他の子たちもプレゼントすればいいのに。

マネをして理解する子どもたち —— 社会的学習理論

褒められたり罰を与えられなくても，他者の行動を観察し，模倣（**モデリング**）することによって道徳的な行動を獲得することがある。たとえば，母親が子どもに家事を手伝って欲しいときは，すべき行動を命令するよりも，子どもの注意を引いて作業を観察させる方が，子どものお手伝いへの参加率が上がる（→Ⓐ）。また，寄付行動の調査からは，利己的なモデルよりも愛他的なモデルを観察した子どもの方が，ゲームで獲得した報酬を他児に分け与えることが示された（→ⒷⒸ）。このように他者の行動の観察や模倣による道徳行動の習得をバンデューラは**社会的学習理論**の立場から説明している。バンデューラによると，観察学習は，注意，保持，運動再生，動機づけという4過程から成り立っている（Bandure, 1986）。

社会的学習理論：人間行動の変容や形成にはモデルの行動を観察し，模倣することがきわめて有効であるとする考え方

モデリング：新しい行動を学習する際，他者の行動や特性を観察し，同一視したり模倣すること

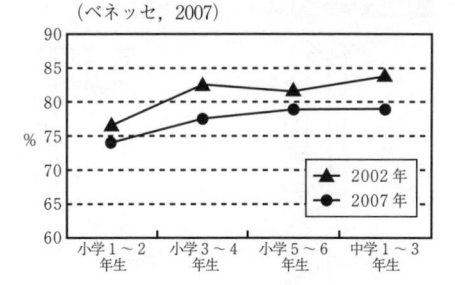

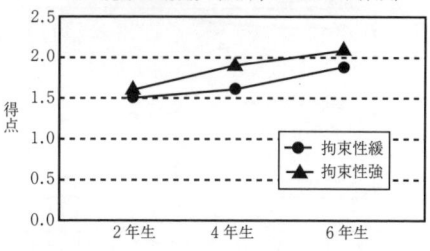

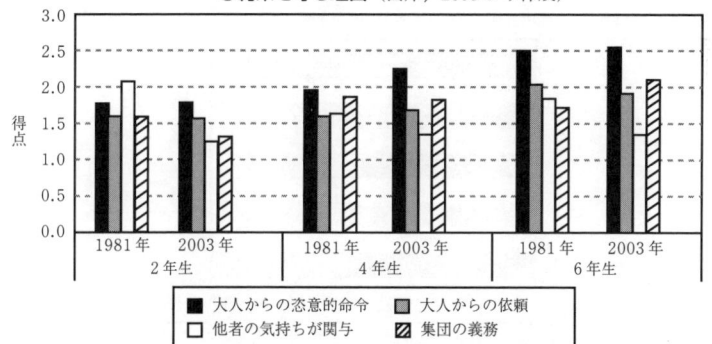

Ⓐ約束を守ることについての小・中学生の意識
（ベネッセ，2007）

Ⓑ拘束性の強弱による約束遵守の違い（仲間との約束の場合）（山岸，2006 より作成）

Ⓒ約束を守る理由（山岸，2006 より作成）

約束を守ることをおぼえる —— 約束概念の発達

　約束とは社会生活を営む上で守るべき重要な規範である。近年，子どもの規範意識の低下が問題視されているが，約束を守ることについての小・中学生の意識も，わずかではあるが年々低下する傾向にある（→Ⓐ）。しかし，厳密には，約束を守るという規範意識そのものが低下しているというよりは，約束を守るべきだと認識する状況に変化がみられ，特定の状況において約束遵守の意識が低下していると思われる。子どもに約束を守る状況を尋ねた調査では，子どもは拘束性が強い約束ほど守ろうとすることや（→Ⓑ），誰かと約束をした後で「大人からの恣意的命令」があっても約束を優先させるが，「他者の気持ちが関与する」事態が生じた際には約束を反故にしても他者を優先することがわかっている（→Ⓒ）。

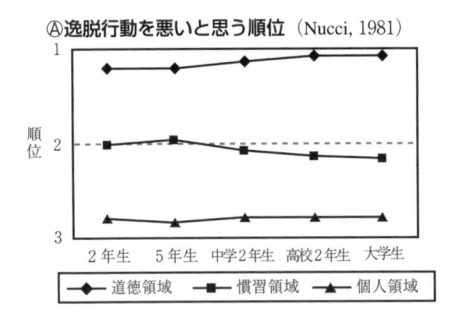

Ⓐ逸脱行動を悪いと思う順位（Nucci, 1981）

Ⓑ道徳的／慣習的違反場面で罪悪感／恥反応を推測した大学生の人数（髙井, 2004）

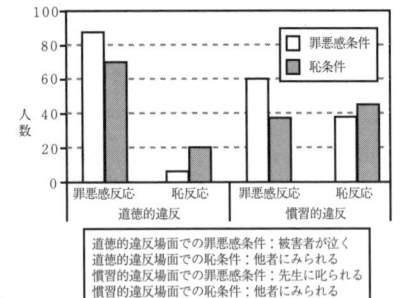

道徳的違反場面での罪悪感条件：被害者が泣く
道徳的違反場面での恥条件：他者にみられる
慣習的違反場面での罪悪感条件：先生に叱られる
慣習的違反場面での恥条件：他者にみられる

Ⓒ家であいさつをしていますか？
（独立行政法人国立青少年教育振興機構, 2005）

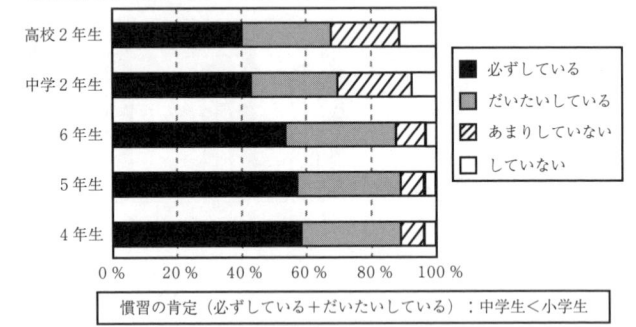

慣習の肯定（必ずしている＋だいたいしている）：中学生＜小学生

規則がなくても悪いことがわかる ―― 領域別特殊理論

道徳領域：他者の福祉や公平，義務感，権利，信頼，責任などが含まれ，道徳的に逸脱した行動は悪いと判断される

社会的慣習領域：期待，規則，社会秩序，常識・習慣からの逸脱など社会システムの概念に関するものが含まれる。社会的状況によって行動の善し悪しが異なる

個人領域：自己概念や他者の意図，感情などの理解に関する認知が含まれる。行為による影響を受けるのは自分だけである

チュリエルの領域別特殊理論によると，社会的知識は，**道徳，社会的慣習，個人**という3つの領域によって構成される（Turiel, 1983）。子どもは早い段階でこれら3つの概念領域を区別して認識し，ヌッチによると，概ね8歳頃にはほとんどの子どもたちが，個人領域よりも慣習領域，慣習領域よりも道徳領域の逸脱行動を「規則がなくても悪い」と判断するという（→Ⓐ）。また，道徳領域と慣習領域で逸脱行動が生じた際に，喚起される道徳感情には違いが見られ，成人の場合，道徳領域では罪悪感が，慣習領域では状況に応じて罪悪感と恥が喚起されることがわかっている（→Ⓑ）。慣習概念は，慣習の肯定と否定を繰り返しながら発達すると考えられており，たとえば日本では，小学生から中学生に進級する時期にかけて慣習の肯定から否定への移行がみられる（→Ⓒ）。

13章 何が良いこと，悪いこと？　183

Ⓐ罪悪感／恥を認識する子どもの反応（Barrett ら, 1993 より作成）

	遊んでいた人形が壊れたとき，どうしますか？
視線回避・回避行動	罪悪感関連の行動を多く示す子ども＜恥関連の行動を多く示す子ども
告白・補償行動	恥関連の行動を多く示す子ども＜罪悪感関連の行動を多く示す子ども

Ⓑ乳幼児の規範行動（Bullock & Lütkenhaus, 1988）

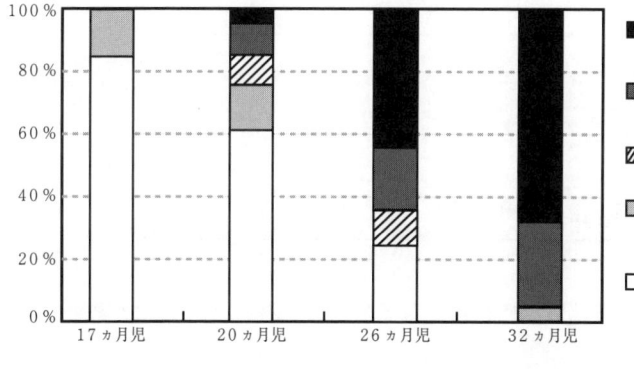

凡例：
- ■ すべての基準を正確に守る
- ■ すべての基準を守るが超過行動がある
- ▨ 1つの基準のみ守る
- ▧ 1つの基準は守るが超過行動がある
- □ 基準に従わない

横軸：17ヵ月児，20ヵ月児，26ヵ月児，32ヵ月児

悪いことはどんなことかを理解する ── 初期に見られる道徳行動

フロイトの精神分析理論によると，**エディプス・コンプレックス**が解消されて**スーパーエゴ**が形成されることにより，4・5歳頃には罪悪感が出現する。バレーらは，これより早い2・3歳頃には罪悪感の芽生えがみられることを明らかにしている。この頃には，道徳感情に基づく行動がみられ，罪悪感を認識する子どもは告白，補償行動を，恥を認識する子どもは視線を逸らすなどの回避行動を多く示すようになる（→Ⓐ）。さらに，2歳頃には規範行動の芽生えがみられ，年齢に伴って規範を受動的ではなく主体的，能動的に理解できるようになるにつれ，規範や基準にしたがった行動を示すことができるようになると考えられている（→Ⓑ）。

エディプス・コンプレックス：男児が母親に愛情を，父親に憎悪を無意識に抱くという複合感情のことで，精神分析学の基本概念。ギリシャ神話のエディプス王の物語に由来する

スーパーエゴ：自我理想と良心から成り立っており，親のしつけや教育観などが内在化されたものであり，親への同一視によって発達する。本能的衝動を検閲し抑制する機能をもつ

Ⓐ **表情および状況手掛かりからの感情推測**
（笹屋，1997）

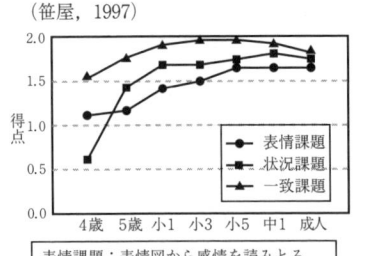

表情課題：表情図から感情を読みとる
状況課題：状況場面から主人公の感情を読みとる
一致課題：状況に適切な感情を表出した主人公の感情を読みとる

Ⓑ **矛盾課題で見られた男子の優先的手掛かり型**
（笹屋，1997）

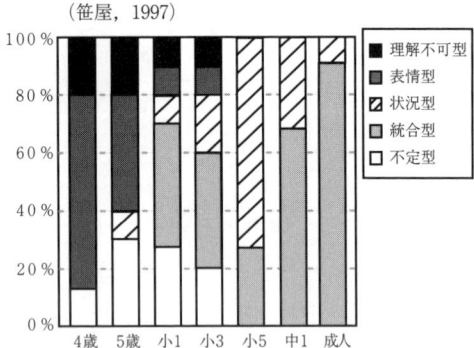

※矛盾改題：状況に不適切な感情を表出した主人公の感情を読み取る

Ⓒ **会話内容と会話以外の表現を優先的手掛かりにする程度**
（Morton & Trehub, 2001）

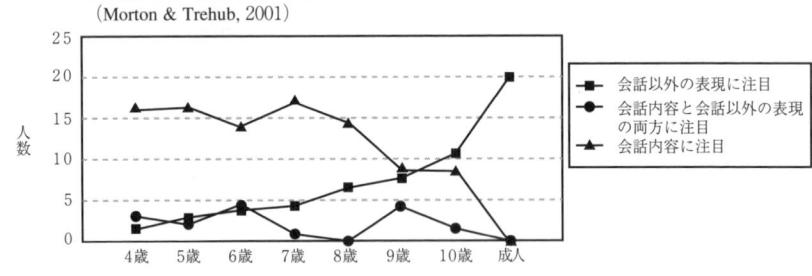

表情は手掛かりになる？ —— 感情理解・推論の発達

　生後1～2年の間に感情はめざましい発達を遂げるが，子どもが他者の感情を理解できるようになるのは概ね4歳以降である。他者感情を推論しようとする際，手がかりにする情報は年齢によって異なり，たとえば，嫌いなものをプレゼントにもらったが笑っている友達の感情を推論する際，4歳児は表情情報（「笑っているので嬉しい」）を，5歳児は状況情報（「嫌いなものをもらったので悲しい」）を優先的手がかりにするが（→Ⓐ），年齢が上がるにつれ，いずれか1つの情報のみを手がかりにするのではなく，複数の情報を統合して他者の感情を判断できるようになる（→Ⓑ）。さらに，会話場面では，表情や動作など会話以外の表現と会話内容に含まれる感情が異なるとき，年齢が高い者ほど会話以外の表現を重視して感情推論を行うことがわかっている（→Ⓒ）。

Ⓐ 小学校2・5年生が罪悪感／恥感情を示していると判断した項目
(Fergusonら，1991より作成)

罪悪感
・悪いことをしてしまった
・申し訳ない
・償いたい
・自分に腹が立つ
・今後誰にも好かれないのではないかと心配だ

恥
・笑われることが怖い
・気まずい
・顔が真っ赤になる
・逃げ出したい

Ⓑ 認識感情による行動の正当化の違い
(Fergusonら，1999)

□ 恥感情
■ 罪悪感

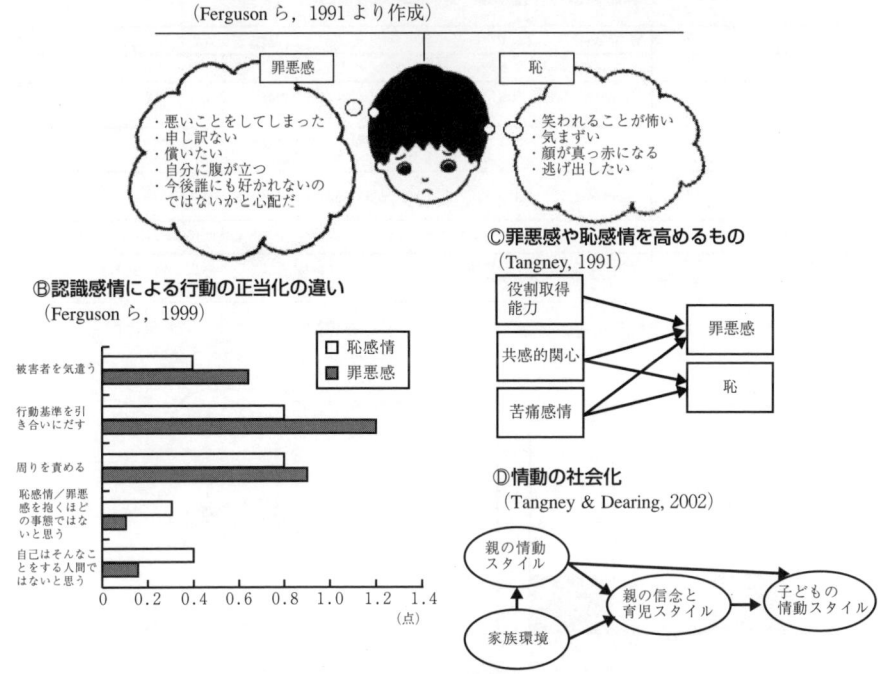

被害者を気遣う
行動基準を引き合いにだす
周りを責める
恥感情／罪悪感を抱くほどの事態ではないと思う
自己はそんなことをする人間ではないと思う

0　0.2　0.4　0.6　0.8　1.0　1.2　1.4
(点)

Ⓒ 罪悪感や恥感情を高めるもの
(Tangney, 1991)

役割取得能力 → 罪悪感
共感的関心 → 罪悪感／恥
苦痛感情 → 恥

Ⓓ 情動の社会化
(Tangney & Dearing, 2002)

親の情動スタイル ← 家族環境
親の情動スタイル → 親の信念と育児スタイル → 子どもの情動スタイル

恥ずかしいと思う気持ちの発達 ── 罪悪感と恥感情

　罪悪感と恥はともに道徳感情に分類されるが，2つの感情は喚起される出来事の構造と内容において大きく異なっている。罪悪感と恥を示す反応や喚起状況および喚起理由には違いが見られ(→ⒶⒷ)，罪悪感は意図的違反状況や道徳規範の逸脱場面で，恥は社会的失敗状況や違反を知る他者が存在する場面で喚起されることが多い。このことから，罪悪感を私的感情，恥を公的感情ととらえる見方もある。また，罪悪感の生起には役割取得能力が深く関わることも明らかにされている(→Ⓒ)。これら2つの感情の社会化には家族環境や育児スタイルが関わっており，子どもは親との日々のやりとりの中で，罪悪感や恥について適切な認知的，行動的反応を身につけていく(→Ⓓ)。一般的に，日本人は**恥の文化**，西欧人は**罪の文化**に沿った行動様式を示すといわれている。

恥の文化と罪の文化：他人の思惑や自己の体面を重視する行動様式を恥の文化，道徳が絶対基準となる行動様式を罪の文化という

Ⓐ 罪悪感の内在化水準 (Kochanska, 1991)

1. 未分化	何の悪い感情も抱かず、自己の欲求にのみ関心がある、被害者が責められることもある
2. 外的志向	罰や人間関係に対する恐れから負の感情が生じるが、もし違反が見つからなければ安心する
3. 対人関係志向	友情関係の喪失や他者による評価に対する恐れから負の感情が生じるが、違反が見つからなければ安心する
4. 慣習的志向	悪いこと／良いことについての慣習的でステレオタイプなイメージ（良い／悪い）を重視する、違反が見つからなくとも負の感情が持続することもある
5. 共感性や内在化要素を伴った慣習的志向	共感的関心や道徳性の内在化の兆しが見られ始めるが、慣習的志向から抜け出せない
6. 共感的志向	視点取得に基づく共感が見られ始める、違反が発覚しなくとも負の感情が持続する
7. 内在化	自分の中で行動が十分に制御される、自己の行動の結果について生じた負の感情は、違反を犯したときだけでなく、違反後の感情や自己イメージにまで影響し続ける

Ⓑ 罪悪感と違反の繰り返し意志との関係
(中川・山崎, 2005)

Ⓒ 子どもの気質としつけ、罪悪感の関係
(Kochanska, 1991；Petrucci, 2002)

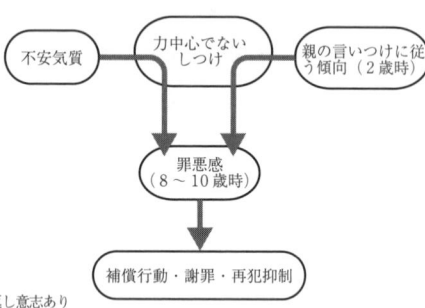

悪いという気持ちの発達 —— 罪悪感の発達

　子どもは自己と他者をひとたび区別できるようになると、自己の行動を基準やルール、目的という観点から評価し、自己の行動が他者にどのような感情経験をもたらしたかを認識し、他者に共感するようになる。この共感性が罪悪感の発達と深く関係しているという立場から、罪悪感について7つの内在化水準が示されている（→Ⓐ）。罪悪感には、違反の告白や補償行動、謝罪の欲求を高めるだけでなく、違反の繰り返し欲求を低減させる働きがあることがわかっており（→Ⓑ）、より高い罪悪感段階に至るには、力中心でないしつけを用いることが重要であるとされている。特に、不安傾向や親への従順傾向が高い子どもについては、罰や脅しによるしつけが罪悪感の発達に負の影響をもたらすとされている（→Ⓒ）。

Ⓐ**共感的苦痛の段階**（Hoffman, 2000；菊池・二宮, 2001 より作成）

(a)	新生児の反応的泣き	
(b)	自己中心的な共感的苦痛	自己と他者の区別が明確でない時期において，ちょうど自分が苦痛を感じているように，他人の苦痛に反応する
(c)	擬似的な自己中心的な共感的苦痛	苦痛が他人のもので自分のものでないことを知っているが，他人の内的な状態を自分のそれと混同していて，他人を助けようとする際に，自分がなぐさめられるような方法を示す
(d)	本当の共感的苦痛	他人が自分自身のものとは異なる内的状態を持っていることを知っており，他人が実際に感じているのと近い感情をもつ
(e)	その場を離れた他人の経緯についての共感	たとえば，慢性的な病気を患っていたり，経済的に困窮している他人について，子どもは普段は悲惨なあるいは幸福な生活をしていることを知っている

Ⓑ**共感性喚起の有無による反応の違い**
（Thompson & Hoffman, 1980）

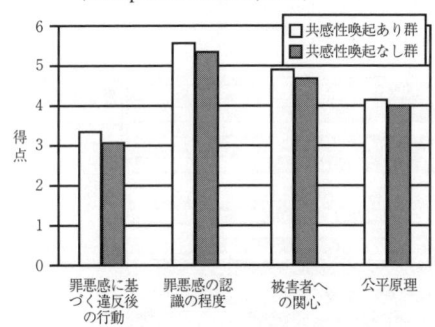

Ⓒ**共感性と向社会的行動，分与行動の関係**（Iannotti, 1985）

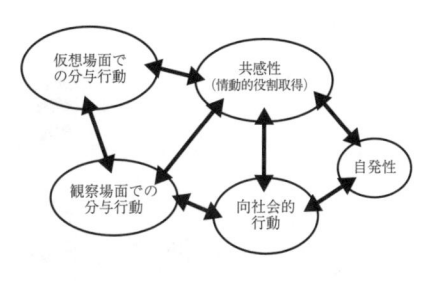

他者と同じ感情をもつようになる ── 共感性の発達

　ホフマンによると，他者の苦しみを目撃した際に感じる共感的苦痛は生後まもなく反応的泣きという形であらわれ，その後5つの段階にわたって発達する（→Ⓐ）。また，トンプソンらは，違反場面で被害者の感情に強く共感した子どもはそうでない子に比べ，被害者に対して強い関心を抱き，罪悪感を高く認識することから（→Ⓑ），**共感性**は罪悪感の基礎となる感情的反応であることを示した。共感性は，罪悪感だけでなく，分与行動や思いやり行動などの向社会的行動とも関係しており，困っている他者の気持ちに強く共感できる子ほど，自分の犠牲をいとわず他者を助ける行動を示すことがわかっている（→Ⓒ）。

共感性：他者の感情や他者のおかれている状況に適した感情的反応のこと

Ⓐ しつけと道徳性の社会化 （Krevans & Gibbs, 1996）

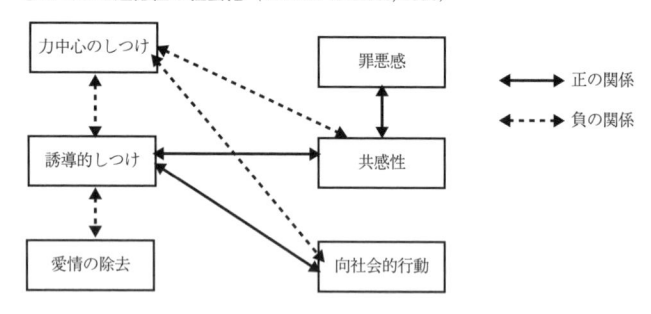

⟷ 正の関係
⇠⇢ 負の関係

Ⓑ 親の叱り方 （ベネッセ, 1998）

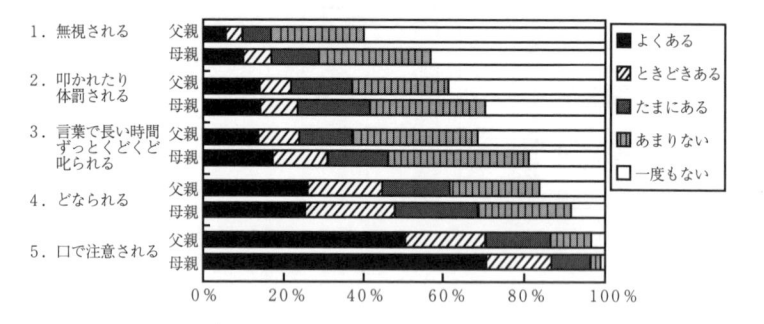

1. 無視される　父親／母親
2. 叩かれたり体罰される　父親／母親
3. 言葉で長い時間ずっとくどくど叱られる　父親／母親
4. どなられる　父親／母親
5. 口で注意される　父親／母親

凡例：よくある／ときどきある／たまにある／あまりない／一度もない

しつけのタイプ：力中心のしつけとは罰や脅しによって親の権力を主張するしつけの方法である。愛情の除去とは，子どもを無視したり，嫌いだなどと脅かすことによって愛情を取り去り，子どもの行動を統制するしつけの方法である。誘導的しつけとは，傷つけた他者の苦痛に注目させることによって共感的苦痛を引き起こし，理由付けや説明を用いて他者の視点から他者の感情を理解させるしつけの方法である

しつけのタイプと感情の社会化 ── しつけと感情

　道徳感情についての初期のいくつかの研究において，**しつけのタイプ**と感情の社会化との関係が示されている。力中心のしつけ，愛情の除去，誘導的しつけのうち，特に誘導的しつけは罪悪感など道徳感情の社会化にとってきわめて重要である。クレバンスらによると，親が誘導的しつけを用いることは，子どもの共感性や向社会的行動に直接的に影響するだけでなく，共感性を介して罪悪感に間接的に影響し，共感性と罪悪感の統合を容易にする（→Ⓐ）。親の叱り方についての調査（→Ⓑ）からは，道徳感情の社会化に負の影響力をもつ力中心のしつけや愛情の除去を指す体罰，無視などの報告は比較的少ないことがうかがえる。

ⓐVLFの4つのステップ（渡辺, 2001）

ステップ1	結びつき	教師が個人的な体験を子どもに話す。教師の物語を共有することにより、子どもは語りを行う姿をモデリングでき、クラス内には互いを信頼する環境を生み出すことができる。
ステップ2	話し合い	対人関係の葛藤についての物語を読み、登場人物の気持ちや立場を推測する。その際、ワークシートやパートナーインタビューを用いる。子ども達には、自分の視点を表現し、他者の発言に耳を傾けることが要求される。
ステップ3	実践	ロールプレイや劇を用いて、物語から学んだことをパートナーどうしで実習する。様々な視点を体験し、立場が異なると考え方や気持ちも異なることに気づくことを目的としている。
ステップ4	表現	物語から学んだことを自分自身の生活に統合させる。書く、描くことにより、自分の心に内在化した思いを表現したり、相手の立場や第三者の立場を理解することができる。

ⓑ共感・思いやりの具体例（青木, 2002）

	家庭	学校	コミュニティ
相手を理解し、気遣ってあげること	弟を元気づけるために面白いジョークを言ったよ。	悩んでいる友達の話を聞いてやったよ。	ホームレスの人に配る缶詰を集めたよ。
他者の世話をすること	寝る前に妹にお気に入りの本を読んでやったよ。	けがをしている友達のお手伝いをしたよ。	老人ホームのお年寄りに本を読んであげたよ。
相手の気持ちを考えて親切にすること	入院しているおばあちゃんにお花を持っていったよ。	転校生の友達に昼休み「一緒に遊ぼう」と誘ったよ。	荷物を運んでいる人にドアを開けてあげたよ。
困っている人を見たら助けてあげること	お母さんが病気で寝込んでいるとき、朝ご飯を作ったよ。	学校の仕事で困っている友達に「手伝うよ」と言ったよ。	チャリティ募金に参加したよ。

道徳性を育む学校生活 ── 学校プログラムへの参加

　子どもの道徳性を育む学校プログラムには様々なものがあるが、なかでもVLF（愛と自由の声）は、セルマンの役割取得理論を基にしており、子どもの読み書き能力の向上や人格およびソーシャルスキルの発達などを目標としている。日本でも、①自己の視点を表現すること、②他者の視点に立って考えること、③自己と他者の違いを認識すること、④自己の感情をコントロールすること、⑤自己と他者の葛藤を解決すること、⑥適切な問題解決行動を遂行することを目標として4つのステップ（→ⓐ）に基づいた実践がみられる（渡辺, 2001）。また、道徳性のなかでも慣習領域に着目した品性・品格教育は、子ども達に品性の高い、品格あるよい行動の習慣を形成していこうとする教育である（青木, 2008）（→ⓑ）。様々な品性徳目の実践の場を作り、子ども達に繰り返し実践を促すことによって行動を「習慣化」できるという立場から、道徳性育成を目指すものである。

〔補足〕
品性徳目教育と道徳教育の違い：品性徳目教育は、価値を知り、価値ある行動がとれるようにすることを目的としており、教師は模範を示す品性徳目の擁護者であるのに対し、道徳教育は、道徳的な視点を共有したり他者の視点を分析する機会を得ることにより、道徳的な問題についての思考力を高めることを目的としており、教師は討論の促進者である

■設問
①規則に対する子どもの認識は年齢によって異なるが，乳幼児期，児童期，思春期の子どもの規則遵守を促す介入としてどのようなことが考えられるだろうか。
②他者の感情を理解した後，人は状況に即した表情を示すが，その際の表情は自分の感情と合致したものであるとは限らない。このような感情と表情のずれは，いつ頃，なぜ生じるのだろうか。
③近年，若者のモラル低下が問題視されている。どのような事柄が問題視されているのか，また，モラル低下を助長する要因や抑制する要因にはどのようなものがあるのかについて，領域別特殊理論の道徳的領域と慣習的領域に分けて考えてみよう。

■回答のポイント
①規則遵守を義務として捉えているか，また，規則を与える他者の属性がどのようなものであり，規則遵守の目的が何であるかによって介入の方法は異なる。
②他者の感情を慮り，自己の感情とは異なる感情を表出することを表示規則という。他者と円滑な関係を継続するためには表示規則の獲得は重要であるといえる。
③行為の善悪を何に基づいて判断するかが重要である。各領域における違反行為への教師の反応は異なり，慣習的違反行為に対しては叱責や命令が多く，道徳的違反行為に対しては被害者の気持ちを伝えるものが多いとされている。

参考文献
ピアジェ（1930）．大伴茂（訳）（1954）．児童道徳判断の発達　臨床児童心理学Ⅲ　同文書院
山岸明子（2004）．小学生における規則変更の手続きの理解—22年前との比較　順天堂医療短期大学紀要, 15, 10-20.
独立行政法人国立青少年教育振興機構（2005）．青少年の自然体験活動等に関する実態調査　平成17年度調査研究事業報告書
笹屋里絵（1997）．表情および状況手掛かりからの他者感情推測教育　心理学研究, 45, 312-319.
中川美和・山崎晃（2005）．幼児の誠実な謝罪に他者感情推測が及ぼす影響　発達心理学研究, 16, 165-174.
ホフマン（2000）．菊池章夫・二宮克美（訳）（2001）．共感と道徳性の発達心理学　川島書店
ベネッセ教育研究開発センター（1998）．チャイルド　リサーチネットモノグラフ・小学生ナウ vol.18－3.
青木多寿子（2002）．アメリカの小学校に見る品性徳目教育とその運用　岡山大学教育実践総合センター紀要, 2, 47-59.
渡辺弥生（2001）．VLFによる思いやり育成プログラム　図書文化社

14章　発達における遅れやつまずき
■発達障害の定義とその特性

発達の遅れや凸凹
特別支援教育のいま
子どもの状態を知る・理解する
知的に遅れがあるということ
対人関係を築くのが苦手な子って？
怠けていないのに…
落ち着きのない子
悪循環を断ち切る
学校での指導・支援
社会で必要なスキルを身につけよう
ほめてあげよう

発達の領域とその障害（杉山, 2007 を一部改変）

発達の領域	その内容	発達障害の医学的診断名
認知の発達	周りの世界を知り，理解する。また言葉を覚え，言葉を用いて考えるといった基本的な認知の発達	精神遅滞
学習能力の発達	基本的な認知の力を踏まえて，文字を読む，書く，計算するといった学習能力の発達	学習障害
言語能力の発達	言葉の発語，言葉の理解など言葉の発達の障害	発達性言語障害
社会性の発達	親子の信頼ときずなに始まり，他人の気持ちを読むこと，さらに人との付き合い方や社会のルール習得の発達	広汎性発達障害（自閉症スペクトラム）
運動の発達	歩く，走るといった体全体の運動の発達	筋肉の病気によって起こる，筋ジストロフィー症などの筋肉病，全身の運動の調節の障害として起きる脳性麻痺など
手先の細かな動きの発達	ものを持つ，スプーンを使う，字を書くといった指の細かな運動の発達	発達性協調運動障害
注意力・行動コントロールの発達	認知の発達と深い関係にある，注意力や集中力，行動コントロールの発達	注意欠陥多動性障害（ADHD）

発達の遅れや凸凹 ── 発達障害の定義

　発達とは年齢にともなう心身の量的および質的な変化である。発達には認知，社会性，注意力，学習能力，言語能力，運動機能など様々な領域が関係しているが，そのなかの特定領域に遅れと凹凸がある状態を発達障害という。発達障害は18歳以前に生じる中枢神経系（脳）の機能不全であり，知的障害（精神遅滞），自閉症，注意欠陥多動性障害，学習障害などが含まれる。病因はいろいろと考えられているが，まだ詳しくは特定されていない。

特別支援教育の対象の概念図（文部科学省，2008）

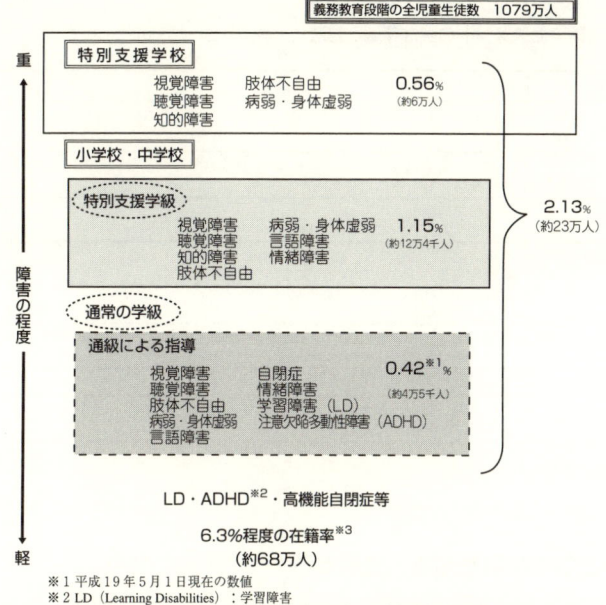

義務教育段階の全児童生徒数　1079万人

重　　　　　障害の程度　　　　　軽

特別支援学校
視覚障害　　肢体不自由　　0.56％
聴覚障害　　病弱・身体虚弱　（約6万人）
知的障害

小学校・中学校

特別支援学級
視覚障害　　病弱・身体虚弱　　1.15％
聴覚障害　　言語障害　　　　（約12万4千人）
知的障害　　情緒障害
肢体不自由

}　2.13％（約23万人）

通常の学級

通級による指導
視覚障害　　自閉症　　　　　　0.42※1％
聴覚障害　　情緒障害　　　　（約4万5千人）
肢体不自由　学習障害（LD）
病弱・身体虚弱　注意欠陥多動性障害（ADHD）
言語障害

LD・ADHD※2・高機能自閉症等
6.3％程度の在籍率※3
（約68万人）

※1　平成19年5月1日現在の数値
※2　LD（Learning Disabilities）：学習障害
　　　ADHD（Attention-Deflict / Hyperactivity Disorder）：注意欠陥多動性障害
※3　この数値は，平成14年に文部科学省が行った調査において，学級担任を含む複数の教員により判断された回答に基づくものであり，医師の診断によるものでない。

（※1及び※3を除く数値は平成20年5月1日現在）

特別支援教育のいま ── 日本の特別支援教育の制度の変遷と現在

　特殊教育から特別支援教育へと基本的概念の転換により，1人ひとりの教育的ニーズに応じた支援の在り方が重視されるようになった。2007年度より特別支援教育が正式に実施されたが，義務教育段階の子どもたちの学びの場はどのように変化しただろうか。図に示すように，2008年度（平成20年度）において特別支援学校，特別支援学級で学ぶ子どもはそれぞれ約6万人と約12万4000人，**通級による指導**を受ける子どもは約4万5000人である。通常学級には行動面，学習面に困難さが見られる児童生徒が全体の6.3％程度在籍していると推測されている。2007年度（平成19年度）のデータによると，特別支援学校は全国で1013校あり，特別支援学級は2万6297学級である。前年度と比較すると，通常学級数が減少しているなかにおいて，特別支援学級数は1303学級増加している。

通級による指導：通常の学級に在籍する児童生徒が，障害に応じた特別な指導や各教科の補充指導を週1～8時間程度受けること

心理アセスメントの主な領域と方法（上野・花熊, 2006）

領域	主な方法
① 基礎情報 （主訴，問題の概要，ニーズ）	保護者や本人との面接，行動観察，ほかの担当者からの聴取や報告
② 背景的情報 （家庭環境，生育歴，既往歴）	保護者や指導担当者からの聴取，乳幼児健診や母子手帳などの記録，医療機関からの報告，行動観察
③ 全般的な知的水準	個別の知能検査 （WISC-Ⅲ，田中ビネー検査など）
④ 認知能力・言語能力の特性	心理検査Ⅰ（WISC-Ⅲ，K-ABC，ITPA）， 心理検査Ⅱ（DAM，DTVP，BGTなど） 言語検査（ITPA，PVT，構音検査など）， 会話，行動観察など
⑤ 学習面の特性	学力チェックリスト（LDI），標準学力検査，各教科のノート，作文，日記，観察など
⑥ 身体・運動面の特性	随意運動発達検査，運動能力検査，観察など
⑦ 生活面・行動面の特性	行動観察，面接，保護者や担任教師からの聴取，行動チェックリスト，S-M社会生活能力検査など

子どもの状態を知る・理解する —— アセスメント

　子どもの行動について心身の発達段階や行動の特性を踏まえて理解することが適切な支援を検討する上で重要である。子どもの状態を正確に理解するために様々な情報を収集し，それらについて総合的に解釈を行うことをアセスメントという。

　上記の表にまとめられているように，アセスメントには主な7つの領域とそれに応じた方法がある。基礎情報と背景的情報を得るために，行動観察では子どもの行動と行動が生じた状況との関係を探り，生育歴の聴き取りでは過去の出来事から手がかりを見つける。そして，子どもの全体的な知的水準や認知・言語能力に関する客観的な情報を得るために，知能検査や心理検査などの検査を行う。これらの検査では得点の高低だけではなく，個人内の得意な面と不得意な面を見極めることができる。また，学習面や身体・運動面については日常の授業の様子や検査によって確認し，生活面・行動面については学校や家庭での様子を踏まえながらチェックリストを活用して個人の特性を確認することが必要である。

知的障害の子どもに見られる特徴

3歳になる頃からことばの遅れが顕著になる

会話のすれ違いが多くなる

動きがぎこちない

知的に遅れがあるということ —— 知的障害について

　知的障害は，認知や思考，記憶や注意力について年齢相応の発達水準に達しておらず，生活が困難な状態をいう。知的障害の子どもは，言葉に対する理解力に乏しい，周りの状況を把握しにくい，抽象的な思考をすることが難しいといった特徴がある。接する際は，たくさんのことを覚えられないため少しずつ繰り返し情報を伝える，対象に対して注意を向けにくいため注目しやすい選択肢を示すといった工夫が必要である。行動面では固執性，落ち着きのなさなどが特徴として挙げられ，動きがぎこちない，身体のバランスが悪いなど運動発達の遅れや運動能力の障害がみられることも多い。知的障害の子どもは日常生活場面において失敗が多く成功経験が少ないことから，目標を達成する動機づけに乏しく，行動が消極的になりがちである。

知的障害：①知的機能の障害（知能検査で測定された知能指数が70以下であること），②適応行動の障害（意思伝達や自己管理，家庭や社会での対人関係などの領域で適応機能に問題があること），③18歳以下で生じること，によって定義される

自閉症の特徴

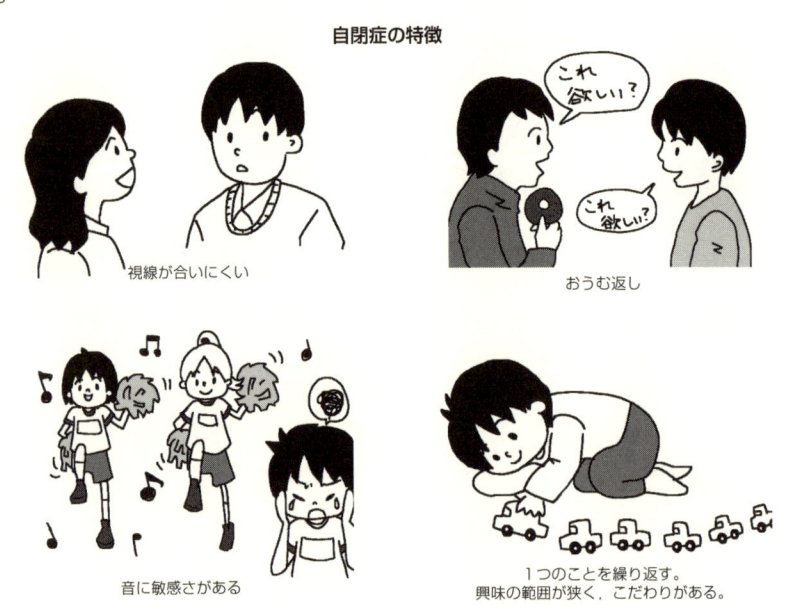

視線が合いにくい

おうむ返し

音に敏感さがある

1つのことを繰り返す。興味の範囲が狭く，こだわりがある。

対人関係を築くのが苦手な子って？—— 自閉症・アスペルガー症候群

　自閉症の診断基準は，①対人関係の質的障害（目が合わない，集団行動が苦手など），②コミュニケーションの質的障害（言葉の顕著な遅れなど），③想像力に乏しく，こだわりがある（決まった行動パターンをとることを好み，通学順路がいつもと違ったり物の位置が変わったりするとパニックを起こすなど）の3つである（これらの特徴をウイングの「三つ組」という）。自閉症の約7～8割には知的な遅れがある。また，感覚が過敏で独特であることが多く，身体的な接触も非常に嫌がる。自閉症の対人関係には次の3つのタイプがある。学校でも家庭でも人からの誘いかけや呼びかけに応じず人との接触を避ける孤立タイプ，誰からの働きかけであれ受け入れる自発性の乏しい受動タイプ，独特な方法ではあるが積極的に人と接する奇異タイプである。なお，アスペルガー症候群とは自閉症の診断基準のうち①と③を満たすが，言葉の顕著な遅れや知的な遅れが見られない場合を指す。

14章　発達における遅れやつまずき　197

バロン＝コーエンの4コママンガを用いた実験材料（子安，2000）

機械的課題

行動的課題（アイス）

意図的課題（熊人形）

バロン＝コーエンの4コママンガを用いた実験材料（原図をもとに日本人向けに描き直したもの；服部敬子画）。1枚目の絵を示し，残り3枚を並べ換えてお話をつくる絵画配列課題。自閉症児は，物理的因果事象（物につまずいてひざをけがする絵）や登場人物の願望を示す事象（アイスクリームを横取りされる絵）は理解できるが，登場人物の誤った信念に関する事象（そこにあると思っていた人形が知らない間になくなった絵）は理解が困難であることが示された（Baron-Cohen, S., Lesile, A., & Frith, U. (1986):British Journak of Developmental Psychology, 4, 113-125.に基づく）。

　対人関係を築くためには，相手と目を合わせて会話すること，言葉や表情から相手の気持ちを推測したり，自分の感情を表現したりして気持ちを共有し合うこと，暗黙のルールに従って行動することなどが必要である。さらには，他者の置かれた立場を把握し，その心的状況を推量・理解することが重要である（第5章を参照のこと）が，自閉症の子どもたちはこの働きがうまく機能していない。たとえば，4コマの絵を正しく並べ替える課題を行うと，登場人物が (a) 物につまずいてけがをする場面や (b) アイスクリームを横取りされる場面については正しく理解できる。しかし，自閉症の子どもたちにとって (c) そこにあると思っていた人形がないという「登場人物の誤った信念」を描いた場面を理解することは難しい。

〔補足〕
自閉症スペクトラム：自閉症は症例が多様で，軽度から重度までの間にはっきりとした区別がなく境界が曖昧であることから，その多様性・連続性を表した概念図を自閉症スペクトラムとよぶ

LDの子どもの困難さ

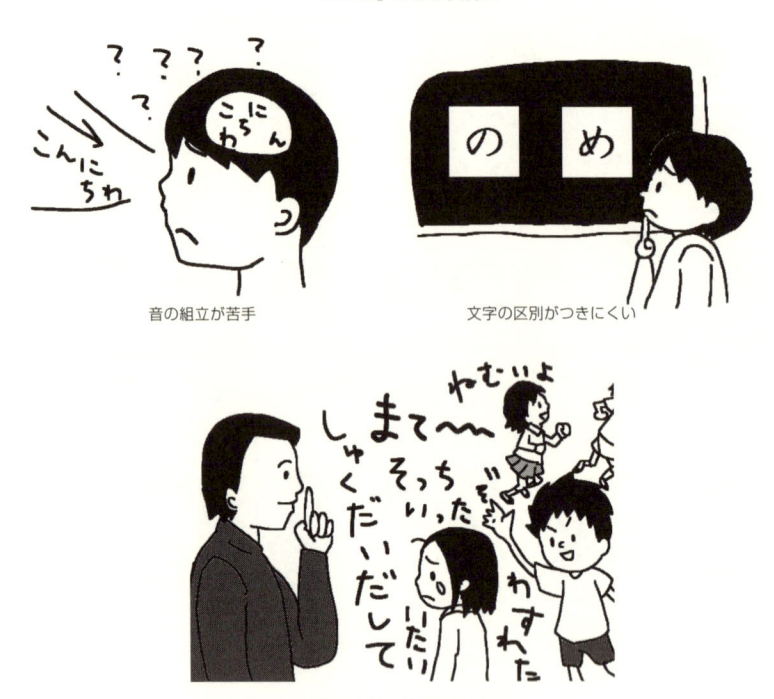

音の組立が苦手　　　　　文字の区別がつきにくい

必要な情報を選択しにくい

怠けていないのに… ── 学習障害？

LD：知的に遅れはないものの，学習に関連する能力（読み，書き，話す，聞く，推論する，計算する）のうちいずれかに顕著な遅れが認められるもの

　学習障害（**LD**）とは学習に関連する障害であり，LDの子どもたちは学習に必要な能力についてなかなか身につけることができない。たとえば，似ている文字を区別して読んだり書いたりすることや，言葉を正しく聞き取ること，多くの情報のなかから必要な情報を取り出して注意を向けることが困難である。また，運動が苦手な場合や不器用さが顕著である場合が多く，動作がぎこちなかったり，ハサミの使い方が同じ年齢の子に比べて上手でなかったりする様子が見られる。LDはある教科の学習内容が1〜2学年以上の遅れがあることによって判断される。特に，学習内容が難しくなる3年生あたりから学習についていけずにその遅れが目立つようになる。

14章 発達における遅れやつまずき

ADHDの核となる典型的症状（コナーズ・ジェット，2004を一部改変）

核の症状／問題	定義	子どもの典型的な行動
注意持続困難	他の人をいらいらさせるような注意の短さ	・教師が，指示を何度も繰り返す必要がある ・ADHDの子どもは，他の子どもが1つのゲームで遊びつづける時間内に，5～6種類のゲーム，またはおもちゃで遊ぶ可能性がある。
注意の転動	環境刺激のために，とりかかっている課題から注意がそれる	・ゴミを片付けようとしても，犬や，弟，おもちゃ，ゴミの中の面白いものに気がそれる可能性がある。その結果，ゴミがゴミ箱に片づかない。
衝動性／多動性	考えずに行動し，しばしば危険な目にあう	・テレビを見ている間中，椅子に上がったり，降りたりする。 ・人が話しているのをさえぎる。 ・左右を見ないで道に飛び出す。 ・「面白い」からと，屋根から飛び降りる。 ・ゲームをしている時，他の人の番なのにわりこむ。 ・幼い時には，寝ている間，健常児に比べると絶えず体を動かしていて，落ち着かない。
協調性の欠如	不注意と衝動性のために社会的スキルに乏しい	・順番を待てず，ルールを守らない。 ・通常は規則を知っているが，社会的場面で期待される時に，規則に従うことができない。

落ち着きのない子 —— 注意欠陥多動性障害

　注意欠陥多動性障害（**ADHD**）の行動には，注意持続が困難であることや注意がそれやすいこと，考えずに行動するなどの衝動性／多動性，協調性の欠如といった特徴が挙げられる。小学生の高学年になると多動や衝動性といった行動はあまり目立たなくなるが，注意を持続できない，思考をまとめることができない，整理整頓がきわめて苦手，といった注意に関係する症状は思春期以降も続く。バークレーは，ADHDとは自分自身の行動をコントロールすることが難しく，「何をすべきか知らないのではなく知っていることをどう行ったらいいのかわからない状態である」と述べている。ADHDの子どもは決められた目標に向かって自分自身の行動を調整することが苦手であり，そのために失敗することが多い。

ADHD：不注意（注意散漫，注意が移り変わりやすいこと），多動性（落ち着きがないこと，多弁），衝動性（突発的な行動を起こしやすいこと）の症状による障害が2つ以上の状況で，6ヵ月以上継続してみられることにより定義されている

生じやすい二次的問題

悪循環を断ち切る —— 発達障害児の二次的問題

　それぞれの発達障害自体が引き起こす困難さはもとより，それにともなう二次的な問題もとても深刻である。二次的な問題とは自己肯定感の低下，学業の不振，攻撃性の増加，いじめなどである。発達障害の子どもたちは年齢が上がるにつれて失敗経験が増えてくるため，自信をなくしてしまいがちである。日々の学校や家庭での生活場面において，子どもたちは年齢相応の期待された行動がとれなかったり，苦手なことが多いために失敗を繰り返したりすることで，叱責されることが増える。周囲の理解が得られないことで自信をなくし，ますます自己評価が低下する，といった悪循環に陥りやすい。障害の特性が理解されることなく，適切な対応がなされないままに叱責されることも多い。これは年齢段階を問わずに考慮すべき事柄である。

感情やことばの理解や表現に関する学習（内山・水野・吉田，2002）

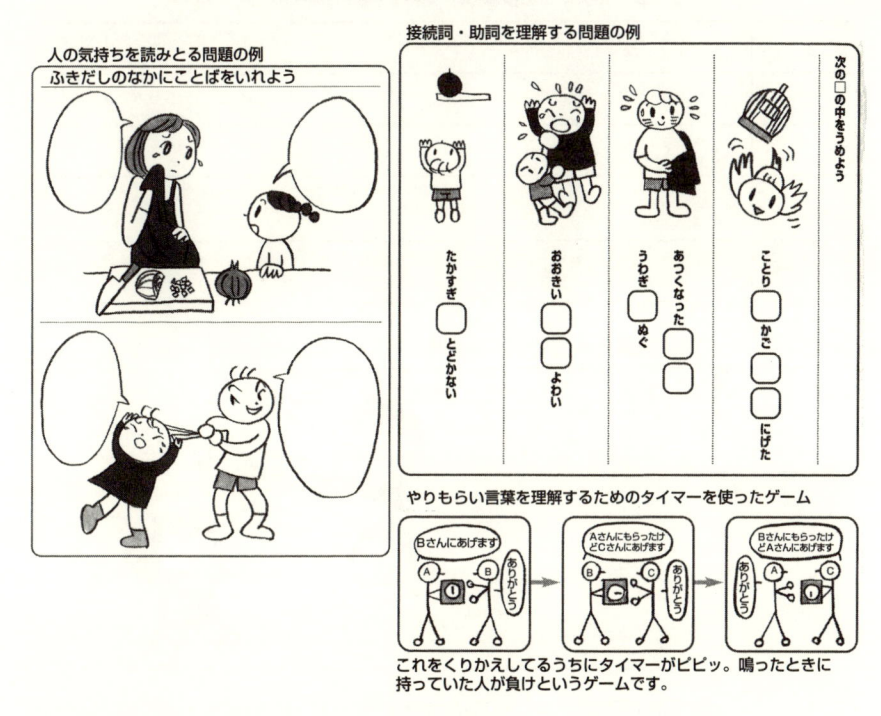

学校での指導・支援 ── 個に応じた支援を

　学校では障害特性と個人に応じた支援が効果的である。発達障害の子どもは視覚的に情報を与えられると理解が進むため，図や絵，写真を用いて提示するとわかりやすい。学校場面では時間割を文字だけではなく絵や写真を添えて掲示し，終わったことがわかるような印をつけると時間の見通しも立ちやすい。言葉で意思を伝えられない子どもたちについては，伝えたいことを絵で表した**コミュニケーションボード**や絵カードを使い，「だれと」「どこで」「何をしたいのか」「どこへ行きたいのか」といった情報を伝えられるようにする。人の気持ちを理解することが苦手な自閉症やアスペルガー症候群の子どもに対しては，上図に示すような教材を使って，感情や言葉に関する学習を行うことが効果的である。

コミュニケーションボード：文字や話し言葉によるコミュニケーションが難しいものが，図やイラストを指差すことで意思の疎通を図るボード

ソーシャルスキルの指導方法 （上野・岡田, 2006）

教示 (直接教える)	面接, 言葉や絵カードでスキルを遂行するように教えること。なぜそうすべきか理由も具体的に教えることが大切。
モデリング (見て学ぶ)	適切なモデルを見せて学ばせること。わかりやすい不適切なモデルを見せ, 考えさせるときもある。
リハーサル (やってみる)	ロールプレイングやワークシート, ゲームのなかで実際に行ってみて練習させること。適切に行動できるようにプロンプト（お助けヒント）を出すのも, ポイントとなる。
フィードバック (振り返る)	よかったかどうか振り返り評価すること。年齢や子どもの状態により効果的な強化子（ほめ方）は異なる。即時に, 具体的に, 肯定的に評価するがよい。日常のなかでは「イライラしたんだ」等と感情面もフィードバックしていく。
般化 (いつでも, どこでも, だれとでも)	違う場面でもスキルを発揮するように促したり, 宿題を出したりすること。指導機関, 学校, 家庭などで共通認識をもち, 一貫した対応と行動の促しが必要となる。

ソーシャルスキル・ゲームの例 （小野・上野・藤田, 2007）

【協力フライングディスク】
　みんなで輪になりフライングディスクを投げてキャッチする。何回続くかチャレンジする。ルールに「投げる前に相手の名前を呼ぶ」「相手が返事をしてから投げる」「みんなに回るようにする」を組み込み, 相手の名前を呼ぶ, 相手の様子に注意を向ける, 協力するといったスキルを体験させる。

社会で必要なスキルを身につけよう —— ソーシャルスキルトレーニング

ソーシャルスキルトレーニング (SST): 社会生活や人間関係を営むために必要な力を養うトレーニングのこと

　発達障害の子どもたちは学校をはじめとする社会生活のなかで人と円滑にやりとりするために, 物の貸し借りをする, 友だちに謝る, 挨拶をする, 友だちの気持ちを推測するといったことを学習しなければならない。学習の仕方には言葉や絵カードをとおしてスキルを教わる教示, 見本を見て学ぶモデリング, ワークシートやゲームをとおして実際にやってみるリハーサル, 実施したことに対し自分で振り返りを行うフィードバック, 異なる場面でもスキルを利用できるようにする般化がある。表情や話し方に関する練習としては, ストーリーのある絵を示してその登場人物の気持ちを考え, その気持ちに合った表情について学んだり, 人との適切な距離の取り方や相手に対する声かけの仕方を練習したり, 相手の気持ちを推量する練習としてコミック会話を用いる方法などがある。

子どもの行動を 3 つに分けてみよう（小野・上野・藤田，2007）

現在できている好ましい行動	好ましくない行動	危険な行動（許し難い行動）
（例）おはようと言う，歯を磨く，着替えをする，など	（例）騒ぐ，わめく，ぐずる，話に割り込む，へ理屈をいう，など	（例）人を傷つけるような行動，自分や他者への暴力・暴言，ものを壊す，など
↓	↓	↓
ほめる 肯定的な 注目をする	無視する＝待つ 中立的 注目を取り去る	制限を設ける 断固，公正に 非身体的

ほめてあげよう ── ペアレントトレーニング

　発達障害の子どもたちにとって家族による支援は大事なことである。しかし，発達障害の特性については家族にとってもなかなか理解しにくい側面がある。家族が発達障害の特性への理解を深め，その子に対して適切に対応する方法を学ぶことは，子ども自身と家族にとって日々の生活を送りやすくする。ペアレントトレーニングでは親が子どもの行動を観察し，してほしい行動としてほしくない行動とに分類し，子どもの行動に対する適切な対応を学ぶ。具体的には，賞賛すべき場面と罰を与えるべき場面を見極めること，そして子どもの行動に対して賞賛を惜しまないことと効果的な罰を用いることが必要である。重要なことは，子どもがやらなかったことではなく，できたことに目を向けて，小さな成功や少しでも成功したことに気付いて褒めることである。

ペアレントトレーニング：UCLA 神経精神医学研究所のハンス・ミラーによって 1974 年に開始された。ペアレントトレーニングは親が子どもの行動を変容するために，心理学にもとづく適切な対応を獲得することを目的としている。ペアレントトレーニングの基本的な考え方は，望ましくない行動は無視，できるようになった行動はほめる，体罰はできるだけ使わないなどの学習理論を基礎としている

■設問
1 発達障害の定義を答えなさい。
2 発達障害の子どもの特性を把握する上で重要なことは何か。
3 自閉症を定義する3つの症状は何か。

■回答のポイント
1 発達障害の症状が顕著に現れる年齢は発達期である。原因は様々挙げられるもののはっきりとはわかっていない。心の病気ではないことに注意が必要。
2 子どもの行動を客観的に理解し，幅広い情報を得ることが必要である。子どもの行動を観察した結果も重要であるが，成長の経過とともに見られる行動の変化，学校等での様子や検査の結果を踏まえて，包括的に考えることが必要である。
3 特徴的な3つの症状を「三つ組」という。対人関係の築きにくさという点から症状を考えるとよい。

参考文献

杉山登志郎（著）(2007)．発達障害の子どもたち　講談社現代新書
上野一彦・花熊曉（編）(2006)．軽度発達障害の教育— LD・ADHD・高機能 PDD 等への特別支援　日本文化科学社
梅谷忠勇・生川善雄・堅田明義（編著）(2006)．特別支援児の心理学—理解と支援　北大路書房
子安増生（著）(2000)．心の理論　岩波書店
ラッセル・A・バークレー（著）海輪由香子（訳）(2000)．ADHD のすべて　VOICE
小野次朗・上野一彦・藤田継道（編）(2007)．よくわかる発達障害—LD・ADHD・高機能自閉症・アスペルガー症候群　ミネルヴァ書房
シンシア・ウィッタム（著）上林靖子・藤井和子・北道子・中田洋二郎・井潤知美（訳）(2002)．読んで学べる ADHD のペアレントトレーニング—むずかしい子にやさしい子育て　明石書店

引用文献

1章

石原勝敏（1998）．図解　発生生物学　裳華房
Cowan Un Nelson（1997）．Memory Development in Children（Studies in Developmental Psychology）
川島一夫（2001）．図でよむ心理学　発達〔改訂版〕　福村出版
Hoffman, l., Paris, S. & Hall, E.（1988）．Developmental psychology today (5th ed.). McGraw-Hill.
Moore, K.L. & Persaud, T.V.N.（著）瀬口春道・小林俊博・Eva.Garcia del Saz（訳）（2007）．ムーア人体発生学　原著第7版　医歯薬出版
Moore, K.L.（1988）．*The developing human Clinically oriented embryology* 4th ed. Philadelphia : W.B. Sanders.
森千里（2002）．胎児の複合汚染－子宮内環境をどう守るか　中央公論新社
野平知雄（1985）．妊娠と安産のすべて　有紀書房
榊原洋一（2008）．大人が知らない子どもの体の不思議　講談社
Scammon, R. E.（1930）．The Measurement of the Body in Childhood. In Harris, J. A., Jackson, C.M., Paterson, D.G. & Scammon, M. *Measurement of Man*. Univ. of Minnesota Press.
T・バーニー（著）小林登（訳）（1987）．胎児は見ている－最新医学が証した神秘の胎内生活　祥伝社
堤治（2005）．環境生殖学入門　朝日出版社
矢野喜夫・落合正行（共著）（1991）．発達心理学への招待－人間発達の全体像をさぐる　サイエンス社

2章

Campos, J. J., Langer, A., & Krowitz, A.（1970）．Cardiac responses on the visual cliff in prelocomotor human infants. *Science*, **170**, 196-197.
Farroni, T., Csibra, G., Simon, F., & Johnson, M. H.(2002)．Eye contact detection in humans from birth. *Proceedings of the National Academy of Sciences*, **99**. 9602-9605.
Gibson, E. J., & Walk, R. D.（1960）．The "visual cliff". *Scientific American*, **202**, 64-71.
Held, R., & Hein, A.（1963）．Movement-produced stimulation in the development of visually guided behavior. *Journal of comparative and physiological psychology*, **56**, 872-876.
Meltzoff, A. N., & Borton, R. W.(1979)．Intermodal matching by human neonates. *Nature*, **282**, 403-404.
Meltzoff, A. N., & Moore, M. K.（1977）．Imitation of facial and manual gestures by human neonates. *Science*, **198**, 75-78.
Muir, D., & Field, J.（1979）．Newborn infants orient to sounds. *Child Develoment*, **50**, 431-436.
Nishimura, H., Hashikawa, K., Doi, K., Iwaki, T., Watanabe, Y., Kusuoka, H., *et al.*(1999)．Sign language 'heard' in the auditory cortex. *Nature*, **397**, 116.
Pascalis, O., de Haan, M., & Nelson, C.A.（2002）．Is face processing species-specific during the first year of life? *Science*, **296**, 1321-1323.
Sadato, N., Pascual-Leone, A., Grafman, J., Ibanez, V., Deiber, M. P., Dold, G., et al.（1996）．Activation of the primary visual cortex by Braille reading in blind subjects. *Nature*, **380**, 526-528.

鳥居修晃・望月登志子（2000）．先天盲開眼者の視覚世界　東京大学出版会
Werker, J.F., & Tees, R.C.（1984）. Cross-language speech perception : Evidence for perceptual reorganization during the first year of life. *Infant Behavior & Developent*, **7**, 49-63.

3章
黒鳥英俊（2005）．オランウータン，スカイウォークを渡る「どうぶつと動物園」秋号　東京動物園協会
友永雅己・田中正之・松沢哲郎（編）（2003）．チンパンジーの認知と行動の発達　京都大学学術出版会
日野林俊彦（2007）．青年と発達加速　南徹弘（編）　発達心理学　朝倉書店
根ケ山光一・川野雄浩（編著）（2003）．身体から発達を問う　新曜社

4章
Brackett, M. A., Patti, J., Stern, R., Rivers, S., Elbertson, N., Chisholm, C., Salovey, P.（2008）. A Sustainable skill based Approach to developing emotionally literate schools. In the Handbook for Developing Social and Emotional Intelligence. 329-358.
Bridges, K. M. B.（1932）. Emotional development in early infancy. *Child Develoment*, **3**.（濱治世・鈴木直人・濱保久（訳）（2001）．感情心理学への招待　感情・情緒へのアプローチ　サイエンス社，pp.179）
Darwin, C.（1872/1965）. The expression of the emotions in man and animals. Chicago: University of Chicago Press.
Hetherington, E. M., & Parke, E. R.（1993）. Child psychology : A contemporary viewpoint 4th edition. NY : McGraw-Hill.
Izard, C., & Malatesta, C.（1987）. Perspectives of emotional development I: Differential emotions theory of early emotional development. In J. D. Osofsky (Ed.), Handbook of infant development. New York: Wiley, pp. 494-554.
川島一夫（編著）（2001）．図でよむ心理学　発達〔改訂版〕pp.55　福村出版
菊池哲平（2006）．幼児における状況手がかりからの自己情動と他者情動の理解　教育心理学研究, **54**, 90-100.
菊池哲平（2004）．幼児における自分自身の表情に対する理解の発達的変化　発達心理学研究, **15**, 2, 207-216.
Lewis, M, Sullivan, M., Stanger, C., & weiss, M.（1989）. Self-development and self-conscious emotions. *Child Development*, **60**, 146-156.
Messinger, D. S., Fogel, A., & Dickson, K. L.（2001）. All smiles are positive, but some smiles are more positive than others. *Developmental Psychology*, **37**, 642-653.
Mizuno, Y., Takeshita, H., & Matsuzawa, T.（2006）. Behavior of infant chimpanzees during the night in the first 4 months of life: Smiling and suckling in relation to behavioral state. *Infancy*, **9**, 221-240.（Taylor & Francis Ltd, http://www.informaworld.com）
Oatley, K., & Lenkins, J. M.（1996）. Understanding emotions. Cambridge, MA: Blackwell.pp.170,179
大森美香・Brackett, M., & Salovey, P.（2005）．大学生のリスク行動と情動知能　日本心理学会第69回大会発表論文集　p.1079.
Saani, C.（1999）. The development of emotional competence. The Guilford Press.（佐藤香（2005）.

（監訳）感情コンピテンスの発達　ナカニシヤ出版）
Salovey, P., & Meyer, J. D.（1990）. Emotional intelligence. *Imagination, cognition, and personality*, **9**, 185-211.
笹屋里絵（1997）．表情および状況手がかりからの他者感情推測　教育心理学研究，**45**, 312-319.
Scarr, S., & Salapatek, P.（1979）. Patterns of fear development during infancy. *Merril-Palmer quarterly*, **16**, 53-90.
Sorce, J. F., Emde, R. N., Campos, J., & Klinnert, M. D.（1985）. Maternal emotional signalling: its effects on the visual cliff behaviour of 1 year-olds. *Developmental Psychology*, **21**, 195-200.

5章

麻生武（2002）．乳幼児の心理—コミュニケーションと自我の発達　サイエンス社
天野清・黒須俊夫（1992）．小学生の国語・算数の学力　秋山書店
Frith, U., Morton, J., & Leslie, A. M.（1991）. The cognitive basis of a biological disorder:autism. *Trends in Neuroscience*, **14**, 433-438.
郷式徹（2003）．乳幼児が世界を知るメカニズム　無藤隆・岩立京子（編）乳幼児心理学　北大路書房　pp.31-44.
Goswami, U.（1998）. *Cognition in children*. Psychology Press.（ゴスワミ，U・岩男卓己・上洲寿・古池若葉・富山尚子・中島伸子（訳）（2003）．子どもの認知発達　新曜社）
Harris, P. L., Brown, E., Marriott, C., Whittal, S., & Harmer, S.,（1991）. Monsters, ghosts and witches: Testing the limits of the fantasy-reality distinction in young children. *British Journal of Developental Psychology*, **9**, 105-123.
木下孝司（1995）．子どもから見た現実と想像の世界　菊池聡・谷口高士・宮本博章（編）不思議現象　北大路書房　pp.169-193.
野呂正（1983）．幼児心理学　朝倉書店
落合正行（1999）．ものの知識の獲得　正高信男（編）赤ちゃんの認識世界　ミネルヴァ書房　pp.199-299.
Piaget, J.（1970）. Piaget's theory. P. H.Mussen (Ed.). Carmichael's manual of Child psychology (3rd ed.):Vol. 1. New York: John Wiley & Sons.（中垣啓（訳）（2007）．ピアジェに学ぶ認知発達の科学　北大路書房）
佐伯胖（2001）．幼児教育へのいざない　東京大学出版会
Spelke, E. S.（1991）. Physical knowledge in infancy : Reflections on Piaget's theory. In S. Carey & R. Gelman (Eds.), *Epigenesis of mind : Studies in biology and cognition*. Hillsdale, NJ : Erlbaum. pp.133-169.
Thomas, G. V., & Silk, A. M. J.（1990）. *An introduction to the psychology of children's drawing*. New York: NYU Press.（トーマス，G.・シルク，A.　中川作一（監訳）（1996）．子どもの描画心理学　法政大学出版局）
瀬野由衣（2008）．心の理解と発達　加藤義信（編）資料でわかる認知発達心理学入門　ひとなる書房　pp.88-103.
山名裕子（2002）．幼児における均等配分方略の発達的変化　教育心理学研究，**50**, 446-445.
山名裕子（2007）．大学生が考える「遊びの中の学び」　秋田大学教養基礎教育年報，**9**, 23-29.
山名裕子（2008）．数概念の発達　加藤義信（編）資料でわかる認知発達心理学入門　ひとなる書房　pp.134-149.

6章

東洋・繁多進・内田伸子・無藤隆・佐々木保行（1995）．幼児期に於ける文字の獲得過程と環境的要因の影響に関する研究　平成4-6年度科学研究費補助金（総合研究A）研究報告書

別府哲（2005）．プランニング　目標に向かって　子安増生（編）よくわかる認知発達とその支援　ミネルヴァ書房

Byrnes, M. M., Spitz, H. H. (1977). Performance of retarded adolescents and non-retarded children on the Tower of Hanoi Problem. *American Journal of Mental Deficiency*, **81**, 561-569.

伊藤武彦・田原俊司・朴媛淑（1991）．被動作主をあらわす助詞ヲの獲得—助詞ガとの手がかりの強さの比較　教育心理学研究，**39**, 75-84.

加藤義信（編）（2008）．認知発達心理学入門　ひとなる書房

窪薗晴夫（1999）．音声学・音韻論　西光義弘（編）日英語対照による英語学概論　増補版　くろしお出版

小林春美（1998）．大人の動作と幼児による語の意味の推測との関係—4歳児と6歳児における発達的検討　教育心理学研究，**46**, 1-10.

小嶋（久原）恵子・秋田喜代美・波多野誼余夫（2003）．子どものひらがなと漢字の学習—形態素知識と読み習得の関連　読書科学，**47**, 31-37.

金野祥子(1990)．一見矛盾する課題の解決過程における知識の役割　教育心理学研究，**38**,126-134.

Leslie, A. M. (1982). The perception of causality in infants. *Perception*, **11**, 173-186.

丸山真名美（2004）．幼児期から児童期にかけての時間処理能力の発達　生活時間構造の階層性の発達との関連　認知心理学研究，**1**, 35-43.

Markman, E. M.(1989). Categorization and naming in children: Problems of induction. Cambridge: MIT Press.

正高信男（1993）．0歳児がことばを獲得するとき—行動学からのアプローチ　中公新書

松井孝雄（1995）．問題解決　森敏昭・井上毅・松井孝雄（共著）グラフィック認知心理学　サイエンス社

松村暢隆（2002）．就学に向けて—知的機能の発達　古川聡・福田由紀（編）発達心理学—これからの保育を考える　丸善

Moriguchi, Y., Lee, K., & Itakura, S. (2007). Social transmission of disinhibition in young children. *Developmental Science*, **10**, 481-491.

向井隆久・丸野俊一（2005）．心的特性及び身体的特徴の起源に関する素朴因果モデルの発達的変化　教育心理学研究，**53**, 98-109.

荻野美佐子・小林春美（1999）．語彙獲得の初期発達　桐谷滋（編）ことばの獲得　ミネルヴァ書房

小野瀬雅人（1995）．入門期の書字学習に関する教育心理学的研究　風間書房

大久保愛（1993）．乳幼児のことばの世界　大月書店

大宮明子・内田伸子（2002）．子どもの思考方略の発達—条件推論課題におけるカテゴリー化に基づく代替例の検索　心理学研究，**73**, 10-17.

大藪泰（2004）．共同注意—新生児から2歳6か月までの発達過程　川島書店

桜井登世子（1998）．カテゴリー化の心理学—幼児における物の見え方の発達と学習　風間書房

高橋登（1997）．幼児のことば遊びの発達—"しりとり"を可能にする条件の分析　発達心理学研究，**8**, 42-52.

常田美穂（2007）．乳児期の共同注意の発達における母親の支持的行動の役割　発達心理学研究，

18, 97-108.

綿巻徹（1999）．ダウン症児の言語発達における共通性と個人差　風間書房

7章

Ainsworth, M. D. S., & Witting, B. A.（1969）. Attachment and exploratory behavior of one-year-olds in a strange situation. In B. M. Foss (Ed.), Determinations of infant behavior Ⅳ. London: Methuen, pp.113-136.

Baumrind, D.（1966）. Effects of authoritative parental control on child behavior. *Child development*, **37**, 887-907.

Baumrind, D.（1967）. Child care practices anteceding three patterns of preschool behavior. *Genetic Psychology Monographs*, **75**, 43-88.

ボウルビィ，J.（1969）．黒田実郎ほか（訳）（1976）．母子関係の理論Ⅰ　愛着行動　岩崎学術出版社

Campos, J. J., & Stenberg, C. R.(1981). Perception, appraisal, and emotion: The onset of social referencing. In M. E. Lamb & L. R. Sherrod (Eds.), Infant social cognition: Empirical and theoretical Considerations. Lawrence Erlbaum Associates.

Dunn, J., Cutting, A., & Fisher, N.（2002）. Old friends, new friends: Predictors of children's perspective on their friends at school. *Child Development*, **73**, 621-635.

Eisenberg, N.（1992）. The caring child. Cambridge, MA: Harvard University Press.（二宮克美・首藤敏元・宗方比佐子（共訳）（1995）．思いやりのある子どもたち―向社会的行動の発達心理　北大路書房）

Eisenberg, N., Lennon, R., & Roth, K.(1983). Prosocial development: A longitudinal study. *Developmental Psychology*, **19**, 846-855.

Eisenberg-Berg, N.(1979). Development of children's prosocial moral judgement. *Developmental Psychology*, **15**, 128-137.

Eisenberg-Berg, N., & Hand, M.（1979）. The relationship of preschoolers' reasoning about prosocial moral conflicts to prosocial behavior. *Child Development*, **50**, 356-363.

Fujisawa, K., Kutsukake, N., & Hasegawa, T.（2008）. Reciprocity of prosocial behavior in Japanese children. *International Journal of Behavioral Development*, **32**, 89-97.

Grusec, J. E., Kuczynski, L., Rushton, J. P., & Simutis, Z. M.（1978）. Modeling, direct instruction, and attributions: Effects on altruism. *Developmental Psychology*, **14**, 51-57.

Grusec, J. E., Redler, E.（1980）. Attribution reinforcement, and altruism: A developmental analysis. *Developmental Psychology*, **16**, 525-534.

ハーロー，H. F. & メアーズ，C.（1979）．梶田正巳ほか（訳）（1985）．ヒューマン・モデル―サルの学習と愛情　黎明書房

Harrison, L. J., & Ungerer. J. A.（2002）. Maternal employment and infant-mother attachment security at 12 months postpartum. *Developmental Psychology*, **38**. 758-773.

藤生英行（1991）．現代の家族とは　川島一夫（編）　図でよむ心理学　発達　福村出版

伊藤順子（2008）．向社会性についての認知はいかに変容するのか―幼児期から児童期にかけての検討　幼年教育研究年報（広島大学大学院教育学研究科附属幼年教育研究施設），**30**, 5-13.

伊藤順子（2006）．幼児の向社会性についての認知と向社会的行動との関連―遊び場面の観察を

通して　発達心理学研究，**17**，241-251.
伊藤順子（2006）．幼児期から児童期における向社会性についての認知の機能―価値観・効力感の発達的検討　平成16年度～平成18年度　科学研究費補助金基盤研究（C）　研究成果報告書
伊藤順子（2004）．向社会性についての認知はいかに行動に影響を与えるか―価値観・効力感の観点から　発達心理学研究，**15**，162-171.
数井みゆき（2005）．「親子関係」を越えた親子・家族関係研究　遠藤利彦（編著）発達心理学の新しい形　誠信書房　p.203.
数井みゆき・遠藤利彦・田中亜希子・坂上裕子・菅沼真樹（2000）．日本人母子における愛着の世代間伝達　教育心理学研究，**48**，323-332.
Ladd, G. W., Birch, S. H., & Buhs, E.（1999）. Children's social and scholastic lives in kindergarten: Related spheres of influence? *Child Development*, **70**, 1373-1400.
Main, M., & Solomon, J.（1990）. Procedures for identifying infants as disorganized/disoriented during the Ainsworth Strange Situation. In M. T. Greenberg, D. Cicchetti, & E. M. Cummings (Eds.), Attachment in the preschool years. Chicago, IL: University of Chicago Press. pp.161-182.
Mahler, M. S., Pine, F., & Bergman, A.（1975）. The psychological birth of the human infant: Symbiosis and individuation. New York: Basic Books.（髙橋雅士・織田正美・花畑紀（訳）（2001）．乳幼児の心理的誕生―母子共生と個体化　黎明書房）
森和代（1997）．愛着と親子関係　新井邦二郎（編著）図でわかる発達心理学　福村出版　p.36.
中道圭人・中澤潤（2003）．父親・母親の養育態度と幼児の攻撃行動との関連　千葉大学教育学部研究紀要，**51**，173-179.
中尾達馬（2008）．愛着　渡辺弥生・伊藤順子・杉村伸一郎（編著）原著で学ぶ社会性の発達　ナカニシヤ出版　p.176.
Radke-Yarrow, M., Scott, P. M., & Zahn-Waxler, C.（1973）. Learning concern for others. *Developmental Psychology*, **8**, 240-260.
内田伸子（編）（2006）．発達心理学キーワード　有斐閣双書
若林紀乃（2008）．人間関係へのチャレンジ―思いやり行動　都筑学（編）やさしい発達心理学―乳児から青年までの発達プロセス　ナカニシヤ出版　pp.71-87.

8章

相川充（2000）．人づきあいの技術―社会的スキルの心理学　サイエンス社
Crick, N. R., & Dodge, K. A.（1994）. A review and reformulation of social information-processing mechanisms in children's social adjustment. *Psychological Bulletin*, **115**, 74-101.
Eisenberg, N., Guthrie, I. K., Fabes, R. A., Reiser, M., Murphy, B. C., Holgren, R., Maszk, P., & Losoya, S.（1997）. The relations of regulation and emotionality to resiliency and competent social functioning in elementary school children. *Child Development*, **68**, 295-311.
Gresham, F. M.（1986）. Conceptual issues in the assessment of social competence in children. In P. S. Strain, M. J. Guralnick, & H. M. Walker (Eds.), Children's social behavior: Development, assessment, and modification. New York : Academic Press.
Howes, C., & Matheson, C. C.（1992）. Sequences in the development of competent play with peers : Social and social pretend play. *Developmental Psychology*, **28**, 961-974.
狩野素朗・田崎敏昭（1990）．学級集団理解の社会心理学　ナカニシヤ出版

Ladd, G. W., & Golter, B. S.（1988）. Parent's management of preschoolers peer relations : Is it related to children's social competence? *Developmental Psychology,* **24**, 109-117.

Lemerise, E. A., & Arsenio, W. F.（2000）. An integrated model of emotion processes and cognition in social information processing. *Child Development,* **71**, 107-118.

Michelson, L., Sugai, D. P., Wood, R. P., & Kazdin, A. E.（1983）. Social skills assessment and training with children : An empirically based handbook. New York : Plenum （ミッシェルソン，L., スガイ，D. P., ウッド，R. P., カズディン，A. E.（著） 高山巌，佐藤正二，佐藤容子，岡田順一（訳）（1987）. 子どもの対人行動 岩崎学術出版社）

Oden, S., & Asher, S. R.（1977）. Coaching children in social skills for friendship making. *Child Development,* **48**, 495-506.

Parten, M. B.（1932）. Social participation among pre-school children. *Journal of Abnormal and Social Psychology,* **27**, 243-269.

Rah, Y., & Parke, R. D.（2008）. Pathways between parent-child interactions and peer acceptance : The role of children's social information processing. *Social Development,* **17**, 341-357.

Selman, R. L.（2003）. The Promotion of Social Awareness. Russell Sage Foundation.

Shaffer, D. R.（2009）. Social and Personality Development. Wadsworth. p.377.

柴橋祐子（2004）. 青年期の友人関係における「自己表明」と「他者の表明を望む気持ち」の心理的要因 教育心理学研究，**52**, 12-23.

田中健吾・相川充・小杉正太郎（2002）. ソーシャルスキルが2者間会話場面のストレス反応に与える効果に関する実験的検討―2者間のソーシャルスキルにおける相対的差異の影響 社会心理学研究，**17**, 141-149.

谷村圭介・渡辺弥生（2008）. 大学生におけるソーシャルスキルの自己認知と初対面場面での対人行動との関係 教育心理学研究，**56**, 364-375.

渡辺弥生（2001）. VLFによる思いやり育成プログラム 図書文化社

渡辺弥生（1996）. ソーシャル・スキル・トレーニング 日本文化科学社

渡辺弥生・伊藤順子・杉村伸一郎（編著）（2008）. 原著で学ぶ社会性の発達 ナカニシヤ出版 p.145.

9章

Baltes, P. B., & Staudinger, U. M.（2000）. Wisdom : A metaheuristic (pragmatic) to orchestrate mind and virtue toward excellence. *American Psychologist,* **55**, 122-136.

Bouchard, T. J., Jr., & McGue, M.（1981）. Familial studies of intelligence : A review. *Science,* **212**, 1055-1059.

Brody, N.（1994）. Psychometric theories of intelligence. In R. J. Sternberg (Ed.), Encyclopedia of human intelligence (pp.868-875). New York : Macmillan.

Caldwell, B. M., & Bradley, R. H.（1994）. Environmental issues in developmental follow-up research. In S. L. Friedman & H. C. Haywood (Eds.), Developmental follow-up (pp.235-256). San Diego : Academic Press.

Carroll, J. B.（1993）. Human Cognitive abilities : A survey of factor-analytic studies. New York : Cambridge University Press.

Cattell, R. B.（1963）. Theory of fluid and crystallized intelligence : A critical experiment. *Journal of Educational Psychology,* **54**, 1-22.

Deary, I. J., Whiteman, M. C., Starr, J. M., Whalley, L. J., & Fox, H. C. (2004). The Impact of Childhood Intelligence on Later Life : Following Up the Scottish Mental Surveys of 1932 and 1947. *Journal of Personality and Social Psycholog,* **86**, 130-147.

ディアリ I. J. (2001). 繁枡算男 (訳) (2004). 知能 岩波書店

Gardner, H. (1983). Frames of mind : The theory of multiple intelligences. NY : Basic Books.

Gottfredson, L. S., (1997). Mainstream science on intelligence : An editorial with 52 signatories, history, and bibliography. *Intelligence,* **24**, 13-23.

Guilford, J. P. (1988). Some changes in the structure-of-intellect model. *Educational and Psychological Measurement,* **48**, 1-4.

Horn, J. L., & Cattell, R. B. (1966). Refinement and test of the theory of fluid and crystallized general intelligences. *Journal of Educational Psychology,* **57**, 253-270.

カウフマン, A. S., & カウフマン, N. L. 松原達哉・藤田和弘・前川久男・石隈利紀 (訳編著) (1993). K-ABC 心理教育アセスメントバッテリー解釈マニュアル 丸善メイツ

Mayer, J. D., DiPaolo, M. T., & Salovey, P. (1990). Perceiving affective content in ambiguous visual stimuli : A component of emotional intelligence. *Journal of Personality Assessment,* **54**, 772-781.

Mayer, J. D., & Salovey, P. (1997). What is emotional intelligence? In P. Salovey & D. Sluyter (Eds.), Emotional development and emotional intelligence : Educational implications (pp.3-31) . New York : Basic Books.

Mayer, J. D., Salovey, P., & Caruso, D. R.(2008). Emotional intelligence : New ability or eclectic traits? *American Psychologist,* **63**, 503-517.

McCall, R. B., Appelbaum, M., I., & Hogarty, P. S. (1973). Developmental changes in mental performance. *Monographs of the Society for Research in Child Development,* **38**, Serial No. 150.

McGue, M., Bouchard Jr., T. J., Iacono, W. G., & Lykken, D. T. (1993). Behavioral genetics of cognitive ability : A life-span perspective. Plomin, Robert (Ed); McClearn, Gerald E. (Ed). Nature, nurture & psychology. (pp. 59-76). Washington, DC, US : American Psychological Association.

Moffitt, T. E., Caspi, A., Harkness, A. R., & Silva, P. A. (1993). The natural history of change in intellectual performance : Who changes? How much? Is it meaningful? *Journal of Child Psychology and Psychiatry,* **34**, 455-506.

中村淳子・大川一郎 (2003). 田中ビネー知能検査開発の歴史 立命館人間科学研究, **6**, 93-111.

Neisser, U., Boodoo, G., Bouchard Jr., T. J., Boykin, A. W., Brody, N., Ceci, S. J., Halpern, D. F., Loehlin, J. C., Perloff, R., Sternberg, R. J., & Urbina, S.(1996). Intelligence : Knowns and unknowns. *American Psychologist.* **51**, 77-101.

Schaie, K. W. (1994). The course of adult intellectual development. *American Psychologist,* **49**, 304-313.

Sternberg, R. J. (1985). Beyond IQ : A triarchic theory of human intelligence. New York, NY, US : Cambridge University Press.

Sternberg, R. J.(1999). The theory of successful intelligence. *Review of General Psychology,* **3**, 292-316.

Spearman, C. (1927). The abilities of man : Their nature and measurement. New York : Macmillan.

Thurstone, L. L. (1938). Primary Mental Abilities.University of Chicago Press : Chicago.

ウェクスラー, D. 日本版 WISC-Ⅲ 刊行委員会 (訳編著) (1998). 日本版 WISC-Ⅲ 知能検査法１理論編 日本文化科学社

10章

Dweck, C. S.（1986）．Motivational process affecting learning. *American Psychologist*, **41**, 1040-1048.
Dweck, C. S.（2002）．The development of ability conceptions. In Wigfield, A., & Eccles, J.(Eds). *Development of achievement motivation*. CA : Academic Press.
Dweck & Master,（2008）．Self-theories motivates self regulated learning. In Schunk, D.H., & Zimmerman, B.J. (Eds.) *Motivation and self-regulated learning : Theory, research, and applications*. Lawrence Erlbaum.
Eccles, J., Wigfield, A., & Schiefele, U.（1998）．Motivation to succeed, In W. Damon, & N. Eisenberg (Eds). *Handbook of child psychology. Vol.3 Social, emotional and personality development. 5the ed. NJ : John Wiley & Sons,*
Elliot, A. J., & McGregor, H. A.（2001）．A 2 × 2 achievement goal framework. *Journal of Personality and Social Psychology*, **80**, 501-519.
Fantz, R. L.（1961）．The origin of form perception. *Scientific American*, **204**, 66-72.
Harter, S.（1999）．The content, valence, and organization of self-evaluative judgments. In Harter, S. *The construction of the self*. NY : Guilford Press.
Hidi, S., & Renninger, K. A.（2006）．The Four-Phase Model of Interest Development. *Educational Psychologist*, **41**, 111-127. (Taylor & Francis Ltd, http://www.informaworld.com)
Krapp, A.（2002）．An educational-psychological theory of interest and its relation to SDT. In Deci, E. L., & Ryan, R. M.(Eds) *Handbook of Self-Determination Research*. NY : University of Rochester Press.
中谷素之（2007）．学ぶ意欲を育てる人間関係づくり　金子書房
Nicholls, J. G.（1978）．The development of the concepts of effort and ability, perception of own attainment, and the understanding that difficult tasks require more ability. *Child Development*, **49**, 800-814.
O'Donnell, A. M., & King, A.（1999）．*Cognitive Perspectives on Peer Learning*. NJ: Lawrence Erlbaum.
桜井茂男（1983）．認知されたコンピテンス測定尺度(日本語版)の作成　教育心理学研究, **31**, 245-249.
Reeve, J.（2005）．*Understanding motivation and emotion*. NY : John Wiley & Sons.
Ryan, R. M., & Deci, E. L.（2002）．Overview of self-determination theory: An organismic dialectical perspectives. In Deci, E. L., & Ryan, R. M.(Eds). *Handbook of Self-Determination Research*. University of Rochester Press. pp. 1017-1095.
Schunk, D. H., & Zimmerman, B. J.(Eds.)(1998). *Self-regulated learning: From teaching to self-reflective practice*. NY: Guilford Press. 塚野州一（編訳）（2007）．自己調整学習の実践　北大路書房
Wigfield, A., Eccles, J., Schiefele, U., Roeser, R., & Davis-Kean, P.(2006). Development of achievement motivation. In Eisenberg, N.(Ed.) *Handbook of child psychology, Volume 3 Social, emotional, and personality development*. NJ: John Wiley & Sons. pp. 933-1002.
Zimmerman, B. J., & Schunk, D. H.(Eds.)（2001）．*Self-regulated learning and academic achievement: Theoretical perspectives*. NJ: Lawrence Erlbaum. 塚野州一（編訳）（2006）．自己調整学習の理論　北大路書房

11章

Belsky, J.（1984）．The determinants of parenting: A process model. *Child development*, **55**, 83-96.

Erikson, E. H.（1950）. Childhood and society. Norton.
Erikson, E. H.（1968）. Identity: Youth and crisis. Norton.
板倉昭二（1999）. 自己の起源―比較認知科学からのアプローチ　金子書房
神田信彦（1994）. 発達の科学　こころの科学　ソフィア　pp.136-170.
木村裕（1983）. 第1章　社会性の発達と性格の形成　齊藤勇（編）　人間関係の心理学　誠信書房
Marcia, J. E.（1966）. Development and validation of ego identity status. *Journal of personality and social psychology*, **3**, 551-558.
無藤清子（1979）.「自我同一性地位面接」の検討と大学生の自我同一性　教育心理学研究, **27**, 178-187.
織田正美（1985）. 発達　浅井邦二・稲松信雄・上田敏晶・織田正美・木村裕・本間修・増井透・宮下彰夫・本明寛　現代心理学入門　実務教育出版　p.278.
小此木啓吾（1978）. モラトリアム人間の時代　中央公論社
Reichard, S., Livson, F., & Petersen, P. G.（1962）. Aging and personality: A study of 87 older men. Wiley.
鈴木俊太郎（2008）. 中学生のメールコミュニケーションに関する問題と可能性　東北心理学研究, **58**, XIII.

12章

Flannery, K. A., & Watson, M. W.（1993）. Are individual differences in fantasy play related to peer acceptance levels? *Journal of Genetic Psychology*, **154**, 407-416.
Hyde, J. S.（2005）. The gender similarities hypothesis. *American Psychologist*, **60**, 581-592.
池田かよ子（2006）. 思春期女子のやせ志向と自尊感情との関連　思春期学, **24**, 473-482.
稲葉昭英（2002）. 結婚とディストレス　社会学評論, **53**（2）, 69-84.
伊藤裕子（1991）. 女の子と男の子　川島一夫（編）　図でよむ心理学　発達　福村出版
上長然（2007）. 思春期の身体発育のタイミングと抑うつ傾向　教育心理学研究, **55**, 370-381.
小此木啓吾（1983）. 中年の危機　岩波講座精神の科学6　ライフサイクル　岩波書店
齊藤誠一（1998）. からだの変化との出会い　落合良行（編）　中学一年生の心理　大日本図書
日本性教育協会（編）（2007）.「若者の性」白書―第6回青少年の性行動全国調査報告　小学館
玉舎輝彦（1992）. 産婦人科薬物療法の基本と応用　金芳堂
谷俊一・相良順子（2009）. 児童期における自己認知の側面に対する自己評価と自己受容感との関係　聖徳大学児童学研究所紀要, **11**, 67-74.
山内兄人・新井康允（2006）. 脳の性分化　裳華房
和田実（1996）. 同性への友人関係期待と年齢・性・性役割同一性との関連　心理学研究, **67**, 232-237.

13章

青木多寿子（2002）. アメリカの小学校に見る品性徳目教育とその運用　岡山大学教育実践総合センター紀要, **2**, 47-59.
青木多寿子ほか（2008）. 積極的生徒指導を考える―社会性と情動の学習（SEL）と品性・品格教育（Character Education）の実践例をもとに　教育心理学会第50回総会論文集, 124-125.
荒木紀幸（編著）（1987）. わたしがわかるあなたがわかる心理学　ナカニシヤ出版
Bandura, A.（1986）. Social foundations of thought and action: A social cognitive theory. Englewood

Cliffs, N.J. : Prentice-Hall.
Barrett, K. C., Zahn-Waxler, C., & Cole, P. M. (1993). Avoiders vs. amenders: Implications for the investigation of guilt and shame during toddlerhood? *Cognition and Emotion*, **7**, 481-505.
Benesse 教育研究開発センター (2007). 第3回子育て生活基本調査——小学生・中学生の保護者を対象に〔速報版〕
Benesse 教育研究開発センター (1998). モノグラフ・小学生ナウ vol.18-3.
Bryan, J, H., & Walbek, N. H.(1970). The impact of words and deeds concerning altruism upon children. *Child Development*, **41**, 747-757.
Bullock, M., & Lütkenhaus, P.(1988). The development of volitional behavior in the toddler years. *Child Development*, **59**, 664-674.
Damon, W. (1971). The positive justice concept from childhood to adolescence : A developmental analysis. Unpublished master's thesis, University of California, Berkley.
Damon, W.(1973). The development of the child's conception of justice. Paper Presented at the meeting of the society for research in child development, Philadelphia: March.
独立行政法人国立青少年教育振興機構 (2005). 青少年の自然体験活動等に関する実態調査 平成17年度調査研究事業報告書
Ferguson, T. J., & Stegge, H., & Damhuis, I.(1991). Children's understanding of guilt and shame. *Child Development*, **62**, 827-839.
Ferguson, T. J., Stegge, H., Miller, E. R., & Olsen, M. E.(1999). Guilt, shame, and symptoms in children. *Developmental Psychology*, **35**, 347-357.
Hoffman, M. L. (2000). Empathy and moral development: Implications for caring and justice. (菊池章夫・二宮克美 (訳) (2001). 共感と道徳性の発達心理学 川島書店)
Iannotti, R. J.(1985). Naturalistic and structured assessments of prosocial behavior in preschool children : The influence of empathy and perspective taking. *Developmental psychology*, **21**, 46-55.
Kochanska, G.(1991). Socialization and temperament in the development of guilt and conscience. *Child Development*, **62**, 1379-1392.
Krevans, J., & Gibbs, J. C. (1996). Parents' use of inductive discipline: Relations to children's empathy and prosocial behavior. *Child Development*, **67**, 3263-3277.
Morton, J. B., & Trehub, S. E.(2001). Children's understanding of emotion in speech. *Child Development*, **72**, 834-843.
中川美和・山崎晃 (2005). 幼児の誠実な謝罪に他者感情推測が及ぼす影響 発達心理学研究 **16**, 165-174.
二宮克美 (1982). 児童の道徳的判断の発達に関する一研究—Gutkin の4段階説の発達同時性の検討 教育心理学研究, **30**, 282-286.
内藤俊史 (1992). 認知的発達理論 コールバーグ 日本道徳性研究会 (編) 道徳性心理学 北大路書房
Nucci, L. (1981). Conceptions of personal issues: A domain distinct from moral or societal concepts. *Child Development*, **52**, 114-121.
Petrucci, C. J. (2002). Apology in the criminal justice setting: Evidence for including apology as an additional component in the legal system. *Behavioral Science and the Law*, **20**, 337-362.
Piaget, J. (1930). Le jugement moral chez l'enfant. (大伴茂 (訳) (1954). 児童道徳判断の発達 臨床児童心理学Ⅲ 同文書院)

Rheingold, H. L.(1982). Little children's participation in the work of adults a nascent prosocial behavior. *Child Development*, **53**, 114-125.
笹屋里絵（1997）．表情および状況手掛りからの他者感情推測　教育心理学研究，**45**，312-319.
Subbotsky, E.V.（1993）．The birth of personality. Harvester Wheatsheaf.
高井弘弥（2004）．道徳的違反と慣習的違反における罪悪感と恥の理解の分化過程　発達心理学研究，**15**，2-12.
Tangney, J. P.（1991）．Moral affect: The good, the bad, and the ugly. *Journal of Personality and Social Psychology*, **61**, 598-607.
Tangney, J. P., & Dearing R. L.（2002）．Shame and guilt. New York: Guilford.
Thompson, R. A., & Hoffman, M. L.（1980）．Empathy and the development of guilt in children. *Developmental Psychology*, 155-156.
Turiel, E.(1983). The development of social knowledge : Morality and convention. Cambridge, England : Cambridge University Press.
山岸明子（1976）．道徳判断の発達　教育心理学研究，**24**，29-38.
山岸明子（2006）．現代小学生の約束概念の発達—22年前との比較　教育心理学研究，**54**，141-150.
渡辺弥生（2001）．VLFによる思いやり育成プログラム　図書文化社

14章

C・キース・コナーズ，ジュリエット・L・ジェット（著）佐々木和義（訳）（2004）．ADHD　注意欠陥／多動性障害の子への治療と介入　p.4　金子書房
文部科学省　特別支援教育の概念図　http://www.mext.go.jp/a_menu/shotou/tokubetu/main/001.pdf
小野次朗・上野一彦・藤田継道（編）（2007）．よくわかる発達障害— LD・ADHD・高機能自閉症・アスペルガー症候群　ミネルヴァ書房
ラッセル・A・バークレー（著）海輪由香子（訳）（2000）．ADHDのすべて．VOICE
子安増生（2000）．心の理論　岩波書店
杉山登志郎（2007）．発達障害の子どもたち　講談社現代新書
内山登紀夫・水野薫・吉田友子（編）（2002）．高機能自閉症・アスペルガー症候群入門—正しい理解と対応のために　中央法規　p.165/167
上野一彦・花熊曉（編）（2006）．軽度発達障害の教育— LD・ADHD・高機能PDD等への特別支援　日本文化科学社
上野一彦・岡田智（編著）（2006）．特別支援教育—実践ソーシャルスキルマニュアル　明治図書

人名索引

ア行
アイゼンバーグ　101
イザード　56
ウェクスラー　124
エインズワース　97
エクマン　61
エリクソン　152

カ行
ガードナー　131
カウフマン　125
キャッテル　123
キャノン　53
キャロル　123
ギルフォード　122
コールバーグ　178

サ行
サーストン　122
サリバン　119
サロヴェイ　132
ジェームズ　53
スタンバーグ　130
スピアマン　122
セルマン　112, 189

タ行
ダーウィン　61

チュリエル　182
ディアリ　126

ハ行
ハーロー　94
ハヴィガースト　154
バウムリンド　100
バルテス　133
ピアジェ　66, 178
ビネー　124
ブリッジス　56
フリーセン　61
フロイト　151, 183
ベルスキー　159
ヘルド　30
ボウルビィ　95, 96, 99
ホフマン　187

マ行
マーシャ　156
マーラー　99
メイヤー　132
メルツォフ　32, 33

ラ行
ライチャード　161
ラッド　104
ルイス　60

事項索引

ア行
IQ　124
IQの安定性　126
アイコンタクト　35
愛着　58, 94, 98
愛着理論　96
アイパッチ　28
アスペルガー症候群　196
遊び　168
アフェクト　52
安全基地　96
イスラム教　48
遺伝子　18
遺伝率　128
因果関係的推論　88
インフォーマル算数の知識　69
韻律　80
WISC-Ⅲ　125
ウェクスラー式知能検査　124
運動技能　43
運動協応　42
運動発達　42

エディプス・コンプレックス　166, 183
fMRI　31
援助　103
援助要請　146
応答性　100
音韻意識　85
音源定位　27
オンラインコミュニケーション　153

カ行
開眼手術　29
概念　86
外発的動機づけ　141
外発的微笑　54
顔認知　34
学習障害（LD）　198
学童期　42
隔離飼育　45
カテゴリカル知覚　25
空の巣症候群　173
感覚統合　32
環境ホルモン　19

感情 52
感情推測 59
感情知能 63, 132
感情調整 63
感情の不連続発達説 56
感情分化未発達説 56
利き手 39
帰属 102
気分 52
基本感情 56, 61
キャノン・バード説 53
ギャンググループ 119
吸啜反射 38
9歳の壁 76
叫喚 82
共感性 101, 187
教示 102
共生的関係 99
協同遊び 110
協同学習 146
共同注意 35
共同注意行動 81
共有環境 128
口紅課題実験 60
クローン羊 17
形態素意識 85
K-ABC 125
結晶性知能 123
欠食 48
言語野 39
原始反射 38
原始模写 33
語彙の爆発的増加 83
向社会的行動 103
向社会的道徳推論 101
口唇探索反射 38
行動遺伝学 128
更年期 173
コーチング 108
互恵性 104
心の理論 75
孤食 48
個人的興味 138
固定的知能観 145
コンデンセーション法 115
コンピテンス 136, 142

サ 行

三項関係 81
ジェームズ・ランゲ説 53
ジェンダー 165
視覚的断崖 24, 55
視覚の発達（胎内） 14
自我同一性 154
時間概念 87
視交叉 14
自己決定 141
自己開示 169
自己調整学習 140
視写 85
思春期 40

しつけ 188
シナプス 40
自発的微笑 54
自閉症 192, 196
社会化 105, 108, 109
社会化のエイジェント 109
社会的学習 45
社会的学習理論 166, 180
社会的参照 55, 159
社会的視点調整能力 112
社会的情報処理 114
社会的伝達 46
社会的微笑 54
社会的目標 144
社会的模倣 38
ジャンクフード 46
縦断的研究 174
主観的感情 52
受精の瞬間 10
出産 21
授乳期間 44, 45
馴化 59
生涯発達 152
状況的興味 138
情緒的絆 58
情動 52
食育 46
初語 81
初潮 40, 41
初乳 44
自律性 141
自律性支援 142
視力 28
進化 61
新奇性の効果 26
人工哺育 45
新生児共感覚 32
新生児微笑 38, 54
新生児模倣 38
身体イメージ 33
スキャモンの発達障害 16
ステレオタイプ 175
ストレンジ・シチュエーション法 97
スパート 40
性概念 167
性行動 172
成人病 48
精神分析理論 166
性成熟 40, 41
性染色体 164
精通 170
制約 83
性役割 165
世代間伝達 98
摂食障害 171
選好注視実験 137
相互教授 146
増大的知能観 145
ソーシャルスキル 116, 118
ソーシャルスキルトレーニング 202
ソシオメトリックテスト 115

索引　219

粗大運動　42
素朴理論　74

タ行

胎教　13
対象の永続性　67
対人交渉方略　112
胎内記憶　20
第二次性徴　170
多重知能理論　131
達成目標　143
探索　97
知恵　133
知的好奇心　137
知的障害　192, 195
知能　122
知能観　145
着床　11
チャムグループ　119
注意欠陥多動性障害　192, 199
中年期　160
超音波検査（エコー検査）　12
聴覚の発達（胎内）　15
長期記憶　43
DHA　44
ディスプレイルール（表示規則）　62
鼎立理論　130
テロメア細胞　17
同一種の確認　10
同化と調節　66
統制　100
特別支援教育　193

ナ行

内発的動機づけ　141
喃語　82
2次的動因　94
乳児期　40
乳児用調製粉乳　45
乳組成　44
能力概念　139

ハ行

発達曲線　27
発達障害　192
反社会的行動　104
ピアグループ　119
ピア・モデリング　146

ピア・ラーニング　146
微細運動　42
ビネー式検査　124
批判的思考　89
肥満　47, 48
ヒューリスティックス　90
不定推論　89
ブラキューエーション　43
文化間の普遍性　61
文法の発達　84
分離－個体化　99
分離不安　99
ペアレントトレーニング　203
平行遊び　110
偏差 IQ　124
偏食　49
保存概念　68
母乳　44
哺乳間隔　44

マ行

メタ認知　91
メタボリックシンドローム　47
モデリング　102, 180
モラトリアム　155
モラトリアム人間　158
問題解決　90

ヤ行

役割取得能力　185
養育態度　100
幼児性欲説　151
U字型の発達　27
指さし行動　81

ラ行

ライフイベント　157
流動性知能　123
領域別特殊理論　182
臨界期　29
類概念の発達　86
レジリエンシー　111
レジリエンス　111
レディネス　104
連合遊び　110

編　者

川島　一夫（かわしま　かずお）　信州大学名誉教授・松本大学教育学部
渡辺　弥生（わたなべ　やよい）　法政大学文学部

執筆者＜執筆順，（　）内は執筆担当箇所＞

川島　一夫（かわしま　かずお）（1章）編　者
加藤　正晴（かとう　まさはる）（2章）同志社大学心理学部赤ちゃん学研究センター
柿沼　美紀（かきぬま　みき）（3章）日本獣医生命科学大学獣医学部
大森　美香（おおもり　みか）（4章）お茶の水女子大学大学院人間文化創成科学研究科
山名　裕子（やまな　ゆうこ）（5章）秋田大学教育文化学部
福田　由紀（ふくだ　ゆき）（6章）法政大学文学部
伊藤　順子（いとう　じゅんこ）（7章）元宮城教育大学教育学部
渡辺　弥生（わたなべ　やよい）（8章）編　者
藤岡　久美子（ふじおか　くみこ）（9章）山形大学地域教育文化学部
中谷　素之（なかや　もとゆき）（10章）名古屋大学大学院教育発達科学研究科
鈴木　俊太郎（すずき　しゅんたろう）（11章）前信州大学教育学部
相良　順子（さがら　じゅんこ）（12章）聖徳大学児童学部
芝崎　美和（しばさき　みわ）（13章）新見公立大学健康科学部
宮寺　千恵（みやでら　ちえ）（14章）千葉大学教育学部

イラスト　大宮しおり・芝﨑良典・高橋文子

図で理解する　発達　―新しい発達心理学への招待―
2010年4月15日　初版第1刷発行
2022年3月10日　　　第11刷発行

編著者	川 島 一 夫	
	渡 辺 弥 生	
発行者	宮 下 基 幸	
発行所	福村出版株式会社	

〒113-0034　東京都文京区湯島 2-14-11
電話 03-5812-9702　　FAX 03-5812-9705
印刷　モリモト印刷株式会社
製本　協栄製本株式会社

© K. Kawashima, Y. Watanabe 2010
Printed in Japan
ISBN978-4-571-23049-3　　C3011
定価はカバーに表示してあります。

福村出版◆好評図書

渡辺弥生・西野泰代 編著
ひと目でわかる発達
●誕生から高齢期までの生涯発達心理学
◎2,400円　ISBN978-4-571-23062-2　C3011

誕生から高齢期に至る生涯発達について，100点を超える図表をもとにその特徴を理解する。授業に使える工夫満載。

川島一夫 編著
図でよむ心理学 発達〔改訂版〕
◎2,200円　ISBN978-4-571-23041-7　C3011

「本文を少なく図を多めに」という，見やすさ・読みやすさを追求した特長を継承しつつ，新たな知見を加えて刷新。

次良丸睦子・五十嵐一枝・相良順子・芳野道子・髙橋淳一郎 編著
現代の子どもをめぐる発達心理学と臨床
◎2,400円　ISBN978-4-571-23064-6　C3011

乳児期・幼児期・児童期・青年期の子どもの発達の基本を解説。子どもをめぐる臨床的課題についても詳述。

櫻井茂男・大内晶子 編著
たのしく学べる乳幼児のこころと発達
◎2,500円　ISBN978-4-571-23063-9　C3011

心理学の最新知見を活かしながら，基礎・基本をわかりやすく解説した乳幼児心理学のテキスト（入門書）。

繁多 進 監修／向田久美子・石井正子 編著
新 乳幼児発達心理学
●もっと子どもがわかる 好きになる
◎2,100円　ISBN978-4-571-23047-9　C3011

「子どもがわかる 好きになる」をモットーに，子どもの発達と心を把握する豊かな目を養う乳幼児心理学の書。

藤田主一・齋藤雅英・宇部弘子 編著
新 発達と教育の心理学
◎2,200円　ISBN978-4-571-22051-7　C3011

発達心理学，教育心理学を初めて学ぶ学生のための入門書。1996年初版『発達と教育の心理学』を全面刷新。

藤田主一・齋藤雅英・宇部弘子・市川優一郎 編著
こころの発達によりそう教育相談
◎2,300円　ISBN978-4-571-24067-6　C3011

子どもの発達に関する基礎知識，カウンセリングの理論・技法，学校内外の関係者との協働について解説。

◎価格は本体価格です。

福村出版◆好評図書

心理科学研究会 編
小学生の生活とこころの発達
◎2,300円　ISBN978-4-571-23045-5　C3011

心理学的知見から，各学年の発達に関わる課題を読み解く。より深く子どもを理解したい教育関係者必読の書。

高坂康雅 著
恋愛心理学特論
●恋愛する青年／しない青年の読み解き方
◎2,300円　ISBN978-4-571-25047-7　C3011

恋愛研究の活性化を目指し，「恋人が欲しくない青年」など最新のトピックを青年心理学の立場から解明する。

宇都宮 博・神谷哲司 編著
夫と妻の生涯発達心理学
●関係性の危機と成熟
◎5,000円　ISBN978-4-571-23055-4　C3011

夫婦の生涯に起こる様々なライフイベントについて心理学の見地から考察し，各分野の関連研究を紹介する。

高木秀明 監修／安藤嘉奈子・小沢一仁・橋本和幸 編
挫折と向き合う心理学
●青年期の挫折を乗り越えるための心の作業とその支援
◎2,700円　ISBN978-4-571-23061-5　C3011

不安定な青年期に待ち受ける「挫折」。青年が挫折と向き合う方法とその意味，支援のあり方を丁寧に論じる。

中村和夫 著
ヴィゴーツキー理論の神髄
●なぜ文化-歴史的理論なのか
◎2,200円　ISBN978-4-571-23052-3　C3011

ヴィゴーツキー理論の中心にある「人間の高次心理機能の言葉による被媒介性」という命題を明らかにする。

中村和夫 著
ヴィゴーツキーの生きた時代
[19世紀末〜1930年代]のロシア・ソビエト心理学
●ヴィゴーツキーを補助線にその意味を読み解く
◎5,000円　ISBN978-4-571-23058-5　C3011

激動の革命期におけるロシア・ソビエトの心理学の動向を，天才心理学者の理論と対比することで浮き彫りにする。

加藤義信 著
アンリ・ワロン その生涯と発達思想
●21世紀のいま「発達のグランドセオリー」を再考する
◎2,800円　ISBN978-4-571-23053-0　C3011

ワロンの魅力的な人物像と発達思想を解説し，現代発達心理学における〈ワロン的な見方〉の重要性を説く。

◎価格は本体価格です。

福村出版◆好評図書

二宮克美・山本ちか・太幡直也・松岡弥玲・菅さやか・塚本早織 著
エッセンシャルズ 心理学〔第2版〕
●心理学的素養の学び

◎2,600円　ISBN978-4-571-20086-1　C3011

豊富な図表，明解な解説，章末コラムで，楽しく読んで心理学の基礎を身につけられる初学者用テキスト改訂版。

藤田主一 編著
新 こころへの挑戦
●心理学ゼミナール

◎2,200円　ISBN978-4-571-20081-6　C3011

脳の心理学から基礎心理学，応用心理学まで幅広い分野からこころの仕組みに迫る心理学の最新入門テキスト。

藤田主一・板垣文彦 編
新しい心理学ゼミナール
●基礎から応用まで

◎2,200円　ISBN978-4-571-20072-4　C3011

初めて「心理学」を学ぶ人のための入門書。教養心理学としての基礎的事項から心理学全般の応用までを網羅。

加藤 司 著
正しく理解する教養としての心理学

◎2,200円　ISBN978-4-571-20085-4　C3011

本来の心理学とは何かを追究し，学問として必要な心理学を「基礎」「応用」「本質」の三方向から平易に解説。

米谷 淳・米澤好史・尾入正哲・神藤貴昭 編著
行動科学への招待〔改訂版〕
●現代心理学のアプローチ

◎2,600円　ISBN978-4-571-20079-3　C3011

行動科学は現代社会で直面するさまざまな問題の解決に有効である。より学びやすく最新情報を盛り込んで改訂。

行場次朗・箱田裕司 編著
新・知性と感性の心理
●認知心理学最前線

◎2,800円　ISBN978-4-571-21041-9　C3011

知覚・記憶・思考などの人間の認知活動を究明する新しい心理学の最新の知見を紹介。入門書としても最適。

松井 豊・宮本聡介 編
新しい社会心理学のエッセンス
●心が解き明かす個人と社会・集団・家族のかかわり

◎2,800円　ISBN978-4-571-25055-2　C3011

社会心理学のオーソドックスな構成は崩さず，最新のトピックと公認心理師カリキュラムに必要な内容を網羅。

◎価格は本体価格です。